桥梁桩基与基础施工工艺简明手册

The Compendious Manual for Construction
of Pile and Foundation of Bridge

段军朝 主编

中国建筑工业出版社

图书在版编目（CIP）数据

桥梁桩基与基础施工工艺简明手册/段军朝主
编. —北京：中国建筑工业出版社，2015.8
ISBN 978-7-112-17895-7

Ⅰ.①桥… Ⅱ.①段… Ⅲ.①桥梁基础-桩基础-
桥梁施工-技术手册 Ⅳ.①U443.15-62

中国版本图书馆 CIP 数据核字（2015）第 047825 号

责任编辑：李 阳 孙书妍
责任设计：李志立
责任校对：陈晶晶 刘 钰

桥梁桩基与基础施工工艺简明手册

段军朝 主编

*

中国建筑工业出版社出版、发行（北京西郊百万庄）

各地新华书店、建筑书店经销

北京科地亚盟排版公司制版

北京富生印刷厂印刷

*

开本：787×1092毫米 1/16 印张：15¼ 字数：374千字
2015 年 6 月第一版 2015 年 6 月第一次印刷
定价：**38.00**元
ISBN 978-7-112-17895-7
（27129）

前　言

作为建筑施工企业，其发展的关键因素可归结为企业管理水平和技术优势的发展程度。而施工工艺标准的建立则在提升施工管理水平和技术优势的过程中起到至关重要的作用。为了贯彻、推进、执行国家建筑行业标准化管理，加强基础性业务建设，规范提升施工管理人员的管控能力与水平，特编写了《桥梁桩基与基础施工工艺简明手册》。该手册，依据现行行业标准、规范、技术手册及现场实战经验，针对不同类型桥梁桩基、基础施工工艺，从工艺适应范围、工艺原理、操作要点、质量控制、安全环保措施等方面进行了较为详细的介绍。

本册《桥梁桩基与基础施工工艺简明手册》共计介绍了 25 项施工工艺，比较全面的介绍了桥梁桩基、基础施工内容，对桥梁施工企业推行现场标准化管理具有很好的借鉴与指导作用。为更进一步完善桥梁施工工艺体系，在本册《桥梁桩基与基础施工工艺简明手册》推出之后，作者将继续编写《桥梁上部与下部结构施工工艺简明手册》，希望以此能为推进桥梁施工企业标准化的实施贡献自己的微薄之力。

目　　录

上篇　桩基工程施工工艺

上篇 桩基工程施工工艺

第1章 旋挖钻成孔灌注桩施工工艺

1.1 工艺原理及适用范围

1.1.1 工艺原理

旋挖钻成孔施工工艺是利用伸缩钻杆传递扭矩并带动回转钻斗、短螺旋钻头或其他作业装置进行干、湿钻进、逐次取土（岩屑）、反复循环作业成孔的一种专用机械设备。

1.1.2 适用范围

旋挖成孔法适用于填土层、黏性土层、粉土层、砂土层、淤泥层、砂土层、碎石土、卵石层、软岩及风化岩等岩土层。旋挖成孔灌注桩按成孔方法可分为：干作业旋挖成孔、湿作业旋挖成孔、套管护壁作业旋挖成孔以及复合工艺旋挖成孔等。

1.2 工艺特点

1.2.1 优点

此施工工艺优点是：（1）振动小、噪声低；（2）最适宜在黏性土中干作业钻成孔（此时不需要稳定液）；（3）钻机安装较简单，桩位对中容易；（4）施工场地内移动方便；（5）钻进速度较快；（6）工程造价较低；（7）工地边界到桩中心的距离较小。

1.2.2 缺点

此施工工艺缺点是：（1）当卵石粒径超过 100mm 时，钻进困难；（2）稳定液管理不适当时，会产生坍孔；（3）土层中有强承压水时，施工困难；（4）废泥水处理困难；（5）沉渣处理较困难，需用清渣钻斗；（6）因土层情况不同，孔径比钻头直径大 7%～20%。

1.3 施工准备

1.3.1 人员准备

（1）根据工程项目规模、工期和技术要求等进行人员配备，明确管理机构及主要管理人员职责。

（2）施工人员上岗前应进行职业安全、技术能力和操作技能培训，培训合格后方可上岗；设备操作人员必须取得与其岗位相适应的资格证书，培训合格后方可上岗。

（3）每台旋挖钻机可配备 1 名操作人员，同时转运渣土挖掘机司机 1 名，另外可配备 2 名辅助工人及 2 名测量人员。

1.3.2 技术准备

（1）熟悉现场岩土勘察资料、施工图及图纸会审资料。

（2）明确场地和邻近区域内的管线、建筑等具体位置，必要时作出明确标识。

（3）熟悉主要施工机械及其配套设备的技术性能资料，所需材料的检验和混凝土配合比试验资料。

（4）具有经审批的施工方案、有关载荷、施工工艺的试验参考资料。结合工程特点和施工工艺特点，制定有针对性的安全、质量、工期、文明施工和环境保护管理等措施。在特殊环境下需搭设作业平台时，应有作业平台专项设计验算。

（5）制定旋挖施工应急预案，并对施工人员做好专项安全和技术交底。

1.3.3 材料准备

（1）原材料、混凝土的型号、规格、品种、等级等质量和技术性能应符合国家现行标准的规定和设计要求。

（2）钢材进场要有出厂质量证明书或试验报告单，进场时分批检验。检验内容包括查对标识、外观检查，并按现行国家有关标准的规定抽取试样做力学性能试验，合格后方可使用。

（3）水泥进场要有产品合格证和出厂检验报告，进场时对其品种、级别、包装或散装仓号、出厂日期等进行检查，并对其强度、稳定性及其他必要的性能指标进行复验，其质量必须符合现行国家相关标准的规定。

（4）粗骨料宜选用级配良好的坚硬碎石或卵石。骨料粒径必须满足现行国家相关标准的规定。

（5）外加剂进场要有产品质量说明书和产品合格证，外加剂的质量和性能应符合现行国家相关标准的规定。

（6）原材料在运输和存放过程中应采取防止油污、雨淋措施。堆放场地应平整、坚实。

1.3.4 设备准备

（1）根据设计图纸、地质条件、场地条件、工期要求、旋挖工法等因素，对旋挖设备和机具进行选型和配套。

（2）根据地质条件、主机功能和桩基设计参数等因素确定钻具和钻杆等的选用。选定的旋挖施工设备和机具，应具有完善的技术性能说明资料且使用状况良好。

（3）配备用于施工的仪器仪表、器具，其性能指标应符合国家现行相关标准的规定，并在检定有效期内。

（4）严格按照旋挖钻机使用说明书进行运输、安装、启动、工作、拆卸和存放，并根据施工设备的完好状况进行必要的检查、维修和保养（图1-1）。

图 1-1 旋挖钻机图

（5）严格按照国家现行有关标准及旋挖钻机使用说明书对钢丝绳维护、检查及更换。常用旋控钻机机械性能见表 1-1 所列。

常用旋挖钻机机械性能表　　　　表 1-1

序号	机械名称	动力头扭矩（kN·m）	动力头最大转速（r/min）	最大钻孔直径（mm）	钻大钻孔深度（m）	卷扬机最大拉力（t）
1	宝峨 BG20	191	60	2000	70	17
2	土力 R625	240	30	2500	77	24
3	HR180S	207	/	1800	60	18
4	三一 R200	200	26	2000	60	20

1.3.5 作业条件准备

（1）施工现场平面布置应遵照施工组织设计进行。合理安排生产和生活设施，做好水、电供应，保证道路畅通。施工前进行场地平整（场地在湿地或浅水区可采用筑岛，深水区可采用搭设水上作业平台或钻探船方案），场地满足旋挖钻机作业要求。

（2）应对泥浆池位置和出土出渣路线进行测定。规划行车路线时，应使道路与钻孔位置保持一定距离，不得影响孔壁稳定。

（3）场地无水时，将桩基位置场地进行平整、压实，便于钻机的行走与作业；场地为浅水时，宜采用筑岛法施工。筑岛面积应满足旋挖钻机作业需求，筑岛高度应高于最高施工水位 0.5~1.0m；场地为深水时，可采用搭设作业平台、钻探船方案等固定式平台；平台须牢靠稳定，能承受工作时所有静、动荷载。

1.4 施工工艺

1.4.1 工艺流程

施工工艺流程如图 1-2、图 1-3 所示。

1.4.2 操作要点

（1）桩位放线

根据设计图纸提供的坐标采用全站仪、水准仪和塔尺进行桩孔位置放线，确定出桩孔位置，并做好十字保护桩。测量放线和放样应进行复核，并做好记录。

（2）钻机就位

1）旋挖钻机就位后应进行调平对正，施工中应随时通过平衡仪检查钻机水平；开孔时对深度仪进行归零，并应在施工中随时校核深度仪。根据地质条件选择相应的钻斗。

2）成孔前必须检查钻头保径装置、钻头直径、钻头磨损情况。

3）钻头下孔前必须检查滚刀或牙轮使之转动灵活，检查钻头各焊接部位有无裂纹，如发现滚刀或牙轮轴承损坏及时更换。

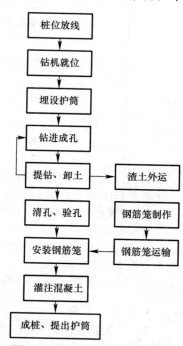

图 1-2　旋挖钻干作业成孔灌注
桩施工工艺流程图

注：成孔至设计标高后，
应清除孔底残渣。

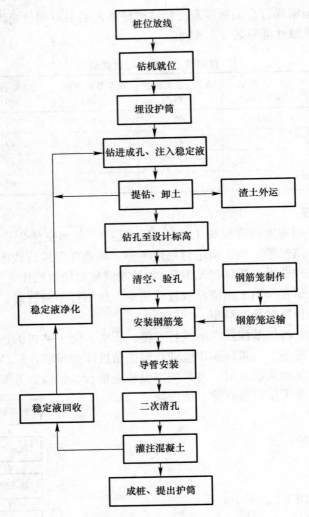

图 1-3 旋挖钻湿作业成孔灌注桩施工工艺流程图

注:

1. 旋挖作业前应制备足够的稳定液,施工人员应注意观察孔内稳定液液面情况,并随时向孔内补充稳定液,严禁在施工过程中出现孔内液面过低的情况。

2. 旋挖钻机在地下水位以下中细砂层作业时,应降低钻进和升降速度,并及时注入稳定液,保持稳定液液面高度。

3. 遇易缩径地层时,应加大钻头的外切削出刃,在缩径部位采用上下反复跑空钻的办法进行扫孔,并适当增加稳定液比重。

4. 钻具即将下放到孔底时,宜采用自由放绳。

(3) 埋设护筒

1) 一般情况下选用 6～8mm 的钢板制作护筒;当钢护筒长度大于 10m,需要用锤击或振动下沉时,其径厚比不宜大于 120。护筒内径宜比桩径大 200～400mm。护筒埋置深度根据设计要求或桩位的水文地质情况确定,一般情况埋置深度宜为 2～4m,有冲刷影响的河床,应沉入局部冲刷线以下不小于 1.0～1.5m。旱地、筑岛处护筒可采用挖坑埋设法,护筒底部和四周所填黏质土必须分层夯实。

护筒高度宜高出地面 0.3m 或水面 1.0～2.0m。当钻孔内有承压水时，应高于稳定后的承压水位 2.0m 以上。若承压水位不稳定或稳定后承压水位高出地下水位很多，应先做试桩，鉴定在此类地区采用钻孔灌注桩基的可行性。当处于潮水影响地区时，应高于最高施工水位 1.5～2.0m，并应采用稳定护筒内水头的措施。

2）护筒中心竖直线应与桩中心线重合，平面允许误差为 ±20mm，竖直线倾斜不大于 1‰，干处可实测定位，水域可依靠导向架定位。

3）水域护筒设置，应严格注意平面位置、竖向倾斜和两节护筒的连接质量均需符合上述要求。沉入时可采用压重、振动、锤击并辅以筒内除土的方法。

4）护筒连接处要求筒内无突出物，应耐拉、压，不漏水。

（4）钻进成孔、注入稳定液

1）泥浆制备

钻孔泥浆一般由水、黏土（或膨润土）和添加剂按适当配合比配制而成，其性能指标可参照《公路桥涵施工技术规范》JTG/T F50—2011 条文说明表 8-1 选用。泥浆的具体指标的选择应根据钻孔的工程地质情况、孔位、钻机性能、泥浆材料条件等确定。

2）泥浆池开挖

在桩位旁边按照桩基施工及桩基清孔的需要进行泥浆池的开挖，泥浆池分为沉渣池和造浆池。

3）泥浆注入

泥浆初次注入时，应垂直向桩孔中间进行注浆；孔口采用护筒时，液面不宜低于孔口 1.0m，并且高于地下水位 1.5m 以上，液面应保持稳定。

4）旋挖钻进

① 采用旋挖钻施工时应采用跳挖方式，钻斗倒出的渣土距桩孔口的距离应大于 6m，并及时清除外运。旋挖钻机配备电子控制系统显示并调整钻进时的垂直度，通过电子控制和人工观测两个方面来保证钻杆的垂直度。

② 钻杆保持垂直稳固，位置准确。钻进速度根据地层变化情况及时调整，常用钻具和钻进参数详见表 1-2 所列。

旋挖钻机常用钻具和钻进参数　　　　　　　　　　　表 1-2

地质条件	钻头选用	钻杆选用	加压方式	转速（r/min）	回次进尺（m）	提钻速度（m/s）
一般黏性土	单层底旋挖钻斗、短螺旋钻头、分体式钻斗	摩擦钻杆、机锁钻杆	油缸＋自重加压	20～50	≤0.8	≤0.8
杂填土、软土、粉土、砂土、松散卵砾石层	双层底旋挖钻斗			20～30	≤0.5	≤0.6
硬黏土	单层底旋挖钻斗或斗齿螺旋钻头			20～30	≤0.8	≤0.8
冻土层	斗齿螺旋钻头、旋挖钻斗、锥形螺旋钻头	机锁钻杆	油缸＋机锁钻杆加压	9～25	≤0.8	≤0.8
胶结的卵砾石和强风化岩	锥形螺旋钻头或双层底的斗齿旋挖钻斗			9～20	≤0.5	≤0.6
中风化岩	截齿或牙轮筒式钻头、锥形斗齿螺旋钻头、双层底的斗齿旋挖钻斗			9～15	≤0.5	≤0.8

③ 钻孔过程中根据地质情况控制进尺速度：由硬地层钻到软地层时，可适当加快钻进速度；当软地层变为硬地层时要减速慢进；在易缩径的地层中，应适当增加扫孔次数，防止缩径；对硬塑层采用快转速钻进，以提高钻进效率；砂层则采用慢转速慢钻进，并适当增加泥浆相对密度和黏度。

④ 钻进过程中，应随时清理孔口积土，遇到地下水、塌孔、缩孔等异常情况时，应及时处理。

⑤ 按试桩施工所确定的参数进行施工，设专职记录员记录成孔过程的各项参数，如钻进深度、地质特征、机械设备损坏、障碍物等情况，记录必须认真、及时、准确、清晰。

（5）清孔、验孔

1）钻孔深度达到设计高程后，应对孔径、孔深、孔位及孔的倾斜度进行检验，符合相应验收标准后，方可进行清孔。清孔可根据具体情况采用换浆、抽浆、掏渣、空压机喷射、砂浆置换等方法。

2）在吊入钢筋笼后，灌注水下混凝土之前，应再次检查孔内泥浆性能指标和孔底沉淀厚度，如超过规定，应进行第二次清孔，符合要求后方可灌注水下混凝土。

3）不得用加深钻孔深度的方式代替清孔。

（6）钢筋笼安装及导管安装

1）钢筋笼安装过程中，应保证钢筋笼不变形；同时确保检查声测管不损害。钢筋笼安装完成后，必须将声测管灌满水，检验其密闭性是否完好；如声测管水位下降，则应将钢筋笼提出，查找漏水位置封堵完好后，重新对声测管进行密闭性检查，检测合格后对声测管端部进行临时封闭。

2）安装导管的内径宜为 200～350mm。导管使用前应仔细检查，力求内壁光滑、顺直、光洁和无局部凹凸。各节导管内径应大小一致，偏差不应大于±2mm。导管使用前应进行水密水压和接头抗拉试验，严禁采用压气试压。

（7）水下混凝土的灌注

1）桩基水下混凝土的灌注时间不得长于首批混凝土初凝时间。若估计灌注时间长于首批混凝土初凝时间，则应掺入缓凝剂。水下灌注混凝土的泵送机具宜采用混凝土泵（在施工条件允许的条件下可采用吊斗下料），距离稍远的宜采用混凝土搅拌运输车。

2）混凝土拌合物应有良好的和易性，在运输和灌注过程中应无显著离析、泌水现象。灌注时应保持足够的流动性，其坍落度宜为 180～220mm。

3）水下混凝土灌注具体施工工艺详见第 19 章相关内容。

4）混凝土超灌应控制在超出设计高程 500～1000mm。

（8）成桩、提出钢护筒

1）混凝土灌注完成后，提出钢护筒，钢护筒提出时应注意确保声测管不被损害。

2）钻机移位后，应对孔口进行安全防护，以避免发生安全事故。

1.5　施工记录

（1）原材料（水泥、砂、石、钢筋、外掺剂）进场复验报告；

（2）桩位放样及复核记录；

（3）钻孔桩钻进施工记录（按照监理工程师或业主提供的表格进行填写）；

（4）成孔孔径、孔深、孔位、沉渣层厚度、钻孔倾斜度以及泥浆指标的测定；

（5）钢筋笼加工质量的验收；

（6）混凝土灌注记录；

（7）现场混凝土试验记录；

（8）桩无破损检测报告。

1.6　质量控制

1.6.1　基本要求

（1）桩身混凝土所用的水泥、砂、石、水、外掺剂及混合材料的质量和规格必须符合有关规范的要求，按规定的配合比施工。

（2）成孔后必须清孔，测量孔径、孔深、孔位、沉渣层厚度和清孔后泥浆指标，确认满足设计或施工技术规范要求后，方可灌注水下混凝土。

（3）水下混凝土应连续灌注，严禁有夹层和断桩。

（4）嵌入承台的锚固钢筋长度不得低于设计规范规定的最小锚固长度要求。

（5）应选择有代表性的桩用无破损法进行检测，重要工程或重要部位的桩宜逐根进行检测。设计有规定或对桩的质量有怀疑时，应采取钻取芯样法对桩进行检测。

（6）凿除桩头预留混凝土后，桩顶应无残余的松散混凝土，采用清水冲洗干净。

1.6.2　实测项目

钻孔灌注桩实测项目见表 1-3 所列。

钻孔灌注桩实测项目　　　　　　　　　　　　　　　　表 1-3

项次	检查项目			规定值或允许偏差	检查方法和频率
1	混凝土强度（MPa）			在合格标准内	按《公路工程质量检验评定标准》JTGF80—2004 附录 D 进行检查
2	桩位（mm）	群桩		100	全站仪或经纬仪：每桩检查
		排架桩	允许	50	
			极值	100	
3	孔深（m）			不小于设计	测绳量：每桩测量
4	孔径（mm）			不小于设计	探孔器：每桩测量
5	钻孔倾斜度（mm）			1%桩长	用测壁（斜）仪或钻杆垂线法：每桩检查
6	沉淀厚度（mm）	摩擦桩		设计规定，设计未规定时按施工规范要求	沉淀盒或标准测锤：每桩检查
		支承桩		不大于设计规定	
7	钢筋骨架底面高程（mm）			±50	水准仪：测每桩骨架顶面高程后反算

1.7　成品保护

（1）在桩基灌注完成后，采用栏杆将桩位进行围护，防止对桩基造成影响。

（2）在已灌注好的桩基周围进行钻孔时，必须根据设备机型及地质情况进行计算，确定安全距离，防止对已灌注的桩基混凝土造成影响。

（3）在桩基没有进行超声波检测之前，必须做好声测管的保护工作。

1.8　安全与环保措施

1.8.1　施工安全

（1）开钻前，钻机驾驶员发出信号，确认安全后方可启动钻机，钻机操作过程中应平稳，不宜紧急制动。当钻具未离开工作面时，不得做回转、行走等动作。钻具升降不得过猛，下降时不得碰撞车架或履带。

（2）在钻机作业时，配合钻机及附属设备作业的人员应在钻机的回转半径以外工作；当作业需要在回转半径内作业时，必须由专人协调指挥。

（3）施工前应对地下水和易发生坍塌的地层进行认真研究，对可能发生的孔内事故应事先做好预案，并做好准备。

（4）成孔前和每次提出钻斗时，应检查钻斗和钻杆连接销子、钻斗门连接销子以及钢丝绳的状况，并应清除钻斗上的渣土。

（5）水上作业应有作业人员和施工设备应急预案。

（6）施工开挖的沟、洞和施工完毕的桩孔必须加盖安全网盖，泥浆池四周应设防护栏杆。

（7）施工机械的使用应符合现行行业标准《建筑机械使用安全技术规程》JGJ33—2012的规定。

（8）施工临时用电应符合现行行业标准《施工现场临时用电安全技术规程》JGJ46的规定。

（9）施工过程的安全检查应符合现行行业标准《建筑施工安全检查标准》JGJ59—2011的有关规定。

1.8.2　环保措施

（1）施工现场应设置排水系统，排水系统严禁与稳定液循环系统串联，严禁向排水系统排放稳定液，排水沟的废水应经沉淀过滤达到标准后方可排入市政排水管网。

（2）稳定液沟池设置的截面或容积应满足施工所需的稳定液循环量的需要。稳定液沟池应经常清理、保证稳定液正常循环防止外溢。

（3）施工过程产生的废土、渣土及废弃稳定液应及时外运。外运车辆应为密封车或有遮盖自卸车，车辆及车胎应保持干净。

（4）稳定液应循环利用。废弃稳定液应进行处理，不得污染环境。

（5）渣土、废弃稳定液的处置应符合有关环境保护的规定。

（6）施工现场环境应符合现行行业标准《施工现场临时用电安全技术规范》JGJ46的有关规定。

第 2 章　反循环钻成孔灌注桩施工工艺

2.1　工艺原理及适用范围

2.1.1　工艺原理

反循环钻成孔施工工艺是在桩顶处设置护筒（其直径比桩径大 15% 左右），护筒内的水位要高出自然地下水位 2m 以上，保持孔壁的静水压力在 0.02MPa 以上，以保护孔壁不坍塌，省去切削套管。钻机工作时，旋转盘带动钻杆端部的钻头切削破碎岩土；钻进冲洗液（又称循环液，指水或泥浆）从钻杆与孔壁间的环状空间中流入孔底，冷却钻头，并携带岩土钻渣，混合液在负压作用下从钻杆内腔上升到地面溢进沉淀池后返回泥浆池中净化，净化后的冲洗液又返回孔内形成循环，这种钻进方法称为反循环钻进。

与反循环钻成孔施工工艺不同的正循环钻成孔施工工艺的基本原理为：钻机旋转盘带动钻杆和钻头回转切削破碎岩土，钻进时用泥浆护壁排渣，即泥浆由泥浆泵输进钻杆内腔后，经钻头的出浆口射出而输入孔底，带动钻渣，不断地沿环状空间上升到孔口溢进沉淀池后返回泥浆池中净化，循环使用。

正循环与反循环钻成孔法基本原理的示意图如图 2-1、图 2-2 所示，由图可看出两种成孔法的差异。

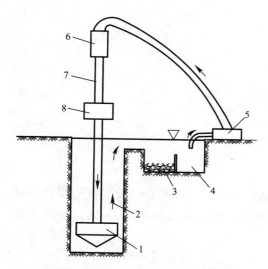

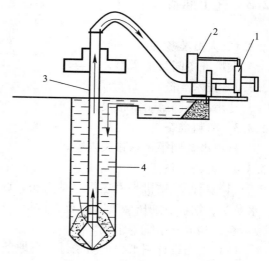

图 2-1　正循环成孔工艺原理示意图　　　　　　图 2-2　反循环成孔工艺原理示意图
1—钻头；2—泥浆循环方向；3—沉淀池及沉渣；　　　　1—真空泵；2—泥浆泵；3—钻渣；4—清水
4—泥浆池及泥浆；5—泥浆泵；6—水龙头；
7—钻杆；8—钻机回转装置

2.1.2　适用范围

反循环钻成孔适用于填土、淤泥、黏土、粉土、砂土、砂砾等地层。当采用圆锥式钻头等可进入软岩；当采用滚轮式（又称牙轮式）钻头等可进入硬岩。反循环钻成孔不适用于自重湿陷性黄土层，也不宜用于无地下水的地层。对于大卵砾石层、大抛石层和大孤石层，反循环钻进效率很低，甚至无法进尺。

2.2　工艺特点

2.2.1　优点

此施工工艺优点是：（1）振动小，噪声低；（2）可施工超大直径（4m以上）、超大深度（100m以上）的桩；（3）用天然泥浆即可保护孔壁；（4）几乎在各种土层和岩层中均可施工，采用特殊钻头可切削岩石；（5）可进行水上施工；（6）可在地下水位下厚细砂层（厚度5m以上）中钻进；（7）钻进速度较快。

2.2.2　缺点

此施工工艺缺点是：（1）很难在比钻头吸渣口径大的卵石层或漂石中钻进；（2）土层中有压力较高的承压水或地下水流时，成孔较困难；（3）如果水压头和泥浆相对密度等管理不当，会引起塌孔；（4）切削出来的土砂中水分多，弃土困难；（5）废泥水处理量大；（6）暂时架设的规模大。

与正循环钻成孔法相比，反循环钻成孔法具有成孔直径大、深度大、成孔质量高（孔壁稳定、排渣能力强、孔底沉渣少及孔壁泥膜薄）、对泥浆质量要求较低、能较准确鉴别孔底岩性等优点，但具有操作复杂、用水量多及钻架大等缺点。

2.3　施工准备

2.3.1　人员准备

人员准备同第1章相关内容。

2.3.2　技术准备

技术准备同第1章相关内容。

2.3.3　材料准备

材料准备同第1章相关内容。

2.3.4　设备准备

（1）反循环钻机是由主机（动力头、回转装置钻塔、升降装置、行走机构等）、钻具（水龙头、钻杆、加压装置、配重、钻挺、接续装置、稳定器及钻头等）、钻渣分离设备、液压系统和电气系统等组成。

（2）根据设计图纸、地质条件、场地条件、工期要求、旋挖工法等因素，对循环钻设备及配套设备进行选型。在进行钻机选型时，应根据不同的土层和岩层选用相应的钻头形式、钻进方法和钻进参数。反循环钻机常见钻头见表2-1所列。

（3）钻机在桩位组装完成后，应对钻机进行联合调试并验收合格后方可投入使用。

反循环钻机常用钻头　　　　　　　　　　　　　　　　　　　　表 2-1

钻头形式	适应范围	特　点
多瓣式钻头（蒜头式钻头）	一般土质（黏土、粉土、砂和砂砾层），粒径比钻杆小 10mm 左右的卵石层	效率高；使用较多；在钻机转盘功率值超过 40r/min 以上的硬土层中钻挖时，钻头刃口会打滑，无法钻挖
三翼式钻头	钻机转盘功率值小于 50r/min 的一般土质（黏土、粉土、砂和砂砾层）	钻头为带平齿状硬质合金的三叶片
四翼式钻头	硬土层，特别是坚硬的砂砾层（无侧限抗压强度小于 1000kPa 的硬土）	钻头的刃尖钻挖部分为阶梯式圆筒形，钻挖时先钻一个小圆孔，然后成阶梯形扩大
抓头式钻头	用于粒径大于 150mm 的砾石层	—
圆锥形钻头	无侧限抗压强度为 1000～3000kPa 的软岩（页岩、泥岩、砂岩）	—
滚轮式钻头（牙轮式钻头）	特别硬的黏土和砂砾层及无侧限抗压强度大于 2000kPa 的硬岩	钻挖时需加压力 50～200kN，需用容许荷载为 400kN 的旋转连接器和扭矩为 30～80kN·m 的旋转盘。切削刃有齿轮型、圆盘型、钮式滚动切刀型等
并用式钻头	土层和岩层混合存在的土层	此类钻头是在滚轮式钻头上安装耙形刀刃，无需烦琐地更换钻头，进行一贯的钻挖作业
筒式捞石钻头	砂砾和卵石层	钻头呈筒形、底唇面齿刃呈锯齿状
扩孔钻头	专用于一般土层或专用于砂砾层	形成扩底桩，以提高桩端阻力

（4）国内外常用的反循环钻机

1）泵吸反循环钻机，如我国 GPS215、GPS220 型、德国 SW 型、美国 RD2600、CSD2820 型及日本 S2200、MD150 型等。

2）气举反循环钻机，如我国 KTY3000、KPG3000 型（钻孔直径 1500～6000mm、钻孔深度 130m）、日本 MD250 型等。

3）喷射反循环钻机，如日本 MD350、MD450 型等。

4）泵吸、气举反循环钻机，如我国 GPS225 型、罗马尼亚 EA 系列型、日本 S 系列型、德国 L 系列型等（图 2-3）。

图 2-3　气举反循环钻机图

5）气举、喷射、泵吸反循环钻机，如日本 L 系列型等。

6）正、反循环两用钻机，如我国 KP2000、GJC240HF 和 BRM 24 型等。

7）带抓斗的反循环钻机，如日本 RAE 和 RSAC 型等。

8）潜水式反循环钻机，如日本 RRC 型、我国 KQ 系列型等。

9）冲击反循环钻机，如我国 GJD21500、SPC2300H 型等。

2.3.5　作业条件准备

作业条件准备同第 1 章。

2.4　施工工艺

2.4.1　工艺流程

反循环钻成孔灌注桩施工工艺流程如图 2-4 所示。

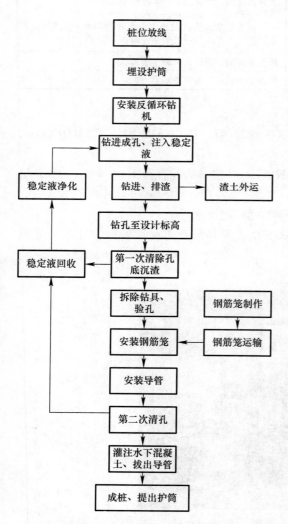

图 2-4　反循环钻成孔灌注桩施工工艺流程图

2.4.2　操作要点

1. 桩位放线

（1）复核设计单位交付的导线点、三角网点、水准基点及有关测量资料。如有标志不清晰、点位不稳定或被损毁及精度不符合施工要求，应及时进行加固和恢复，待点位稳定后，重新进行测量，测量结果报审通过后，方可用于施工。

（2）检查测量仪器和设备（全站仪、经纬仪、水准仪、水准尺、钢尺等）的完好性、可靠性及精确度，审查法定计量单位出具的仪器鉴定证书并报监理单位审查。

（3）审核设计图纸，校核桩位中心点坐标是否与设计吻合。

（4）建立施工控制网，编制施工测量专项方案，报监理单位审查，监理单位对施工控制网进行复测，经监理单位审查施工控制网精度满足施工要求，批复后报业主备案。若精度不满足施工要求，则需对施工控制网进行加密，加密后报监理单位审查，合格后报业主备案。

（5）利用施工控制网，对桩位进行放样，检查与设计桩位坐标一致后，报监理单位复测，复测合格后，方能开始灌注桩施工。

2. 埋设护筒

（1）反循环施工是在静水压力下进行钻孔施工，因此埋设护筒是反循环施工作业中的关键工序。护筒直径一般比设计桩径大 150mm 以上，护筒底部应打入黏土层或粉土层，并确保护筒底部不漏水。在极不稳定的地层，如在流砂层钻进时，护筒必须进入岩面或预先将护筒沉至岩面。

（2）深水区域护筒埋设具体方法

1）首先测量放线定出桩位，然后利用人工或机械进行挖孔。

2）在深水区护筒安装利用导向架进行安装。导向架可采用型钢焊制而成，导向架四角利用钢管进行固定（图2-5）。

3）将护筒打设至设计位置。

4）护筒安装须严格控制垂直度，确保垂直度在 1‰ 范围内。护筒安装完成后，对护筒中心进行复测，保证护筒与桩中心的偏差不大于 5cm。

（3）大直径超长桩护筒的制作和设置原则

1）护筒的内径按下式计算确定：

$$d \geqslant (D/2 + h \times i + d') \times 2$$

式中　D——设计桩径；

　　　h——护筒长度；

　　　i——护筒设置倾斜率（%）；

　　　d'——护筒平面位置允许误差。

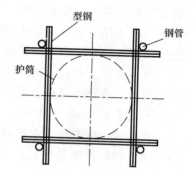

图 2-5　护筒安装平面布置图

2）护筒的壁厚宜按刚度要求经计算确定。当护筒长度大于 10m，需要锤击或振动下沉时，其径厚比不宜大于 120。

3）护筒制作加工时，其椭圆度应小于 $d/100$，且长、短轴之差不大于 30mm；直径的允许偏差应为 ±10mm；筒体端面的倾斜度允许偏差为 3mm，纵轴线弯曲矢高应不大于护筒长度的 0.1%，且不大于 30mm；护筒对接时的错边量应不大于 0.2 倍钢板厚度，且不大于 4mm。

4）在制作运输时，每节护筒上下口内壁的径向宜布置一组或多组单向临时加劲撑架，撑架本身应具有足够的刚度。

3. 钻机就位

（1）在护筒埋设后，利用吊车将反循环钻机吊装就位，循环站机就位后应与其配套设备进行联动调试，调试正常后方可正式投入使用。

（2）钻机就位基础应该平整、稳定，在钻进过程中不得发生钻机沉陷、偏移等问题。

（3）钻机就位后，必须对钻头中心是否与桩孔位中心重合进行复核。

4. 钻进成孔、注入稳定液

（1）泥浆制备

泥浆制备采用泥浆搅拌机在孔外造浆，泥浆配合比由试验确定。泥浆主要采用黏土、膨润土和泥浆外加剂等材料进行配置。稳定液的性能指标需根据现场地质勘察资料，可参照《公路桥涵施工技术规范》JTG/T F50—2011 条文说明表 8-1 进行制备。

（2）泥浆池开挖

泥浆池的容积为钻孔容积的 1.2～1.5 倍。沉淀池、泥浆池、循环槽用砖块和水泥砂浆砌筑牢固，不得有渗漏或倒塌。泥浆池等不能建在新堆积的土层上，防止泥浆池下陷开裂，漏失泥浆。

在水域施工时，可在作业平台上设置钢制泥浆箱作为泥浆池。

（3）泥浆注入

1）在采用全护筒跟进施工时，可采用清水作为冲洗液。

2）在无护筒施工过程中，为了防止孔壁坍塌，在孔壁的任何部位确保静水压在0.02MPa以上，孔内水位要高出自然地下水位2000mm以上。根据不同的土层，需对泥浆相对密度进行调整，在黏土和粉土层中钻挖时泥浆相对密度可取1.02～1.04；在砂和砂砾等易塌孔的土层中钻进时，应使泥浆相对密度保持在1.05～1.08。

当泥浆相对密度超过1.08时，则钻进困难，效率降低，易使泥浆泵产生堵塞或使混凝土的置换产生困难，此时要用水进行适当稀释，以调整泥浆密度。

在不含黏土和粉土的纯砂层中钻进时，必须在储浆池内加入黏土，并搅拌成适当密度的泥浆。造浆黏土应符合下列技术指标要求：胶体率不低于95%，含砂率不大于4%，造浆率不低于0.006～0.008m³/kg。

成孔时，由于地下水稀释使泥浆密度降低，可添加膨润土等来增大密度。膨润土溶液的浓度与相对密度关系见表2-2所列。

膨润土溶液的浓度与相对密度关系表　　　　　　　　表2-2

浓度（%）	6	7	8	9	10	11	12	13	14
相对密度	1.035	1.040	1.045	1.050	1.055	1.060	1.065	1.070	1.075

注：膨润土相对密度按2.300计。

（4）施工钻进

1）在循环钻机钻进过程中，要根据桩径、钻深、土质、钻头的类型、钻机转速以及泵的扬程进行确定钻进速度。

2）在砂层中钻进时需考虑到泥浆护壁的泥膜形成时间，在黏土中钻进时则需考虑泥浆泵的能力并要防止泥浆浓度的增加。不同土层钻机钻进速度与钻头转速关系见表2-3所列。

不同土层反循环钻进速度与钻头转速的参考表　　　　表2-3

土质	钻进速度（min/m）	钻头转速（r/min）
黏土	3～5	9～12
粉土	4～5	9～12
细砂	4～7	6～8
中砂	5～8	4～6
砾砂	6～10	3～5

3）钻头吸水断面应敞开、规整，减少阻力，以防砾石等堆挤堵塞；钻头体吸口端距钻头底端高度不宜大于250mm；钻头体吸水口直径宜略小于钻杆内径。

4）泵吸反循环操作要点

①启动砂石泵，待反循环正常后，才能开动钻机慢速回转下放钻头至孔底。开始钻进时，应先轻压慢转，待钻头正常工作后，逐渐增大转速，调整压力，并使钻头吸口不生产堵水。

②钻进时应认真仔细检查砂石泵排水出渣的情况，排量减少或出水中含钻渣量较多

时，应控制钻进速度，防止因循环液密度太大而中断反循环。

③ 在砂砾、砂卵、卵砾石地层钻进时，为防止钻渣过多、卵砾石堵塞管路，可采用间断钻进、间断回转的方法控制钻进速度。

④ 在加接钻杆时，必须先停止钻进，将钻具提离孔底 80～100cm，维持冲洗液循环 1～2min，以冲洗孔底并将管道内的钻渣挑出排净，然后停泵加接钻杆。钻杆连接必须拧紧牢固，防止螺栓、螺母、拧卸工具等掉入孔内。

⑤ 钻进时如发现孔内塌孔、涌砂等异常清孔，应立即将钻具提离孔底，控制泵量，保持冲洗液循环，吸除坍落物和涌砂；同时向孔内注入性能指标满足要求的泥浆，保持水头压力以抑制继续塌孔和涌砂；恢复钻进后，泵排量不宜过大，以防吸塌孔壁。

⑥ 钻进达到设计孔深停钻时，仍要维持冲洗液正常循环，清洗吸除孔底沉渣直至返出冲洗液的钻渣含量小于 4% 为止。起钻时应注意操作轻稳，防止钻头拖刮孔壁，并向孔内补充适量冲洗液，稳定孔内水头高度。

5. 清孔、验孔

清孔过程中应注意观测孔底沉渣厚度及冲洗液含渣量，当冲洗液含渣量小于 4%，孔底沉渣厚度小于设计要求时，即可停止清孔；并应保持孔内水头，防止塌孔。

第一次清孔处理：在终孔时停止钻具回转，将钻头提离孔底 500～800mm，维持冲洗液的循环，并向孔内注入含渣量小于 4% 的新泥浆或清水，令钻头在原地空转 10min 左右，直至达到清孔要求为止。

第二次清孔处理：在灌注混凝土之前进行二次清孔，可采用普通导管的空气升液排渣法或空吸泵的反循环方式。空气升液排渣法，其方式是将头部有 1000 余 mm 长的气管插入导管之内，管子的底部插入水下至少 10000mm，气管至导管底部的最小距离为 2000mm 左右。压缩空气从气管底部喷出，并使导管底部在桩孔底部不停的移动，就能全部排除沉渣，在急剧地抽取孔内水时，为不降低孔内水位，必须不断地向孔内补充清水。

6. 钢筋笼安装及导管安装

钢筋笼安装及导管安装可参考第 1 章相关内容。

7. 水下混凝土的灌注

水下混凝土的灌注可参考第 19 章相关内容。

8. 成桩、提出钢护筒

（1）钢护筒提拔时，应在混凝土初凝之前缓慢上拔，提拔过程中不得损坏声测管。

（2）护筒拔除后，应对孔口进行安全防护，以防止发生安全事故。

2.5　施工记录

施工记录可参考第 1 章相关内容。

2.6　质量控制

质量控制可参考第 1 章相关内容。

2.7　成品保护

成品保护可参考第 1 章相关内容。

2.8　安全与环保措施

安全与环保措施可参考第 1 章相关内容。

第3章 冲击钻孔灌注桩施工工艺

3.1 工艺原理及适用范围

3.1.1 工艺原理

利用冲击钻机或卷扬机带动一定重量的冲击钻头，在一定的高度内使钻头提升，然后突放使钻头自由降落，利用冲击动能冲挤土层或破碎岩层形成桩孔，再用掏渣筒或其他方法将钻渣岩屑排出。每次冲击之后，冲击钻头在钢丝绳转向装置的带动下转动一定角度，从而使桩孔得到规则的圆形断面。

3.1.2 适应范围

冲击钻成孔灌注桩适用于黄土、黏性土或粉质黏土和人工杂填土层，特别适合于在有孤石的砂砾石层、漂石层、坚硬土层、岩层中使用，对流砂层亦可克服，但对淤泥及淤泥质土，则应慎重使用，对地下水大的土层，会使桩端承载力和摩阻力大幅度降低，不宜使用。

依据冲击钻的钻头来分：实心锥适用于在黏性土、砂类土、砾石、卵石、漂石和较软岩石中直径为 $800\sim2000$mm 的桩基；空心锥（管锥）适用于在黏性土、砂类土、砾石、松散卵石中直径为 $600\sim1500$mm 的桩基。钻孔深度一般为 $50000\sim70000$mm，最大孔深可到 100000mm。

3.2 工艺特点

3.2.1 优点

此施工工艺优点是：（1）能够适应各种地质条件下的成孔，尤其是对岩层、熔岩层的桩基施工；（2）钻机设备易于组织；（3）在冲击土层时，冲挤作用形成的孔壁较为坚固，相对减少了破碎体积；（4）冲击钻进时，孔内泥浆一般不循环，泥浆只起悬浮钻渣、冷却钻头和保持孔壁稳定的作用，泥浆用量少、消耗小，也可利用泥浆排渣；（5）冲击钻机设备操作简单，钻进参数容易掌握，设备移动方便，故障少。

3.2.2 缺点

此施工工艺缺点是：（1）施工噪声较大；（2）泥浆污染比较严重、废泥浆处理量大。

3.3 施工准备

3.3.1 人员配备

（1）在冲击钻施工时，需要根据工程量的大小、设备投入量情况，安排现场技术人员、质检人员、安全人员及工程人员。

（2）用卷扬机带动冲击钻施工时，每台班可配备4人，其中司机2人轮流作息兼做记录，投黏土兼掏渣2人；另配备电焊工1～2人，及时焊补冲击锥。

3.3.2 技术准备

（1）熟悉和分析施工现场的地质、水文资料，编制冲击钻桩基单项施工组织设计，由技术人员向施工班组进行书面一级技术交底和安全交底。

（2）选择合适的护筒类型，护壁类型有预制钢筋混凝土管护筒、钢护筒等。

（3）施工放样。测定桩位中心点、高程水准点后，在桩孔四周撒出挖孔灰线。放样完毕后，经监理工程师复核、确认后方可开始施工。

（4）全面进行桩基施工前，先做冲击钻孔桩试桩。试桩是为了核对水文、地质情况，检验选择的施工工艺、机械设备是否符合相关质量、安全要求，必要时进行修正。

（5）开钻前，由班组人员向现场施工人员进行全面的技术、操作、安全二级交底，确保施工过程的工程质量和人身安全。

3.3.3 材料准备

（1）原材料：水泥、石子、砂、钢筋等由材料员和试验员按规定进行检验，确保其原材料质量符合相应标准。

（2）混凝土配合比设计及试验：按混凝土设计强度要求，分别做水下混凝土配合比及普通混凝土配合比的试验室配合比、施工配合比，满足钻孔桩灌注混凝土的要求。

3.3.4 设备准备

1. 主要设备

常见的冲击钻机可分为钻杆冲击式和钢丝绳冲击式两种类型，应用最为广泛的为钢丝绳冲击式钻机。钢丝绳冲击式钻机可大致分为：专门用于冲击钻进的钢丝绳冲击钻机和由带有离合器的双筒或单筒卷扬机配制桩架、钻头组成的简易冲击钻机。卷扬机提升能力宜为钻头质量的1.2～1.5倍。冲击钻具主要包括：冲击钻头（冲锥）、钢丝绳接头（转向装置）、钢丝绳、捞渣筒和打捞工具。

冲击钻头主要可分为实体型和筒式冲击钻头两种类型。实体型冲击钻头一般为铸钢件或用钢板焊制而成，底部为冲击刀刃或齿刃；由于钻头底部为实体无中空，所以破碎演示后，不能同时抽吸孔底岩屑。筒式冲击钻头其钻头体为筒状或钻头轴心部位带中心筒，钻进时不仅破碎岩石，同时还将钻渣压入或抽吸到筒内，然后随钻头一起带出地面。实际施工时，应根据地层情况和成孔要求进行选择。

2. 辅助设备

在桩基施工过程中还需要配备卷扬机、泥浆泵等辅助设备，配备数量见表3-1所列。

冲击钻孔灌注桩主要施工设备与机具					表3-1
序 号	名 称	数 量	序 号	名 称	数 量
1	卷扬机	1台	4	低扬程泥浆泵	1～2台
2	汽车吊	1台	5	发电机	1台
3	电焊机	1台	6	换浆泵	1台

3.3.5 作业条件准备

（1）开钻前场地应完成三通一平。清除桩基孔位周边软弱地基，铲除松软土层并夯实；做好桩位周边的排水系统；临时电力线路、道路、安全设施准备就绪。挂牌示出挖孔的桩号。

（2）由工长或现场技术人员对操作工人进行培训、技术安全交底。做到熟练掌握钻机操作程序、安装钢筋笼、灌注混凝土等技术，要有应对安全紧急救援的措施。操作人员要保持稳定，不得随意更换。

3.4　施工工艺

3.4.1　工艺流程

冲击钻机成孔灌注桩施工工艺流程如图 3-1 所示。

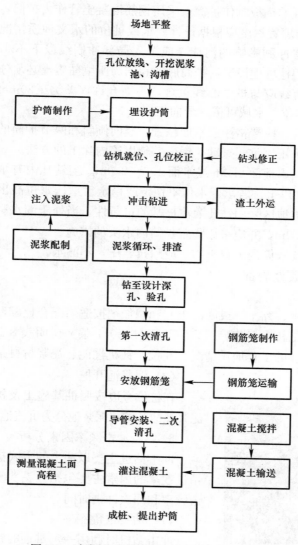

图 3-1　冲击钻机成孔灌注桩施工工艺流程图

3.4.2 操作要点

1. 施工平整

（1）场地无水时，将桩基位置的场地进行平整、拍实，便于钻机的停放。

（2）场地为浅水时，宜采用筑岛法施工。筑岛面积应按钻孔方法、机具大小等要求决定；高度应高于最高施工水位 0.5～1.0m。

（3）场地为深水时，可采用钢管桩施工平台、双壁钢围堰平台等固定式平台，也可采用浮式施工平台。平台须牢靠稳定，能承受工作时所有静、动荷载。

2. 测量放线

根据设计图纸提供的坐标，采用全站仪、水准仪和塔尺进行桩位测放及标高测量。桩位用铁钉在木桩上标识，木桩入土深度不少于 30cm。

3. 护筒设置

（1）选用 6～8mm 的钢板制作护筒或采用钢筋混凝土管作为护筒，护筒内径宜比桩径大 200～400mm。护筒埋置深度应根据设计要求或桩位的水文地质情况确定，一般情况埋置深度宜为 2～4m，有冲刷影响的河床，应沉入局部冲刷线以下不小于 1.0～1.5m。旱地、筑岛处护筒可采用挖坑埋设法，护筒底部和四周所填黏质土必须分层夯实。

（2）护筒中心竖直线应与桩中心线重合，平面允许误差为 ±20mm，竖直线倾斜不大于 1%，干处可实测定位，水域可依靠导向架定位。

（3）水域护筒设置，应严格注意平面位置、竖向倾斜和两节护筒的连接质量均需符合上述要求。沉入时可采用压重、振动、锤击并辅以筒内除土的方法。

（4）护筒高度宜高出地面 0.3m 或水面 1.0～2.0m。当钻孔内有承压水时，应高于稳定后的承压水位 2.0m 以上。若承压水位不稳定或稳定后承压水位高出地下水位很多，应先做试桩，鉴定在此类地区采用钻孔灌注桩基的可行性。当处于潮水影响地区时，应高于最高施工水位 1.5～2.0m，并应采用稳定护筒内水头的措施。

（5）护筒连接处要求筒内无突出物，应耐拉、压，不漏水。

4. 泥浆池开挖与泥浆制备

（1）泥浆制备

钻孔泥浆一般由水、黏土（或膨润土）和添加剂按适当配合比配制而成，其性能指标可参照《公路桥涵施工技术规范》JTG/FT F50—2011 条文说明表 8-1 选用。泥浆的具体指标的选择应根据钻孔的工程地质情况、孔位、钻机性能、泥浆材料条件等确定。

（2）泥浆池开挖

在桩位旁边按照桩基施工及桩基清孔的需要进行泥浆池的开挖，泥浆池分为沉渣池和造浆池（图 3-2）。

5. 影响冲击频率因素分析

冲击钻进主要以冲击的方式破碎岩石，影响冲击钻进效率的因素主要包括：钻头重量、冲击行程、冲击频率和回次冲击时间等。

（1）钻头重量

冲击钻机时利用一定重量的钻头在一定高度下落获得动能变成冲击功能来破碎岩石，这个功能与钻头

图 3-2 泥浆池

质量成正比。因此，钻头重量越大，冲击功就越大，破碎岩石的效果就越好。但并不是钻头重量越大越好，当冲击功已经达到破碎岩石所需的冲击功时，再增大冲击功，会增大钻头变形所消耗的功率。同时，考虑到钻机提升能力、钻孔直径和地层条件等因素的影响，钻头重量可参考下列公式进行计算：

$$Q = q \times D$$

式中　Q——钻头重量（t）；

　　　q——单位直径的钻头重量（t）：

　　　　　软质岩土，$q=1.5 \sim 2.5$；

　　　　　中硬岩石，$q=3.0 \sim 4.0$；

　　　　　坚硬岩石，$q=5.0 \sim 6.0$；

　　　D——钻头直径（m）。

（2）冲击行程

冲击行程是指钻头提升后开始降落时，钻头底刃与孔底之间的距离，也称为冲击高度。根据动能原理，冲击行程大，钻头到达孔底前的末速度也大。因此，其动能转变冲击功也大，破碎岩石效率也就高。冲击行程一般根据地层的岩性来确定，见表 3-2 所列。

各类土层中的冲程和泥浆密度选用参考表　　　　　　表 3-2

序号	项　目	冲程（m）	泥浆密度（t/m³）	备　注
1	在护筒中及护筒脚下 3m 以内	0.9～1.1	1.1～1.3	土层不好时宜提高泥浆密度，必要时加入小片石和黏土
2	黏土	1～2	清水	和稀泥浆，经常清理钻头上泥块
3	砂土	1～2	1.3～1.5	抛黏土块，勤冲勤掏渣，防塌孔
4	砂卵石	2～3	1.3～1.5	加大冲击能量，勤掏渣
5	风化岩	1～4	1.2～1.4	如岩层表面不平或倾斜，应抛入 20～30cm 厚块石使之略平，然后低锤快击使其成一紧密平台，再进行正常冲击，同时加大冲击能量，勤掏渣
6	塌孔回填重成孔	1	1.3～1.5	反复冲击，加黏土块及片石

（3）冲击频率

冲击频率即单位时间内钻头冲击孔底的次数，又称为冲次。在保证每次冲击碎岩效果的前提下，单位时间内冲击次数越多，钻进效率也越高。但是，冲击频率越高，钻头冲击高度就必须相应降低，否则钻头就不能冲击孔底，造成"打空"现象，因而无法正常钻进，甚至损坏设备。

对于钢丝绳冲击钻机来说，根据冲击机构的运动规律推算。冲击频率与冲击行程可参考如下关系计算：

$$n = k \sqrt{\frac{1}{h}}$$

式中　n——冲击频率（次/min）；

　　　k——比例系数（$k=47 \sim 51$）；

　　　h——冲击行程（m）。

根据公式分析，一般来说，增大冲击行程，并适当降低冲击频率，有利于提高钻进效率。

（4）回次冲击时间

冲击钻进效率的另外一个主要影响因素是排渣效率。排渣效率除与泥浆性能有关外，主要取决于回次冲击时间，即捞渣的时间间隔。回次冲击时间一般视地层岩性、冲击次数和冲击进尺等情况而定。

6. 钻机钻进

（1）为了避免在施工过程中孔口塌孔，开始采用低锤（小冲程）密击，锤高 0.4～0.6m，并及时向孔内投放黏土泥浆护壁，泥浆密度和冲程的选用可参照表 3-2，使孔壁挤压密实，直至孔深达护筒下 3～4m，才加快速度，加大冲程，将锤提高至 1.5～2.0m 以上，转入正常连续冲击，在钻孔时要及时将孔内残渣排出孔外，以免孔内残渣太多，出现埋钻现象。

（2）冲孔时应随时测定和控制泥浆密度。每冲击 1～2m 应排渣一次，并定时补浆，直至钻至设计深度，排渣方法有泥浆循环法和抽渣筒法。排渣时，必须及时向孔内补充泥浆，以防止孔内坍塌。

图 3-3　冲击钻机

图 3-4　桩位偏移检查

（3）在钻孔过程中每 1～2m 要检查一次成孔垂直度情况。如发现偏斜应立即停止钻进，采用措施进行纠偏。对于地质变化处和易发生偏斜的部位，应采用低锤轻击、间断冲击的办法穿过，以保持孔形良好。

（4）在冲孔钻进阶段应注意始终保持孔内水位高过护筒底口 0.5m 以上，以免水位升高波动造成对护筒底口处的冲刷，通常冲孔内水位高度应大于地下水位 1m 以上。

7. 清孔

（1）成孔后，采用测绳下挂 0.5kg 重的铁砣测量检查孔深，核对无误后，进行清孔，清孔可根据具体情况采用换浆、抽浆、掏渣、空压机喷射、砂浆置换等方法。

（2）在吊入钢筋骨架后，灌注水下混凝土之前，应再次检查孔内泥浆性能指标和孔底沉淀厚度，如超过规定，应进行第二次清孔，沉渣厚度满足设计要求后方可灌注水下混凝土。

（3）不得用加深钻孔深度的方式代替清孔。

8. 混凝土灌注

灌注水下混凝土可参考第 19 章相关内容。

3.4.3　各种岩层施工要点

1. 人工填石层施工要点

一般采用 2～3m 的冲程，由于人工填石层的填料粒径相差很大，致使人工填石层中孔洞有的很大，采用通常的泥浆护壁法无法使孔内泥浆高程保持稳定，因此首要问题是堵住人工填石层的孔洞，常用方法有：（1）护筒跟进法；（2）在冲孔之前先灌注水下混凝土，使混凝土流入人工填石层中的空洞内将空洞堵住；（3）在冲孔的同时，随时向孔内填入足量的可塑—硬塑状黏性土。同时，为了不发生斜孔，应控制好泥浆相对密度，一般宜为 1.2～1.3；在此类土层中冲孔时应尽量减少清渣次数，尽量使冲击渣挤入填石层的孔洞内。

2. 人工填土或塌孔回填重钻施工要点

通常采用小于 1m 的小冲程反复冲击，并在冲孔过程中经常向孔内投入黏土块；泥浆相对密度宜控制在 1.3～1.5。在此类岩土层冲孔时，应尽量减少掏渣次数，尽量使冲渣挤入孔壁。

3. 流塑—软塑状淤泥施工要点

一般采用 1m 左右的小冲程，冲孔时只要向孔内泵入清水即可，遇黏钻时向孔内添加少量碎石块、碎石等掺合物。在此类土层冲孔往往会发生缩径现象，因此在成孔的同时或成孔之后应采用下护筒的方法来保证孔径符合设计及施工规范要求。

4. 黏土层施工要点

通常采用 1～2m 的中小冲程，一般只要往孔内泵入清水，自然造浆浮渣、护壁。为防止黏钻可投入碎石块、碎石。

5. 粉砂及细砂、中粗砂层施工要点

通常采用 2～3m 的冲程：由于细、中粗砂层属于富含水层，故泥浆相对密度宜控制在 1.3～1.5；在冲孔过程中应经常往孔内投入黏土快；为加快施工进度，应勤冲勤掏渣；掏渣可采用泥浆循环法，也可采用捞渣法，一般不宜选用空压机清孔法。

6. 卵石层、碎卵石层施工要点

通常采用 2～4m 中高冲程，卵石层、碎卵石层一般属于富含水层，工程性能亦较好，泥浆相对密度宜控制在 1.3～1.5；为加快施工进度，在冲孔过程中应经常往孔内投入黏土块，并勤冲勤掏渣，掏渣方法宜选用泥浆循环法或捞渣法。

7. 基岩施工要点

通常采用 3～4m 高的冲程；为了更好地加快施工进度又不至于发生斜孔，泥浆相对密度宜控制在 1.2～1.3；在基岩中冲孔，一般进尺 50cm 左右应清渣一次。清孔方法可选用泥浆循环、捞渣或空压机清孔法。

3.5　施工记录

施工记录可参考第 1 章相关内容。

3.6　质量控制

3.6.1　基本要求

（1）桩身混凝土所用的水泥、砂、石、水、外掺剂及混合材料的质量和规格必须符合有关规范的要求，按规定的配合比施工。

（2）成孔后必须清孔，测量孔径、孔深、孔位和沉淀层厚度，确认满足设计或施工技术规范要求后，方可灌注水下混凝土。

（3）水下混凝土应连续灌注，严禁有夹层和断桩。

（4）在钻进过程中，由于钻头磨损较快，应经常检查钻头磨损情况及时进行加焊修补确保成孔桩径。

（5）嵌入承台的锚固钢筋长度不得低于设计规范规定的最小锚固长度要求。

（6）应选择有代表性的桩用无破损法进行检测，重要工程或重要部位的桩宜逐根进行检测。设计有规定或对桩的质量有怀疑时，应采取钻取芯样法对桩进行检测。

（7）凿除桩头预留混凝土后，桩顶应无残余的松散混凝土，采用清水冲洗干净。

3.6.2　实测项目

实测项目可参考第 1 章相关内容。

3.7　成品保护

（1）在桩基灌注完成后，采用栏杆将桩位进行围护，防止对桩基造成影响。

（2）在已灌注好的桩基周围进行钻孔时，必须根据设备机型及地质情况进行计算，确定安全距离，防止对已灌注的桩基混凝土造成影响。

3.8　安全与环保措施

3.8.1　安全措施

（1）钻机就位前应采用钢轨、方木搭设钻机平台，防止意外塌孔时钻机及人员的安全。

（2）按操作规程操作，加强操作控制检查，加强钻头磨耗及钢丝绳断丝的检查及处理，防止操作不当引起钻孔事故。

（3）溶洞的处理必须小心谨慎，先弄清溶洞情况后分类处理，并采取必要的措施，切忌盲目冒进。

（4）钻孔中应加强测量，同时根据钢丝绳松紧、孔底钻声、浮碴等判断核对实际地质，以防止卡钻、塌孔等事故发生。

（5）在泥浆池周边必须采用护栏进行围护，防止人员在泥浆池边沿发生危险。

（6）在整个桩基施工过程中，严禁非工作人员进入施工现场。

（7）在施工过程中，应控制钢丝绳放松量，勤放少放，防止钢丝因放松过多而减少冲程；放松过少则不能有效冲击，形成"打空锤"，损坏冲击具。

（8）要经常检查钢丝绳磨损情况、卡扣松紧程度、转向装置是否灵活，以免突然掉钻，发生安全质量事故。

3.8.2　环保措施

（1）严格遵守国家及当地有关环保的法律、法规及制度。

（2）施工中产生的废泥浆严禁向河流、湖泊直接排放，必须经过沉淀处理后运至弃碴场。

（3）施工中产生的各种杂物必须在工完后进行清理，避免污染环境。

第4章 螺旋钻成孔灌注桩施工工艺

4.1 工艺原理及适用范围

4.1.1 工艺原理

螺旋钻成孔施工工艺是利用履带式钻机上的动力头带动钻杆和螺旋钻头破土钻进，钻渣由螺旋杆带出孔外，快速卸土。

4.1.2 适用范围

一般适用于水位较低的黏性土层、粉土层、砂土层。在地下水位以下施工时，排渣困难且易塌孔。

4.2 工艺特点

4.2.1 优点

此施工工艺优点是：（1）在地下水位较低地区施工时，不用钢护筒和泥浆护壁；（2）施工时无振动，无泥浆污染；（3）机械设备简单，移动方便，施工速度快，成本低；（4）成桩质量易于控制，承载力比较稳定。

4.2.2 缺点

此施工工艺缺点是：在无钢套筒跟进时，不适用于地下水位以下施工。

4.3 施工准备

4.3.1 人员准备

（1）根据工程项目规模、工期和技术要求等进行人员配备，明确管理机构及主要管理人员职责。

（2）现场主要作业人员有：钻机操作工、钢筋工、混凝土工、焊工、测量工、电工。钻机操作工、电工、焊工应持证上岗，其他工种应接受安全和技术培训，并进行施工技术交底。

（3）每台螺旋钻机可配备1名操作人员，同时转运渣土挖机司机1名，另外可配备2名辅助工人及2名测量人员。

4.3.2 技术准备

（1）明确场地和邻近区域内的管线、建筑等具体位置，必要时做出明确标识。

（2）熟悉主要施工机械及其配套设备的技术性能资料，所需材料的检验和混凝土配合比试验资料。

（3）制定有针对性的安全、质量、工期、文明施工和环境保护管理等措施。

（4）对现场操作人员做好安全、技术交底工作。

4.3.3　材料准备

材料主要涉及：水泥、砂、石子、水、钢筋、垫块及外加剂等，进场的材料必须检验合格后方可使用。

4.3.4　设备准备

（1）螺旋钻机主要由履带式多用途钻机、长螺旋钻杆（或钻杆）、动力头（或端螺旋钻头）等设备组成（图4-1）。设备进场安装完成后，必须对设备的安全性、可施工性、规范性进行检查验收，验收合格后方可投入使用。

图 4-1　长螺旋施工示意图

（2）辅助设备主要有：挖机、转运土方的运输车以及混凝土运输、灌注设备。

4.3.5　作业条件准备

（1）地上、地下障碍物处理完毕，达到"三通一平"；施工所用的临时设施准备就绪；对场地标高进行复测，并经过夯实或碾压。

（2）根据施工图纸对轴线及桩位点进行测放，并经过监理工程师的认可。

（3）根据现场实际情况选择和确定钻机型号、进出路线及钻孔顺序，制定施工方案并做好技术交底。

4.4 施工工艺

4.4.1 工艺流程

螺旋钻成孔灌注桩施工工艺流程如图 4-2 所示。

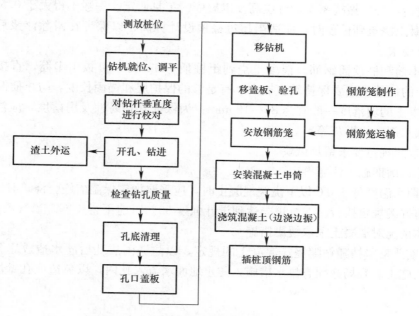

图 4-2 螺旋钻成孔灌注桩施工工艺流程图

4.4.2 操作要点

（1）钻孔机就位：钻孔机就位时，必须保持平稳，不发生倾斜、位移，为准确控制钻孔深度，应在机架上做出控制标尺，以便在施工中进行观测、记录。

（2）钻孔：调直机架挺杆对好桩位（用对位圈），开动机器钻进、出土，达到控制深度后停钻、提钻。

（3）检查成孔质量。

1）孔深测定：用测绳（锤）或手提灯测量孔深及虚土厚度，虚土厚度等于钻孔深度与测量深度的差值。虚土厚度一般不超过 10cm。

2）孔径控制：钻进遇有含石块较多的土层，或含水量较大的软塑黏土层时，必须防止钻杆晃动引起孔径扩大，致使孔壁附着扰动土和孔底增加回落土。

（4）孔底清土：钻到预定的深度后，必须在孔底处进行空转清土，然后停止转动；提钻杆，不得回转钻杆。孔底的虚土厚度超过质量标准时，要分析原因，采取措施进行处理。进钻过程中散落在地面上的土，必须随时清除运走。

（5）移动钻机到下一桩位：经过成孔检查后，应填好桩孔施工记录。然后盖好孔口盖板，并要防止在盖板上行车或走人。最后再移走钻机到下一桩位。

（6）浇筑混凝土

1）移走钻孔盖板，再次复查孔深、孔径、孔壁、垂直度及孔底虚土厚度。有不符合质量标准要求时，应处理合格后，再进行下道工序。

2）吊放钢筋笼：钢筋笼放入前应先绑好砂浆垫块（或塑料卡）；吊放钢筋笼时，要对准孔位，吊直扶稳，缓慢下沉，避免碰撞孔壁。钢筋笼放到设计位置时，应立即固定。遇有两段钢筋笼连接时，应采取焊接，以确保钢筋的位置正确，保护层厚度符合要求。

3）放串筒浇筑混凝土。在放串筒前应再次检查和测量钻孔内虚土厚度。浇筑混凝土时应连续进行，分层振捣密实，分层高度以捣固的工具而定。一般不得大于 0.5m。

4）混凝土浇筑到桩顶时，应适当超过桩顶设计标高，以保证在凿除浮浆后，桩顶标高符合设计要求。

5）撤串筒和桩顶插钢筋。混凝土浇到距桩顶 1.5m 时，可拔出串筒，直接浇灌混凝土。桩顶上的插筋一定要保持垂直插入，有足够的保护层和锚固长度，防止插偏和插斜。

6）混凝土的坍落度一般宜为 80～100mm；为保证其和易性及坍落度，应注意调整砂率和掺入减水剂、粉煤灰等。

7）应按照规范要求留足试块。

（7）冬、雨期施工注意事项

1）冬期当温度低于 0℃以下浇筑混凝土时，应采取加热保温措施。浇筑时，混凝土的温度按冬施方案规定执行。在桩顶未达到设计强度 50% 以前不得受冻。当气温高于 30℃，应根据具体情况对混凝土采取缓凝措施。

2）雨期严格坚持随钻随浇筑混凝土的规定，以防遇雨成孔后灌水造成塌孔。雨天不应进行钻孔施工。现场必须有排水措施，防止地面水流入孔内，以免造成孔壁塌陷、钻机倾斜等。

4.5　施工记录

（1）水泥的出厂证明及复验证明；

（2）钢筋的出厂证明或合格证以及钢筋试验单；

（3）试桩的试压记录；

（4）补桩的平面示意图；

（5）灌注桩施工记录；

（6）混凝土试配申请单和试验室签发的配合比通知单；

（7）混凝土试块 28d 标养抗压强度试验报告；

（8）商品混凝土的出厂合格证。

4.6　质量控制

（1）桩的检验，应按现行有关规定、质量验收规定、设计文件的质量要求进行。

1）施工前应对水泥、砂、石子（如现场搅拌）、钢材等原材料进行检查，对施工组织设计中制定的施工顺序、监测手段（包括仪器、方法）也应检查。

2）施工中应对成孔、清渣、放置钢筋笼、灌注混凝土等进行全过程检查，应复验孔底持力层土（岩）性。嵌岩桩必须有桩端持力层的岩性报告。

3）施工结束后，应检查混凝土强度，并应做桩体质量及承载力的检验。

（2）螺旋钻干成孔灌注桩质量控制指标见表4-1、表4-2所列。

螺旋钻干成孔灌注桩的平面位置和垂直度的允许偏差　　表4-1

序号	成孔方法	桩径允许偏差（mm）	垂直度允许偏差（%）	桩位允许偏差（mm）	
				1～3根、单排桩垂直于中心线方向和群桩基础的边桩	条形桩基沿中心线方向和桩基础的中间桩
1	干成孔	—20	<1	70	150

注：1. 桩径允许偏差的负值是指个别断面。
　　2. 采用复打、反插法施工的桩，其桩径允许偏差不受上表限制。

螺旋钻干成孔灌注桩质量检验标准　　表4-2

项目	序号	检查项目	允许偏差或允许值	检查方法
主控项目	1	桩位	见表4-1	基坑开挖前量护筒，开挖后量桩中心
	2	孔深（mm）	+300	只深不浅，用重锤测或测钻杆、套管长度，嵌岩桩应确保进入设计要求的嵌岩深度
	3	桩体质量检验	设计要求	按基桩检测技术规范
	4	混凝土强度	设计要求	试件报告或钻芯取样送检
	5	承载力	设计要求	按基桩检测技术规范
一般项目	1	垂直度	见表4-1	测套管或钻杆，或用超声波探测，干施工时吊锤球
	2	桩径	见表4-1	干施工时用钢尺量
	3	混凝土坍落度（mm）	80～100	坍落度仪
	4	钢筋笼安装深度（mm）	+100	用钢尺量
	5	混凝土充盈系数	>1	检测每根桩的实际灌注量
	6	桩顶标高（mm）	+30，—50	水准仪，需扣除桩顶浮浆层级劣质桩体

（3）其他应注意的质量问题

1）孔底虚土过多：操作中应及时清理虚土，必要时可进行二次投钻清土。

2）钢筋笼变形：钢筋笼在堆放、运输、起吊、入孔等过程中，没有严格按操作规定执行。必须加强对操作工人的及时交底，严格执行加固的质量措施。

3）钻机出现问题：当出现钻杆跳动、机架摇晃、钻不进尺等异常情况时，应立即停钻检查原因。

4）截桩或补桩：混凝土浇筑到接近桩顶时，应随时测量顶部标高，以免过多截桩或补桩。

4.7　成品保护

（1）钢筋笼在制作、运输和安装过程中，应采取措施防止变形。吊入钻孔时，应有保护垫块或垫管和垫板。

（2）钢筋笼在吊放入孔时，不得碰撞孔壁。灌注混凝土时，应采取措施固定其位置。

（3）灌注桩施工完毕进行基础开挖时，应制定合理的施工顺序和技术措施，防止桩顶发生位移和倾斜，并检查每根桩的纵横水平偏差。

（4）成孔内放入钢筋笼后，要在4h内浇筑混凝土。在浇筑过程中，应有不使钢筋笼上浮和防止泥浆污染的措施。

（5）安装钻孔机、运输钢筋笼以及浇筑混凝土时，均应注意保护好现场的轴线和高程桩。

（6）桩头外留的主筋要妥善保护，不得任意弯折或压断。

（7）桩头混凝土强度，在没有达到5MPa时，不得碾压，以防桩头损坏。

4.8 安全与环保措施

4.8.1 施工安全

（1）在采用螺旋钻施工时，必须在施工过程中控制安全事故的发生。针对现场情况进行危险源的分析并采取防范措施，见表4-3所列。

施工过程危害及控制措施 表4-3

序号	作业活动	危险源	控制措施
1	现场管理	人员伤害	成孔时，距作业现场6m范围内，除钻机操作人员外不得有人员行走或进行其他作业活动
2	钻机安放	人员伤亡或设备损坏	钻机操作时应安放平稳，防止作业时突然倾倒或钻杆突然下落造成事故
3	施工用电	触电	施工场内一切电源、电路的安装和拆除，应由持证电工进行操作，电器必须严格接地、接零和设置漏电保护器。现场电线、电缆必须架空，严禁拖地和乱拉、乱搭

（2）施工机械的使用应符合现行行业标准《建筑机械使用安全技术规程》JGJ33—2012的规定。

（3）施工过程的安全检查应符合现行行业标准《建筑施工安全检查标准》JGJ59—2011的有关规定。

4.8.2 环保措施

（1）对施工现场进行环境因素辨识并采用控制措施，见表4-4所列。

环境因素辨识及控制措施 表4-4

序号	作业活动	环境因素	控制措施
1	混凝土的搅拌	污水排放	设置沉淀池，清污分流
2	砂石料进场、垃圾出场	扬尘	砂石运输覆盖；建筑垃圾运输覆盖；道路硬化并经常维护和洒水，防止造成粉尘污染
3	现场清理	建筑垃圾	施工现场应设合格的卫生环保设施，施工垃圾集中分类堆放，严禁垃圾随意堆放和抛撒
4	机械使用	废油	施工现场使用和维修机械时，应有防滴漏措施，严禁将机油等滴漏于地表，造成土地污染

（2）施工现场环境应符合现行行业标准《建设工程施工现场环境与卫生标准》JGJ146—2013的有关规定。

第5章　人工挖孔灌注桩施工工艺

5.1　工艺原理及适用范围

5.1.1　工艺原理

人工挖孔灌注桩是指在无水或少水地层的桩位上采用简单的机具配合，选用适宜的护壁措施，用人工挖掘成孔，在孔内安放钢筋笼，灌注混凝土而形成的基桩。

5.1.2　适用范围

在无地下水或有少量地下水，且较密实的土层或奉化岩层中，或无法采用机械成孔或机械成孔非常困难且水文、地质条件允许的地区，可采用人工挖孔施工；岩熔地区和采空区不宜采用人工挖孔施工；孔内空气污染物超过现行国家标准《环境空气质量标准》GB3095—1996规定的三级标准浓度限值，且无通风措施时，不得采用人工挖孔施工。

人工挖孔桩的孔径（不包括护壁厚度）不得小于800mm；当桩间净距小于2倍桩径且小于2500mm时，应采用间隔开挖；排桩跳挖的最小施工净距不得小于4.5m；人工挖孔桩的孔深不宜大于40m。

5.2　工艺特点

5.2.1　优点

此施工工艺优点是：（1）造价低：成孔机具简单、投入费用低、使用费用低；（2）适用范围广：人工挖孔桩适用于各种无水或少水地层，由于配套机具简单、轻巧，运输、移动、操作方便，不受地形限制，尤其适用于交通运输不便的山区等地施工；（3）易组织多工作面施工，缩短工期：由于配套机具简单、投入小，各个工作面干扰小，操作简单，易组织多工作面施工，加快进度、缩短工期；（4）施工质量可靠：人工挖掘，便于检查孔壁和孔底，易清除孔底虚土，灌注混凝土可干施工、分段灌注、分段振捣密实，混凝土质量有保证。

5.2.2　缺点

此施工工艺缺点是：（1）安全隐患大：施工人员在孔内上下作业，易发生人身伤亡事故，必须采取严密的安全措施；（2）文明程度低：桩孔空间狭小，劳动条件差，劳动强度大；（3）桩孔内护壁不规则，混凝土用量偏大；（4）若地层中含水率大或发生流砂，技术处理难度大，代价高。

5.3　施工准备

5.3.1　人员准备

（1）现场的施工人员必须详细掌握地质勘查资料和挖孔桩施工工艺，了解应急预案。

（2）现场实际操作工人必须掌握施工工艺，并接受安全教育。

（3）每孔挖桩孔需配备：提升员1名、挖土工2名（轮换作业）。

5.3.2　技术准备

（1）详细掌握场地的工程地质勘查报告、桩基施工图。

（2）编制桩基工程施工方案或施工组织设计，并有针对性地制定安全、质量保证措施；并对现场施工人员及操作工人进行详细的安全技术交底。

（3）对基桩轴线的控制点和水准点应设在不受施工影响的地方，复核后应妥善保护，施工中经常复核。

5.3.3　材料准备

材料主要涉及水泥、砂、石子、水、钢筋等，进场的材料必须检验合格后方可使用。

5.3.4　设备准备

人工挖孔桩无需大型设备，主要涉及以下小型机具：

（1）起吊机具：小卷扬机或电动葫芦（或后摇辘轳）、提升架等，用于材料和弃土的垂直运输及施工人员上下。

（2）护壁模板：钢模板（或波纹模板）、砖等。

（3）排水机具：潜水泵用于抽排桩孔内的积水。

（4）鼓风机和送风管：向桩孔内强制送入新鲜空气。

（5）挖土工具：镐、锹、土筐等，若遇到硬土或岩石还需要风镐、空压机、爆破器材等。

（6）混凝土拌制、振捣机具，混凝土拌合站（搅拌机），振动器。

（7）应急软爬梯、简易防护棚，防止提升弃土时落下伤人。

（8）安全照明设施。

5.3.5　作业条件准备

（1）排除场地内的地下管线、地下构筑物及邻近建筑物的调查资料。

（2）根据使用图纸进行轴线及桩位点的测放，并经过监理工程师的认可。

（3）做好现场的排水设施，严禁地面水排入挖桩桩孔内。

5.4　施工工艺

5.4.1　工艺流程

人工挖孔灌注桩施工工艺流程见图5-1所示。

5.4.2　操作要点

1. 场地平整

平整场地、清除杂物、夯打密实。桩位处地面应高出原地面50cm左右，场地四周开挖排水沟，防止地表水流入孔内。

2. 测量控制

（1）在场地平整以后，根据测量控制网和设计图纸所给的桩中心坐标测定桩位轴线方格控制网和高程基准点。确定好桩位中心，以桩位中心为圆心、以桩身半径加护壁厚度为半径在地面上画出开挖面积，可以采用撒石灰线作为桩孔开挖尺寸线，桩位线测定好后，

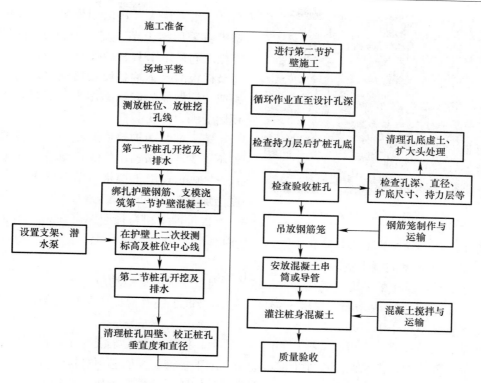

图 5-1　人工挖孔灌注桩施工工艺流程图

必须经过监理人员验收合格后方可开挖。经检查无误后，做好十字护桩，十字护桩必须用砂浆或混凝土进行加固保护，以备开挖过程中对桩位进行检验（图 5-2）。

（2）提升机具安装后，使吊桶绳子与桩孔中心线一致，以用做挖土时粗略控制中心线。在开挖过程中，每浇筑一阶段应进行一次桩孔中心线、桩径、垂直度的复测。

3. 第一节段土方开挖

人工挖孔桩采用分段开挖，每段开挖深度取决于土壁的直立不坍塌状态的能力，一

图 5-2　桩位开挖尺寸测放示意图

般以 0.8～1.0m 为一个施工阶段。挖土由人工从上向下逐段用镐、铁锹进行开挖，遇到坚硬土层可采用锤、钎破碎。同一段内挖土次序为先中间后周边，扩底部分采取先挖桩身圆柱体，再按扩底尺寸从上到下削土修成扩底形。

弃土装入吊桶或箩筐内，采用简易提升机具土提升孔外，然后再用机动翻斗车或手推车运出。在地下水以下施工时，根据地下水量大小及时用吊桶或潜水泵将水排出（图 5-3）。

4. 支设护壁模板

孔壁可采用现浇混凝土护壁、钢模板或波纹模板、喷射混凝土护壁等。土质稳定，渗水量少的土也可采用预制混凝土井圈、砖砌井圈等。模板高度取决于开挖土方施工节段的

图 5-3　第一节桩孔开挖及护壁钢筋绑扎示意图

高度，由 4 块或 8 块活动模板组合而成。护壁模板采用拆上节、支下节重复周转使用。模板之间采用卡具、扣件链接固定，也可在每节模板的上下端各设一道圆弧形的、用槽钢或角钢做成的内钢圈作为内支撑，防止内模因受涨力而变形。

第一节井圈护壁中心线与设计轴线的偏差不得大于 20mm，井圈顶面应比场地高出 150～200mm 用于挡水，壁厚比下面井壁厚度增加 100～150mm。

桩位轴线和高程应标定在第一节护壁上口。施工现场必须挖排水沟，防止雨水进入孔内。

5. 第一节护壁混凝土浇筑

（1）护壁混凝土的厚度、配镜、拉结钢筋、混凝土强度等级均应符合设计要求；混凝土护壁厚度不宜小于 100mm，混凝土强度等级不得低于桩身混凝土强度等级。上下节护壁的搭接长度不得小于 50mm。

护壁分为外齿式和内齿式两种，如图 5-4 所示。护壁一般为素混凝土，但当桩径、桩长较大或土质较差、有渗水时应在护壁中配筋，上下护壁的主筋必须搭接。

分段现浇混凝土护壁厚度，一般由地下最深段护壁所承受的土压力及地下水的侧压力确定，地面上施工堆载产生的侧压力影响可不计算，护壁受力如图 5-5 所示。护壁厚度可参考下式计算：

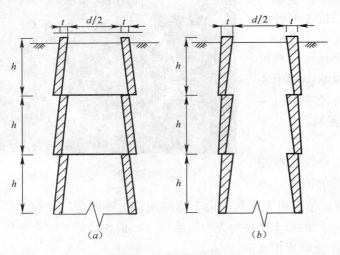

图 5-4　混凝土护壁形式
（a）外齿式；（b）内齿式

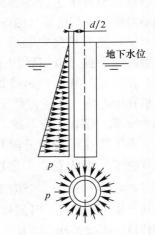

图 5-5　护壁受力简图

$$t \geqslant k \times N / R_{\mathrm{a}}$$

式中　t——护壁厚度；

N——作用在护壁截面上的压力，$N = p \times d/2$（N/cm²）；

p——土及地下水对护壁的最大压力（N/cm²）；

d——挖孔桩桩身直径（cm）；

R_a——混凝土的轴心抗压设计强度（N/cm²）；

k——安全系数，可取 1.65。

护壁混凝土强度一般可采用 C25 或 C30 混凝土，厚度一般为 10～15cm，加配的钢筋可采用 9mm 光圆钢筋。

（2）桩孔护壁混凝土每开挖一节段后必须立即支模浇筑混凝土，混凝土坍落度控制在 100mm，振捣必须密实；上下护壁混凝土必须搭接 50～75mm。

（3）每节护壁均应在当日连续施工完毕，护壁混凝土必须保证密实，应根据气候条件在 12～24h 后方可拆模，必要时采用早强水泥或在混凝土中加入早强剂或速凝剂；模板拆除后发现护壁有蜂窝、漏水现象时，应及时补强（图 5-6）。

6. 检查桩位（中心）轴线及标高

每节桩孔护壁做好以后，必须将桩位十字轴线和标高测设在护壁的上口，然后用十字线对中，吊线坠向孔底投设，以半径尺杆检查孔壁的垂直度、平整度。随之进行修整，孔深必须以基准点为依据，逐根进行引测。保证桩孔轴线位置、标高、截面尺寸满足设计要求。

7. 架设垂直运输架

第一节段桩孔成孔后，即可在桩孔上口架设简易、牢固、稳定、安全可靠的垂直运输支架。

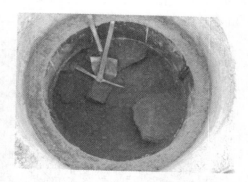

图 5-6　第一节护壁混凝土浇筑
完成后示意图

在垂直运输架上安装电动葫芦或卷扬机或辘轳，并配备钢丝绳，用于提升孔内挖除的土方。孔内必须设置应急软爬梯供人员上下；使用的电葫芦、吊笼等应安全可靠，并配有自动卡紧保险装置，不得使用麻绳和尼龙绳吊挂或脚踏井壁凸缘上下。电葫芦宜用按钮式开关，使用前必须检验其安全起吊能力（图 5-7）。

图 5-7　人工挖孔灌注桩机械设备示意图

8. 安装吊桶、照明、活动盖板、水泵或通风机

(1) 在安装滑轮组及吊桶时，注意使吊桶与桩孔中心位置重合，作为挖土时直观上控制桩位中心和护壁支模的中心线。

(2) 孔底照明必须用低压电源（不超过 12V）、防水带罩的安全灯具，孔口四周必须设置护栏，护栏高度宜为 0.8m，无人作业井孔口要加设井盖，设置警示标志，防止人员掉入井孔内（图 5-8）。

(3) 当地下水量不大时，随挖随将泥水筒吊桶运出。地下渗水量较大时，用水泵抽排，使水位保持稳定，边降水边开挖，

9. 拆除模板继续下一节段施工

(1) 当护壁混凝土达到一定强度（能够承受土的侧向压力）后便可拆除模板，模板拆除后，再开挖下一段土方，然后继续支模灌注护壁混凝土，如此循环，直至挖到设计要求孔深（图 5-9）。

图 5-8　桩孔口防护示意图

图 5-9　挖孔桩逐层往下循环开挖、护壁示意图

(2) 在循环开挖过程中，若孔内做岩石爆破作业时，应注意：

1) 应采取浅眼爆破法，严格控制用药量，桩孔较深时，应采取电引爆，孔内爆破后，先进行通风排烟，待烟尘排放完成，检验无有害气体后，方可下孔继续作业。根据不同岩质，当离设计深度：硬质岩尚差 200～500mm，软岩尚差 500～700mm 时，必须采用人工凿岩至设计深度。

2) 当孔底岩层为倾斜状时，应凿成水平状或台阶状。

3) 当设计规定为嵌岩桩时，在整个嵌岩段内，为使岩面不松动、平整，宜采用密孔爆破法、光面爆破法；离设计深度尚差 200～500mm，应停止爆破作业，采用人工凿岩至设计深度。

10. 扩底施工

桩底可分为扩底和补扩底两种情况。挖扩底桩应先将扩底部分桩身的圆柱体挖好，再按扩底部位尺寸、形状自上而下削土扩充成设计图纸的要求。为了防止扩底时扩大头处的土方坍塌，采取间隔开挖措施，留 4～6 个土肋条作为支撑，待浇筑混凝土前再挖除。

11. 挖孔验收

挖至设计标高，终孔后应清除护壁上的泥土和孔底残渣、积水，并对桩身直径、扩大

头尺寸、孔底标高、桩位中线、井壁垂直度、虚土厚度进行全面验收，做好施工记录，办理隐蔽验收手续。必要时进行孔底岩石取样保存，对软岩在验收合格后立即采取封底措施并立即组织后续工序施工。

当挖至设计持力层后，及时组织有关单位鉴定持力层是否符合设计要求，如地质情况复杂，需探明孔底下地质情况时，应由勘察、设计单位提出具体处理措施。

12. 吊放钢筋笼

钢筋笼吊放前应绑扎好钢筋笼保护层块，吊放钢筋笼时，要对准孔位，直吊扶稳、缓慢下放，避免碰撞孔壁。钢筋笼放到设计位置时，应立即固定。钢筋笼分段拼接时，拼接处采用焊接或机械连接并按照《混凝土结构工程施工质量验收规范》GB50204—2002 有关规定执行（图 5-10）。

13. 桩身混凝土浇筑

（1）当孔底或孔壁渗入地下水的上升速度较慢（上升速度小于等于 6mm/min），可采用干孔串筒灌注，人工振捣方法，其技术要求符合《混凝土结构工程施工质量验收规范》GB50204—2002 有关规定外，还应符合以下要求：

图 5-10　钢筋笼吊放示意图

1）混凝土坍落度：当孔内无钢筋笼时，宜小于 65mm；当孔内设置钢筋笼时，宜为 70～90mm。开始浇筑时，孔底积水深度不宜超过 50mm，灌注速度应尽可能加快，使混凝土对孔壁的压力尽快大于渗水压力以防止水渗入孔内。

2）混凝土尽可能一次连续浇筑完成，若施工缝不可避免时，除按一般施工缝的规定处理外，还可一律设置上下层锚固钢筋，锚固钢筋的截面应根据施工缝的位置确定，无资料时，可按桩截面的 0.2％配筋，施工缝处若有钢筋骨架，且骨架钢筋面积超过桩截面的 0.2％时，则可不设锚固钢筋。

（2）混凝土浇筑至桩顶以后，应立即将表面已离析的混合物和水泥泥浆等清除干净并及时将上部结构需插入桩内的锚固钢筋按设计位置插入混凝土桩身中。

图 5-11　采用串筒向桩内浇筑混凝土示意图

（3）浇筑混凝土时，混凝土必须通过溜槽，当高度超过 3m 时应采用串筒，串筒末端离孔底高度不宜小于 2m，混凝土宜采用插入式振动器振捣密实（图 5-11）。

（4）当孔底渗入的地下水上升速度较快时（上升速度大于 6mm/min）应视为有水桩，应采取导管法水下浇筑混凝土。灌注前，孔内应高于孔外稳定的地下水位，并使孔内水位高于地下水位 2m 以上。导管法水下混凝土灌注可参考《公路桥涵施工技术规范》JTG/T F50—2011 相关规定执行。

5.5　施工记录

（1）水泥的出厂证明及复验证明；

（2）钢筋的出厂证明或合格证以及钢筋试验单；

（3）挖孔施工记录、护壁施工记录；

（4）混凝土质量及灌注记录；

（5）混凝土试块 28d 标养抗压强度试验报告；

（6）商品混凝土的出厂合格证。

5.6　质量控制

（1）钢筋笼制作应对钢筋规格、焊条规格、品种、焊口规格、焊缝长度、焊缝外观和质量、主筋和箍筋的制作偏差、机械性能检查。

（2）混凝土制备应对原材料质量及计量，混凝土配合比、坍落度、混凝土强度等级进行检查。

（3）在混凝土灌注前，对已成孔的桩中心位置、孔深、孔径、垂直度、孔底沉渣厚度、扩大头形状、钢筋笼放入的实际位置进行认真检查，并如实填写记录。

（4）成孔质量：混凝土护壁的厚度、强度等级、配镜必须符合设计要求；桩孔口轴线位置允许偏差为 ±50mm；孔径允许偏差为 ±50mm（负值时指个别断面值）；桩孔垂直度允许偏差 0.5%；进入持力层深度偏差为 ±50mm。

（5）桩身混凝土质量

实际灌注混凝土方量严禁小于设计体积；桩顶标高及浮浆处理必须符合设计要求或桩顶凿除预留部分后无残余松散层级薄弱混凝土层；须插入承台的桩顶锚固钢筋长度必须符合设计要求，位置准确；桩位允许偏差：单桩、条形桩基沿垂直轴线方向和群桩基础中的边桩为 50mm，条形桩基沿轴线方向和群桩基础中间桩位 150mm。

5.7　成品保护

（1）钢筋笼在制作、运输和安装过程中，应采取措施防止变形。吊入钻孔时，应有保护垫块或垫管和垫板。

（2）在挖孔过程中，不得对护壁混凝土造成破损；若有破损必须及时补强。

（3）成桩后应对桩顶的预埋钢筋进行防护，避免弯曲、弯折。

5.8　安全与环保措施

5.8.1　施工安全

（1）每日开工前必须检测井下是否存在有毒、有害气体，并应有足够的安全防范措施。当桩孔开挖深度超过 10m 时，应有专门向井下送风的设备，风量不宜小于 25L/s。

（2）开挖过程中，每次开挖前必须将孔内积水抽干；孔内人作业时，孔上应配备专人监护；孔口四周必须设置护栏。

（3）在中途抽水时，孔内人员必须返回地面，移动水泵时，应切断电源，电源管理要有专业电工负责，所有电器设备必须严格接地、接零和使用漏电保护装置，各孔用电必须分闸，严禁一闸多用。孔口上电缆必须架空 2m 以上，严禁拖地和埋压土中，孔内电线、电缆必须有防磨损、防潮、防断裂等保护措施，并遵守《施工现场临时用电安全技术规范》JGJ46 的规定。

（4）暂停施工的孔口，必须加设临时网盖；在溶洞上部作业时，必须采取有效措施，防止突然塌顶陷落。

（5）挖出的土方、石渣应及时运离孔口，不得在孔口四周 1m 范围内堆放，机动车辆的通行不得对井壁安全造成影响，防止压塌孔壁。

（6）施工机械的使用应符合现行行业标准《建筑机械使用安全技术规程》JGJ33—2012 的规定。

（7）施工过程的安全检查应符合现行行业标准《建筑施工安全检查标准》JGJ59—2011 的有关规定。

5.8.2　环保措施

（1）现场排出的水应有组织进行排除，外出土方应集中覆盖堆放。

（2）施工现场环境应符合现行行业标准《建设工程施工现场环境与卫生标准》JGJ146—2013 的有关规定。

第6章 灌注桩压力注浆桩施工工艺

6.1 工艺原理及适用范围

6.1.1 工艺原理

桩端压力注浆桩是指灌注桩在成桩后，通过预埋在桩身的注浆管利用压力作用，将能固化的浆液（如：纯水泥浆、水泥砂浆、外加剂及掺合料的水泥浆、超细水泥浆、化学浆等），经桩端的预留压力注浆装置均匀地注入桩端地层。视浆液性状、土层特性和注浆参数等不同条件，压力浆液对桩端土层、中风化与强风化基岩、桩端虚土及桩端附近的桩周土层起到渗透、填充、置换、劈裂、压密及固结或多种形式的组合等不同作用，改变其物理力学性能及桩与岩、土之间的边界条件，消除虚土隐患，从而提高桩的承载力以及减少桩基的沉降量。

6.1.2 适用范围

桩端压力注浆桩适应性较大，几乎可适用于各种土层及强、中风化岩层。既能在水位以上干作业成孔成桩，也能在有地下水的情况下成孔成桩。螺旋钻成孔、贝诺特法成孔、正循环钻成孔、反循环钻成孔、潜水钻成孔、人工挖孔、钻斗钻成孔和冲击钻成孔灌注桩在成桩前，只要在桩端预留压力注浆装置，均可在成桩后进行桩端压力注浆。

6.2 工艺特点

6.2.1 优点

此施工工艺优点是：（1）保留各种灌注桩的优点；（2）大幅度提高桩的承载力，技术经济效益显著；（3）采用桩端压力注浆工艺，可改变桩端虚土（包括孔底扰动土、孔底沉淀土、孔口与孔壁回落土等）的组成结构，形成水泥土扩大头，可解决普通灌注桩桩端虚土这一技术难题，对确保桩基工程质量具有重要意义；（4）适应性广；（5）压力注浆时可测试注浆量、注浆压力和桩顶上抬量等参数，既能进行压浆桩的质量管理，又能预估单桩承载力；（6）因为桩端压力注浆桩是成桩后进行压力注浆，故其技术经济效果明显高于成孔后（即成桩前）进行压力注浆的孔底压力注浆类桩；（7）施工方法灵活，注浆设备简单，便于普及。

6.2.2 缺点

此施工工艺缺点是：（1）需精心施工，否则会造成注浆管被堵、注浆管被包裹、地面冒浆和地下窜浆等现象；（2）需注意相应的灌注桩的成孔和成桩工艺，确保其施工质量，否则将影响桩端压力注浆工艺的效果；（3）压力注浆必须在桩身混凝土强度达到一定值后方可进行，故增长施工周期。但当施工场地桩数较多时，可采取合适的施工流水顺序以缩短工期。

6.3　施工准备

6.3.1　人员准备

桩基后压浆应根据现场需要配备相应的施工人员。每组可由负责人 1 名、技术员 1 名、机械工 2 名、修理工 1 名、电工 1 人、工人 4 人组成。

6.3.2　技术准备

（1）压浆灌注桩施工前，应选择专业队伍进行施工；并对施工队进行技术交底与培训，培训合格后方可开始施工。

（2）压浆施工机具进场后，必须进行调试和检查，仪表、仪器等必须经过检查和标定。

6.3.3　材料准备

灌注桩压浆主要涉及的材料有：水泥、水、外加剂、压浆导管等。

1. 水泥

桩基压浆一般采用普通硅酸盐水泥或水下注浆水泥。水泥强度等级不应低于 42.5 级。水泥在使用前应进行抽检，施工过程中应注意防潮和缩短存放时间。

2. 水

桩基后压浆用水应符合拌制混凝土用水要求。水中不应含有影响水泥正常凝结与硬化的有害杂质、油脂、糖类及游离酸类。污水、pH 值不小于 5 的酸性水及含硫酸盐量按 SO_4^{2-} 计超过水的质量 $0.27mg/cm^3$ 的水不得使用。

3. 外加剂

桩基后压浆用水泥浆一般不掺加外加剂，当遇到特殊施工条件或特殊地质、水文情况时，可适当加入减水剂或速凝剂。外加剂掺加数量由试验确定。

4. 压浆导管

压浆管可按设计采用镀锌管、冷轧或热轧钢管、铁管、耐压塑料管，压浆管端部压浆阀应为单向阀。

6.3.4　设备准备

桩基压浆施工机具可分为地面注浆装置和地下注浆装置。地面压浆装置由高压注浆泵、浆液拌合机、储浆桶、地面管路系统及观测仪表等组成；地下注浆装置由竖向导浆管、压浆管及桩端压力注浆装置等组成。

1. 压浆泵及观测仪表

桩端压力注浆对泵的要求是排浆量小而压力要高要稳定。泵的额定压力应大于要求的最大注浆压力的 1.5 倍。通常泵的额定压力应大于 5MPa，泵的排量为 50～300L/min。在压浆泵上必须配备有压力表和流量计。

2. 浆液拌合机、储浆桶

浆液拌合机可选用双层拌浆设备或双筒高速搅拌机。搅拌机的拌合能力应与注浆泵的排浆量相适应，并应能保证均匀、连续的拌制浆液。储浆桶可根据实际需要准备。

3. 地面管路系统

该系统主要由浆液地面输送管组成，必须确保密封性。如果输送距离过长，还应在桩顶另外设一套观测仪表。输送管可采用高压胶管及无缝钢管等。无缝钢管用法兰盘连接。

4. 竖向导浆管及注浆管

竖向导浆管是连接地面输送管与桩端注浆管的过渡管段，其材质可为钢管、高强度柔性 PVC 管。

注浆管的材质可为镀锌管、冷轧或热轧钢管、铁管、耐压塑料管，其出口部位形状有直通式、底端封堵的花管式、U 字形、环形等。

5. 桩端压力注浆装置

桩端压力注浆装置是桩端压力注浆施工工艺的核心部件。

6.3.5　作业条件准备

（1）钢筋笼制作宜采用加劲箍成型法，保证钢筋笼位置准确无误、不变形，以便压浆管道（声测管）精确定位。混凝土灌注过程中防止钢筋笼不上浮。

（2）加压设备联动检查并验收合格；所有压浆材料、压浆液配合比试配完成，并通过监理验收。

（3）冬期施工时应做好压浆管路的防寒保暖工作。

6.4　施工工艺

6.4.1　工艺流程

灌注桩压力注浆施工工艺流程如图 6-1 所示。

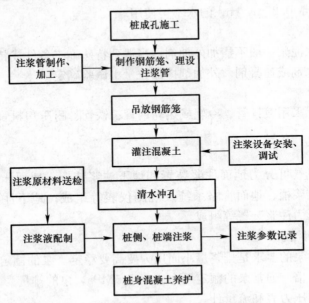

图 6-1　灌注桩压力注浆施工工艺流程图

6.4.2　操作要点

1. 压浆管安装

在钢筋笼制作和钢筋笼吊装过程中，将压浆导管固定在钢筋笼内侧并与钢筋绑扎可靠；压浆管下端至桩底，并与桩端压浆阀连接（图 6-2）。

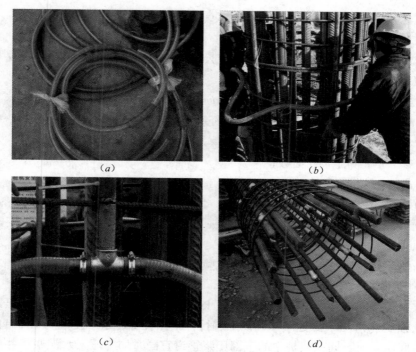

图 6-2 压浆装置设置示意图

(a) 桩侧注浆管；(b) 注浆阀安装；(c) 导管与注浆阀连接；(d) 桩端注浆阀安装

2. 钢筋笼安装

(1) 在钢筋笼安装过程中，进行每节段钢筋连接时，压浆管也必须连接紧密、不得有漏水现象发生，并应保证压浆管与钢筋笼固定牢靠。

(2) 压浆管的布置应能保证压浆的均匀性，且应有 3 个及以上回路，并应便于安装和保护。在桩顶压浆管管口处设置压力表和卸压阀，进行压浆流量和压力的实测。

(3) 桩底部压浆管宜比钢筋笼长 300mm，桩顶部压浆管应高出钢筋笼 500mm。

3. 压浆液拌制

(1) 水泥浆液水灰比应按照土饱和度、渗透性及设计要求进行配置，现场施工时可根据地质水文情况及压浆工艺进行适当调整。对于饱和土水灰比宜为 0.45～0.65，对于非饱和土水灰比宜为 0.7～0.9（松散碎石土、砂砾宜为 0.5～0.6）；低水灰比浆液宜掺入减水剂。

(2) 制浆时宜采用合适的度量方法进行配料，配料的允许误差为 ±5%。

(3) 在使用普通搅拌机时，搅拌时间不应小于 3min；使用高速搅拌机时，不应小于 30s。浆液在使用前应进行过筛。

(4) 寒冷季节制浆时，水泥浆液的温度应不小于 5℃，拌合料不应含雪、冰。若采用热水制浆，水温不得超过 40℃。

(5) 浆液从拌制到使用的最长保留时间应由试验来确定，一般不得超过 4h。注浆量大并集中时，可建立制浆站集中制浆输送。

4. 注浆参数的确定

(1) 桩端注浆终止注浆压力应根据土层性质及注浆点深度确定，对于风化岩、非饱和黏性土及粉土，注浆压力宜为 3～10MPa；对于饱和土层注浆压力宜为 1.2～4MPa，软土宜去低值，密实黏性土宜取高值。

（2）注浆流量不宜超过 75L/min。

（3）单桩注浆量的设计应根据桩径、桩长、桩端桩侧土层性质、单桩承载力增幅及是否复式注浆等因素确定，可参考下式估算：

$$G_c = \delta_p \times d + \delta_s \times n \times d$$

式中　δ_p、δ_s——分别为桩端、桩侧注浆量经验系数，$\delta_p = 1.5 \sim 1.8$，$\delta_s = 0.5 \sim 0.7$；对于卵、砾石、中粗砂取较高值；

n——桩侧注浆断面数；

d——基桩设计直径（m）；

G_c——注浆量，以水泥质量计（t）。

对独立单桩、桩距大于 $6d$ 的群桩和群桩初始注浆的数根基桩的注浆量应按上述公式估算值乘以 1.2 的系数。

（4）后注浆作业开始前，宜进行注浆试验，优化并最终确定注浆参数。

5. 压力注浆

（1）桩基混凝土灌注后，及时采用高压水冲洗压浆管，疏通压浆通道。压浆工作宜在桩身混凝土强度达到设计强度的 75% 以上进行，或在桩身的超声波检测工作结束后进行。

（2）桩底压浆时，同一根桩中的全部压浆管道宜同时均匀压入水泥浆，并应随时监测桩顶的位置和桩周土层的变化情况。压浆终止的时间应根据压浆量、压浆压力和孔口返浆等因素确定。在压浆 10m 范围内不得进行其他钻孔装桩的施工作业。

（3）桩底后压浆宜采用压浆量与压力双控，以压浆量控制为主，压力控制位辅。若压浆压力达到控制压力，并在持荷 5min 后达到设计压浆量的 80%，可认为满足要求。压浆压力宜为桩底静水压力的 2～4 倍。

（4）对桩底采用开放式压浆时，压浆宜分 3 次进行，且宜一次按 40%、40%、20% 的压浆量循环压入。

（5）每次循环压浆完成后，应立即采用清水将压浆软管清洗干净，再关闭阀门；压浆停顿时间超过 30min，应对管路进行清洗。3 次循环压浆完毕，应在阀门关闭 40min 后，方可拆卸阀门。

（6）桩底后压浆的施工应记录压浆的起止时间、压浆量、压浆压力及桩的上抬量（图 6-3）。

(a)　　　　　　　　　　　(b)

图 6-3　压浆施工示意图

(a) 压浆液拌制；(b) 压浆施工

6. 常见问题及处理方法

常见问题及处理方法见表 6-1 所列。

常见问题及处理方法 表 6-1

序号	常见问题	处理方法
1	喷头打不开	（1）当压力达到 10MPa 以上仍然打不开压浆喷头，说明喷头部位已经损坏，不要强行增加压力，可在另一根管中补足压浆数量。 （2）若是单桩喷头都未冲开，可考虑采用其他设备从桩侧钻至桩端进行注浆
2	出现冒浆	（1）若水泥浆液是在其他桩或者地面上冒出，说明桩底已经饱和，可以停止压浆。 （2）若从本桩侧壁冒浆，压浆量也满足或接近设计要求，可以停止压浆。 （3）若从本桩侧壁冒浆且压浆量较少，可将该压浆管用清水或用压力水冲洗干净，等到第 2 天原来压入的水泥浆液终凝凝固化、堵塞冒浆的毛细孔道时再重新压浆
3	单桩压浆量不足	（1）压浆可先施工周圈桩形成一个封闭圈，再施工中间，能保证中间桩位的压浆质量。 （2）若出现个别桩压浆不成功，可加大临近桩的压浆量作为补充

6.5　施工记录

（1）水泥、外加剂进场复检报告；

（2）水泥净浆试压强度报告及强度统计评定；

（3）桩检测报告；

（4）压浆压力、压浆量、压浆开始与结束时间；

（5）竣工验收记录。

6.6　质量控制

（1）后压浆灌注桩质量控制应做全过程控制，施工全过程要有监理工程师旁站。

（2）在正式注浆之前，应根据试验注浆参数进行正式注浆参数的调整，并在注浆过程中积累数据，根据前面注浆掌握的参数调整后面桩基注浆参数，以确保注浆质量。当桩基在成孔过程中出现地层、水文情况与原设计资料不符合时，应及时告知设计单位以便进行设计变更。

（3）后压浆灌注桩最终质量的确定最有效的方法是桩基静载试验，因此宜通过一组试桩来确定后压浆的有关参数。

（4）后注浆桩基工程质量检查和验收应符合下列要求：

1）后注浆施工完成后应提供水泥材质检验报告、压力表鉴定证书、试注浆记录、设计工艺参数、后注浆作业记录、特殊情况处理记录等资料。

2）在桩身混凝土强度达到设计要求的条件下，承载力检验应在后注浆 20d 后进行，浆液中掺入早强剂时可于注浆 15d 后进行。

6.7　成品保护

（1）若声测管兼做压浆管，应先进行超声波检测和对桩基完成性检测。

（2）压浆过程中，指派专人制作同条件净浆试块。

（3）压浆完毕后，及时采用木塞封堵压浆管口，防止浆液喷出或倒流。

6.8　安全与环保措施

6.8.1　施工安全

（1）禁止非作业人员进入施工现场，做好明显的施工标志；现场施工人员必须佩戴安全帽，必须按操作规程进行施工操作，防止被高压液体伤害。

（2）现场施工用电必须遵守现行行业标准《施工现场临时用电安全技术规范》JGJ46的规定。

（3）施工机械的使用应符合现行行业标准《建筑机械使用安全技术规程》JGJ33—2012的规定。

（4）施工过程的安全检查应符合现行行业标准《建筑施工安全检查标准》JGJ59—2011的有关规定。

6.8.2　环保措施

浆液严禁随意排放，不得污染场地。

第7章 多节三岔 (DX) 挤扩灌注桩施工工艺

7.1 工艺原理及适用范围

7.1.1 工艺原理

多节三岔 (DX) 挤扩灌注桩时在预钻 (冲) 孔内放入专用的多节三岔 (DX) 液压挤扩装置, 按承载力要求和底层土质条件在桩身适当部位沿水平方向挤扩出上下对称的扩大楔腔或经多次挤扩形成近似圆锥盘状的扩大头腔, 然后提离多节三岔 (DX) 液压挤扩装置, 放入钢筋笼, 灌注混凝土, 形成有桩身、承力岔、承力盘和桩根共同作用的钢筋混凝土灌注桩 (DX 桩为 "多节三岔挤扩灌注桩" 的简称)。

7.1.2 适用范围

该桩适用于高层建筑、一般的工业、民用建筑物、桥梁构筑物的桩基, 主要在黏土、粉砂土、砂砾土、强风化岩和残积土中挤扩成桩, 对于上述土层与淤泥质软弱土层交互分层尤为适用。

7.2 工艺特点

7.2.1 优点

此施工工艺优点是: (1) 单桩承载力高: 与普通直孔灌注桩相比, 因 DX 桩增加多个承力盘, DX 桩端承力面积大幅度增加, 所以, DX 桩单桩承载力比普通直孔灌注桩大幅度提高; (2) 节约成本、缩短工期: 由于单桩承载力大大提高, 一般而言与普通钻孔灌注桩相比, 节约成本。同时, 相比较大直径钻孔灌注桩可缩短桩长, 减少桩径或减少桩数, 从而缩短工期; (3) 设计灵活、适应性强: DX 桩可在多种土层中成桩, 不受地下水位限制, 并可以根据承载力要求采取增设承力盘数量来提高单桩承载力; (4) 施工过程可控制: 由于桩身承力盘腔是通过液压旋扩臂旋挤土体形成, 仪表能显示出压力变化情况, 因此, 施工时能大致了解到土层软硬性, 当发现与试桩首扩压力有明显差异时, 可采取调整盘位或增设承力盘数量的措施, 以确保单桩承载力, 这是其他桩型施工无法做到的可控性特点。

7.2.2 缺点

此施工工艺缺点是: (1) 设计参数与承载力计算公式尚需进一步完善; (2) 因为是多节桩, 用低应变法检测其完整性难度较大; (3) 挤扩力需要增大, 以便在硬土层中挤扩。

7.3 施工准备

7.3.1 人员准备

(1) 对现场操作人员必须进行详细的施工方案、安全技术交底工作。

（2）现场实际操作工人必须持证上岗。

（3）每台挤扩设备可配备钻机司机1名、测量工2名、修理工1名、管理人员1名。

7.3.2　技术准备

（1）详细了解场地岩土工程勘察资料及桩基工程施工设计图纸。

（2）根据施工设计图纸、勘察资料及相关施工规范编制桩基工程施工组织设计、方案。

（3）对设计图纸及现场钻孔顺序进行详细编排，当桩中心距不大于2倍桩基直径时，宜间隔施工。混凝土充盈系数不得小于1，且不大于1.3。

7.3.3　材料准备

材料主要涉及：钢筋、混凝土、声测管等材料，对原材料及进场的材料必须检验合格后方可使用。

7.3.4　设备准备

1. 主要机械设备

多节挤扩灌注桩的施工装置主要由机头、连接器、电脑液压站控制系统及车载系统组成。机头由双单向液压油缸装置、三岔挤扩弓力臂、液压定位装置、液压旋转装置、压力传感器、角度传感器、位移传感器装置等组成。DX挤扩装置结构示意图如图7-1所示。

连接器包括油管、钢丝绳和自动解力装置，起到柔性连接传递的作用。

2. 设备检查

在挤扩钻机设备进场之后应经检验合格并能满足以下要求：

（1）应有足够的动力，满足承力盘挤扩成型的要求。

（2）挤扩支盘机应安装防缩径套管装置。

（3）挤扩支盘机的弓压臂宽度不应小于单支临界宽度。

（4）当设计盘径小于1000mm时，挤扩支盘机扩展最大尺寸应大于设计盘径60mm；当设计盘径大于1000mm时，挤扩支盘机扩展最大尺寸应大于设计盘径100mm。

（5）显示挤扩压力的液压表必须经过鉴定合格（图7-2）。

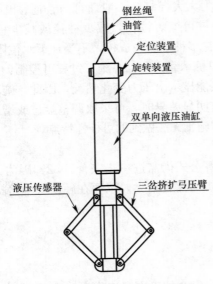

图7-1　DX挤扩装置结构示意图

图7-2　旋挖挤扩桩施工设备示意图

7.3.5　作业条件准备

（1）施工前应进行场地平整，对现场的工程控制坐标点、水准点进行复测并报监理工程师进行复核。

（2）对施工场地地下管线及其他障碍物进行摸排并清除。

（3）做好并检查现场施工设备、安全和环保措施、工具配件和劳保用品。

（4）施工现场的电源、电路安装和拆除须由持证电工操作，并符合施工安全规定。

（5）施工前宜进行试成孔、试挤扩承力盘（岔）腔，了解各土层的挤扩压力变化，检验承力盘（岔）腔的成型情况，并应详细记录成孔、挤扩成腔的各项数据，作为施工控制的依据。

7.4　施工工艺

7.4.1　工艺流程

多节三岔挤扩灌注桩施工工艺如图 7-3、图 7-4 所示。

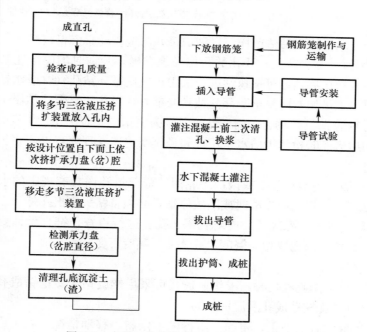

图 7-3　多节三岔挤扩灌注桩施工工艺流程图

7.4.2　操作要点

1. 常规成孔

（1）泥浆护壁成孔

1）钻机就位前，应对钻孔各项准备工作进行检查。钻孔时，应根据地质资料选用适当的钻机和泥浆性能指标；钻机就位必须平稳，在钻进过程中不应产生位移或沉陷，否则应及时处理。

2）钻孔作业应连续进行，填写的钻孔施工记录必须连续、真实。应经常对钻孔泥浆进行检测和试验，不符合成孔要求应随时调整。在钻机过程中，应经常观察地层变化情

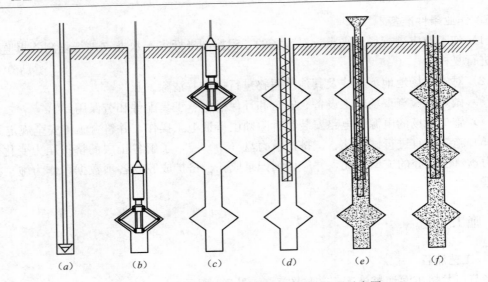

图 7-4　多节三岔挤扩灌注桩施工工艺流程示意图
(*a*) 成孔；(*b*) 旋扩；(*c*) 成盘；(*d*) 下钢筋笼；(*e*) 浇筑混凝土；(*f*) 成桩

况，在地层变化处均应捞取钻渣留样，详细记录并与地质勘察资料核对。

3）无论采用何种方法钻孔，开孔的孔位必须准确。开钻时均应慢速钻进，待导向部位或钻头全部进入地层后，方可加速钻进。采用正、反循环钻孔（含潜水钻）均应采用减压钻进，即钻机的主吊钩始终要承受部分钻具的重力，而孔底承受的钻压不超过钻具重力之和（扣除浮力）的80%。用全护筒法钻进时，为使钻机安装平正，压进的首节护筒必须竖直。钻孔开始后应随时检测护筒水平位置和竖直度，如发现偏移，应将护筒拔出，调整后重新压入钻进。

4）在钻孔排渣、提钻头除土或因故停钻时，应保持孔内具有规定的水位和要求的泥浆相对密度与黏度。处理孔内事故时或因故停钻，必须将钻头提出孔外。

5）钻孔深度达到设计标高后，应对孔深、孔径进行检查，符合设计要求后进行第一次清孔，此时应维持孔内泥浆相对密度、胶体率、黏度不变。

（2）干作业成孔

1）当土质满足干作业成孔时，干作业成孔可采用螺旋钻或旋挖钻成孔，其施工工艺与螺旋钻孔灌注桩或旋挖钻成孔灌注桩相同。

2）成孔设备就位后应平正、稳固，不得发生倾斜、移动情况。施工中，桩架或桩管上应设置控制深度标尺，并观测和记录成孔深度。

3）当发生钻进波动较大、钻进缓慢、钻具摇晃时，应立即提钻检查处理。

4）在孔口周围1m范围内不得堆放积土，并随时清理。钻至设计深度后，应进行空钻清土。清土后提钻时不得回钻钻具。当经量测孔深符合设计要求后，方可继续施工下道工序。

2. 挤扩孔

履带吊或旋挖设备将DX装置放入孔中，按设计位置，自下而上依次进行挤扩形成三岔或承力盘腔体。

（1）旋扩时根据土层反映的压力及时调整盘位，如旋扩压力偏低（表示土层较软），盘位往下调整；压力偏高（表示土层太硬），盘位则往上调整。

（2）旋扩时认真谨慎操作，包括设定盘位深度、旋扩盘径变化，注意旋扩时的机具状态，根据旋扩情况及时调整旋扩速度。

（3）旋扩时，机载显示屏同步反映孔内旋扩机头工作状态，并自动记录盘位深度、旋扩压力和盘径数值，根据机载显示屏，现场工程师或监理可以实时监测旋扩作业状况。

（4）旋扩过程中如遇塌方、流砂等情况，应立即停止操作，提出旋扩装置，妥善处理后，再继续进行旋扩作业。

3. 测量盘腔体

挤扩形成三岔或承力盘腔体后，移走 DX 装置，对三岔或承力盘腔体的位置、尺寸进行检测（图 7-5）。

4. 安放钢筋笼

（1）钢筋笼在加工场分段加工制作，并采用平板运输车运至现场。为防止在运输及吊装过程中发生变形，可在笼内侧暂放支撑筋进行补强加固。当将钢筋笼插入孔内时，再卸掉支撑筋。

（2）钢筋笼吊放时应对准钻孔中心缓慢下放，当前一段放入孔内后即用钢管穿入钢筋笼上端的支撑筋下面，临时将钢筋笼支在钻机大梁或护筒口上，再吊起另一段，对正位置连接钢筋笼主筋并完善箍筋后逐段放入孔内至设计标高。

（3）当钢筋笼按设计要求检查安放符合要求后，将吊筋上部与护筒口点焊，或固定在钻机底座上，以使钢筋笼定位，防止钢筋笼因自重下落或灌注混凝土时上浮。

（4）下放钢筋笼时，应防止碰撞孔壁，下放过程中要观察孔内水位变化。如下放困难，应查明原因，不得强行下入。一般采用正反旋转，慢起慢落数次逐步下放。

5. 二次清渣（孔）

（1）清孔要求

挤扩承力盘腔施工完成后，应根据设计要求、成孔工艺、地层条件和沉淀土（渣）厚度等情况选择相适宜的清孔方法清理孔底沉淀土（渣）。

（2）清孔注意事项

1）根据成孔工艺选择相适应的清孔方法。在清孔排渣时，必须保持孔内水头，防止塌孔。

2）清孔后应从孔底提出泥浆试样，进行性能指标试验，试验结果应符合相应规范要

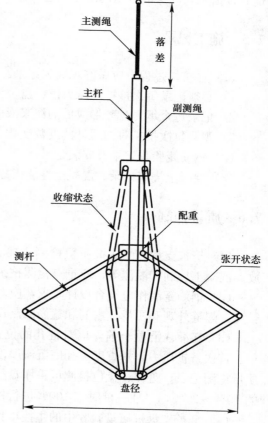

图 7-5　承力盘腔直径检测器结构示意图

求。灌注水下混凝土前，孔底沉淀土（渣）厚度应符合设计要求。不得用加深钻孔深度方式代替清孔。

6. 灌注混凝土

（1）水下混凝土灌注

水下混凝土的灌注可参考第 19 章的相关内容。

（2）干孔混凝土灌注

1）支、盘成型后，第二次测量孔深时，如孔底虚土厚度大于 100mm，应采取有效措施处理。

2）混凝土必须通过溜槽或串筒。当灌注深度超过 3m 时，宜用串筒，且串筒末端离孔底高度不宜大于 2m。混凝土宜采用插入式振动器振捣密实。当桩径较小时，可采取其他有效措施，确保混凝土的灌注质量。

7.5 施工记录

（1）在挤扩过程中应做好观测和记录：

1）必须记录每次挤扩的压力值、盘位深度、盘腔尺寸和挤扩全程的起止时间。

2）记录每个承力盘腔形成后的泥浆液面变化情况。

3）观测每次挤扩时油压计的度数变化，并记录挤扩支盘机体上升值。

（2）钢筋笼验收记录及安装记录。

（3）混凝土浇筑记录、混凝土性能指标。

7.6 质量控制

（1）挤扩支盘桩的成桩质量检测主要包括成孔、挤扩支盘、清孔、钢筋笼制作和安放、混凝土拌制和灌注等，应重点检测挤扩支盘的质量。

（2）钢筋笼制作应符合设计要求，应对钢筋规格、焊条规格、品种、焊口规格、焊缝长度、焊缝外观和质量、主筋和箍筋的制作偏差等进行检查。

（3）在灌注混凝土前，应对桩孔的位置、孔深、孔径、（支）盘数、盘径、（支）盘位、首次挤扩压力、垂直度、孔底沉渣厚度、钢筋笼安放的实际位置等进行检测，并填写质量检测记录。盘径、盘位检测可采用盘径测量仪等有效检测方法，检测数量宜为总桩数的 10%～20%，一柱一桩时应 100% 进行检测。

（4）挤扩支盘桩质量验收中的主控项目和一般项目中的垂直度、桩径、钢筋笼安放深度、混凝土充盈系数、桩顶标高等，其检验标准应按现行国家标准《建筑地基基础工程施工质量验收规范》GB50202 的相关规定执行。其他主控项目和一般项目的检测标准可参照表 7-1 规定执行。

挤扩支盘桩质量验收标准

表 7-1

项目分类	序号	检查项目	允许偏差或允许值	检查方法
主控项目	1	支、盘数量	符合设计要求	检查施工记录
一般项目	1	盘径	$-0.1d$，且≤50mm	盘径测量仪

续表

项目分类	序号	检查项目	允许偏差或允许值	检查方法
一般项目	2	盘位	当地质条件较复杂或土层标准贯入击数大于50从而挤不动时，应及时报告监理。可根据实际情况在桩身上下各1m范围适当调整盘位标高，但应保证调整后的盘位处于设计规定的土层中，并满足最小盘间距的要求	盘径测量仪
	3	首次挤扩压力	/	施工记录
	4	灌注前泥浆相对密度	1.15～1.25	用比重计
	5	灌注前沉渣厚度	≤100mm（抗压桩） ≤300mm（抗拔桩）	用沉渣仪或重锤测量
	6	混凝土坍落度	水下施工180～220mm 干法施工80～100mm	坍落度仪

7.7　成品保护

（1）钢筋笼在制作、运输和安装过程中，应采取措施防止变形。吊入钻孔时，应有保护垫块或垫管和垫板。

（2）在挖孔过程中，不得对护壁混凝土凿成破损；若有破损必须及时补强。

（3）成桩后应对桩顶的声测管进行防护，避免弯曲、弯折、堵塞。

7.8　安全与环保措施

7.8.1　施工安全

（1）电源管理要有专业电工负责，所有电器设备必须严格接地、接零和使用漏电保护装置，各孔用电必须分闸，严禁一闸多用。电缆严禁拖地和埋压土中，孔内电线、电缆必须有防磨损、防潮、放断裂等保护措施，并遵守现行行业标准《施工现场临时用电安全技术规范》JGJ46的规定。

（2）成孔过程中及混凝土浇筑过程中，必须有专人指挥作业。

（3）施工机械的使用应符合现行行业标准《建筑机械使用安全技术规程》JGJ33—2012的规定。

（4）施工过程的安全检查应符合现行行业标准《建筑施工安全检查标准》JGJ59—2011的有关规定。

7.8.2　环保措施

（1）严禁将泥浆随意排放，成孔排除的泥渣或土渣应集中堆放并覆盖，避免扬尘。

（2）施工现场环境应符合现行行业标准《建设工程施工现场环境与卫生标准》JGJ146—2013的有关规定。

第8章 大直径钻孔扩底灌注桩施工工艺

8.1 工艺原理及适用范围

8.1.1 工艺原理

钻孔扩底灌注桩是把等直径钻孔方法形成的桩孔钻进到预定深度，换上扩孔钻头后，撑开钻头的扩孔刀刃使之旋转切削地层扩大孔底，成孔后放入钢筋笼，灌注混凝土形成扩底桩以获得最大承载能力的施工方法。

8.1.2 适用范围

（1）干作业钻扩桩：适用于地下水位以上的填土层、黏性土层、粉土层、砂土层和粒径不大的砾砂层，其扩底部宜设置于较硬（密）实的黏土层、粉土层、砂土层和砾砂层中。

在选择此类钻孔底的扩底部持力层时，需考虑：1）在有效桩长范围内，没有地下水或上层滞水。2）在钻深范围内的土层应不坍落、不缩颈、孔壁应保持直立。3）扩底部与桩根底部应置于中密以上的黏性土、粉土或砂土层上。4）持力层应有一定厚度，且水平方向分布均匀。

（2）水下作业钻扩桩：适用于地下水位以下的填土层、黏性土层、粉土层、砂土层和粒径不大的砂砾（卵）石层，其扩底部宜设置于较硬（密）实的黏土层、粉土层、砂土层和砂砾（卵）石层中，有的扩孔钻头可在基岩中钻进。

8.2 工艺特点

8.2.1 优点

此施工工艺优点是：（1）振动小，噪声低；（2）当桩身直径相同时，钻扩桩比直孔桩能大大提高单桩承载力，其单桩承载力与打入式预制桩相当；（3）在保证单桩承载力相同时，钻扩桩比直孔桩能减小桩径或缩短桩长，从而可减少钻孔工作，避免穿过某些复杂地层，节省时间和材料；（4）当基础总承载力一定时，采取钻扩桩可减少桩的数量，节省投资。在泥浆护壁的情况下，可减少排土量，减少污染；（5）桩身直径缩小和桩数减少，可缩小承台面积；（6）大直径钻扩桩可适应高层建筑一柱一桩的要求。

8.2.2 缺点

此施工工艺缺点是：（1）桩端有时留有虚土；（2）水下作业钻扩孔法需处理废泥浆；（3）与等直径桩基相比需要另外配制专用的扩孔设备。

8.3 施工准备

8.3.1 人员准备

（1）现场机械操作人员必须持证上岗，并在进场后接受项目部的安全、技术培训，在有关项目管理人员对其进行安全技术交底后，方可进入施工现场作业。

（2）每台大直径钻孔扩底灌注桩施工设备可配备 1 名操作人员、1 名指挥人员，同时配备渣土转运人员 2 名，另外可配备 2 名辅助工人及 2 名测量人员。

8.3.2　技术准备

（1）建立桩基轴线控制网，场地测量基准控制点和水准点应设在不受施工影响处。加工前，基准控制点和水准点经复核后应妥善保护，施工中经常复测。

（2）根据桩型、钻孔深度、土层土质情况、泥浆排放、环境条件等因素综合确定钻孔机具及施工工艺。

（3）编制详细的大直径扩底桩的施工组织设计或专项施工方案，其内容应包括下列内容：

1）施工平面图，图中应标明桩位、桩位编号、施工顺序、水电线路和临时设施的位置。采用泥浆护壁成孔时，应标明泥浆制备设施及其循环系统的布设位置；

2）成孔、扩底、钢筋笼安放和混凝土灌注的施工工艺及技术要求，对泥浆护壁应有泥浆制备和处理措施；

3）施工作业计划和劳动力组织计划；

4）施工机械设备、配件、工具、材料供应计划；

5）爆破作业、文物和环境保护技术措施；

6）保证工程质量、安全生产和季节性施工的技术措施；

7）成桩机械检验、维护措施；

8）应急预案。

（4）施工前应向作业人员进行安全、技术交底。

8.3.3　材料准备

大直径钻孔扩底灌注桩所需材料与可参照其他灌注桩所需材料。

8.3.4　设备准备

（1）若采用人工挖孔成孔，则所需设备可参照第 5 章介绍的设备进行准备。

（2）若采用机械成孔，对进场施工设备必须由项目部组织联合监理进行验收，验收合格后方可投入使用。

（3）钻孔扩底钻头的尺寸应能够满足所需扩底尺寸。

8.3.5　作业条件准备

（1）调查周边环境，桩基施工的供水、供电、通信、道路、排水、泥浆排放等设施应准备就绪，施工场地应进行平整，施工机械应能正常作业，并验收合格。

（2）若采用泥浆护壁成孔，现场应按成桩的孔径、孔深及土层情况设置能够满足施工需要的泥浆池。

（3）根据设计图、现场土质情况及桩位间距确定合理的施工顺序，并在施工场地做好标识。

8.4　施工工艺

8.4.1　工艺流程

大直径钻孔扩底灌注桩施工工艺流程见图 8-1 所示。

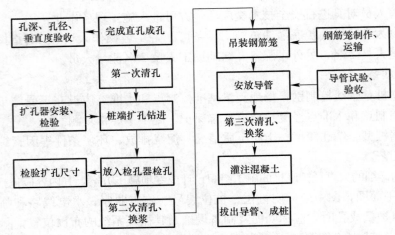

图 8-1　大直径钻孔扩底灌注桩施工工艺流程图（水下扩孔）

8.4.2　操作要点

1. 完成直孔成孔

采用人工或机械直孔成孔后，应对孔位、孔深、孔径、垂直度以及沉渣厚度进行检验。沉渣厚度不满足要求时，应进行第一次清孔，清孔符合要求后方可进行孔底扩孔。

2. 更换扩孔钻头

（1）换用所需规格的扩孔钻头，下放到设计所需扩孔部位的上方（图 8-2）。

（2）在使用扩底钻头前，应对其进行仔细的检查，主要是钻头扩大的张开和收缩是否灵活，其次要检查钻头各部位是否牢固，发现有裂纹等应及时进行加焊处理（图 8-3）。

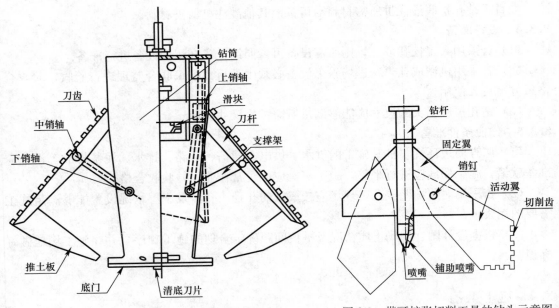

图 8-2　1000/2600 扩孔钻头结构示意图　　图 8-3　带可扩张切削工具的钻头示意图

3. 扩孔钻进

待泥浆循环正常后，开动钻机最低档，只旋转、不给进，扩孔钻头的活动翼即张开扩孔。待钻机负荷明显减轻后，再逐级增大转速，在高转速上适当停留时间，如果钻机的负荷变得很轻，说明已经达到了设计扩孔尺寸。然后钻具往下给进，工艺参数和使用刮刀钻头钻进一样，到达设计位置后，即满足了扩大头高度的要求。再保留一段空钻时间，继续进行泥浆循环，待返出泥浆达到清孔要求后，即可停止转动，活动翼收拢，将扩孔钻头提出孔外，完成全部扩孔过程（图8-4）。

4. 放入验孔器、检验孔径

按设计桩径和扩大直径配好验孔器的圆环和节肢，在地面组装好后检查灵活度和尺寸。用普通钢丝绳吊住滑块上的提环，徐徐将验收器放入钻孔中，加长测杆时要逐节记录好长度。如下放过程中无阻挡，说明桩径满足设计要求。达到扩大头位置后，改提测杆，放松钢丝绳，使滑块下落到销钉上，此时活动节肢撑开，用手轻轻转动验孔器，无任何阻挡，说明扩孔直径已达到设计要求。在上下提动测杆，量测上下受阻的高度，即为扩大头的高度。到达孔底后，测量测杆的长度可知孔深，将验孔器测的孔深和钻孔记录的钻深比较，两者之差即为沉渣厚度。完成全部验孔项目后，改提测绳，放松测杆，将验孔器提出孔外。

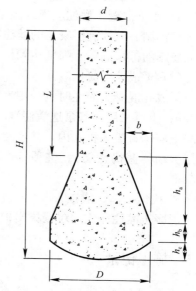

图8-4 大直径扩底桩几何尺寸示意图
d—桩身直径；D—扩大端直径；H—桩长；L—扩大端变截面以上桩身长度；h_c—扩大端矢高；h_a—扩大端斜边高度；h_b—最大桩径端高度；b—扩大端半径与桩身半径之差

5. 安放钢筋笼

（1）在扩孔以及第二次清孔完成后，沉渣厚度满足设计要求，方可进行钢筋笼的安放。

（2）分节段制作钢筋笼时，宜采用焊接或机械连接接头，并应符合《混凝土结构工程施工质量验收规范》GB50204、《钢筋机械连接技术规程》JGJ107—2010、《钢筋焊接及验收规程》JGJ18—2012的有关规定。

（3）加劲箍筋宜设在主筋内侧。搬运和吊装钢筋笼时，应防止变形；安放时应对准孔位，自由落下，避免碰撞孔壁；为防止钢筋笼在灌注混凝土过程中上浮或下沉，应将钢筋笼固定在孔口上。

6. 安装导管

（1）导管壁厚不宜小于3mm，直径宜为200～250mm；导管的分节长度可视工艺要求确定，底管长度不宜小于4m，导管接头宜采用矩形双螺纹快速接头连接。

（2）导管使用前应进行试拼装、试压，导管必须连接可靠、接头严密，接口宜用"O"形密封圈；导管吊入桩孔时，位置应居孔中，防止刮擦钢筋笼和碰撞孔壁。

（3）导管下应设置隔水塞，隔水塞应有良好的隔水性能，并保证顺利排出。每次使用完毕后，必须对导管内外进行清洗。

7. 清孔、灌注混凝土

（1）水下混凝土灌注

1）导管安装完成后，进行最后一次清孔，孔底沉渣厚度满足设计要求后，应立即进行混凝土灌注。灌注水下混凝土时，混凝土应具有良好的和易性，坍落度宜为180～220mm。

2）开始灌注混凝土时，导管底部至孔底的距离宜为0.3～0.5m；在灌注过程中，应始终保持导管埋入混凝土深度大于2m，并宜小于或等于4m，严禁将导管提出混凝土灌注面；应控制提拔导管速度，并应跟踪测量导管埋入混凝土灌注面的高差及导管内外混凝土的高差，及时填写水下混凝土灌注记录。

3）水下混凝土灌注应连续施工，每根桩混凝土的灌注时间应按初盘混凝土的初凝时间进行控制。应控制混凝土的灌注方量，超管高度宜为0.5～1.0m；桩头凿除浮浆后，应保证暴露的桩顶混凝土强度达到设计等级。

（2）干成孔混凝土灌注

干成孔混凝土灌注时宜采用串筒或溜管，串筒或溜管末端距混凝土灌注面高度不宜大于2m；也可采用导管泵送灌注混凝土。第一次应灌注到扩大端的顶面，并随即振捣密实；混凝土应垂直灌入桩孔内，并连续灌注，宜利用混凝土的大坍落度和下冲力使其密实（或采用振动器振捣密实）。桩顶5m以内混凝土应分层振捣密实，分层灌注高度不应大于1.5m。

8. 拔出护筒、成桩

混凝土灌注完成，缓慢拔出护筒，并做好声测管的保护工作。

8.5　施工记录

（1）原材料的质量合格证和质量检验报告；

（2）桩位测量放线图，包括工程桩桩位线符合鉴证单；

（3）施工记录及隐蔽工程验收文件；

（4）扩底尺寸施工记录；

（5）混凝土试配申请单和试验室签发的配合比通知单；

（6）混凝土灌注记录；

（7）混凝土试块28d标养抗压强度试验报告。

8.6　质量控制

8.6.1　一般质量控制要求

（1）大直径扩底桩质量验收包括：桩体原材料检验（符合相应规范要求）、成孔验收、成桩验收。大直径扩底桩质量验收要求在设计无具体要求时，可按表8-1的规定执行。

大直径扩底桩质量检验要求　　　　　　　　　　表8-1

序号	检查项目	允许偏差	检验方法
1	桩位	≤d/4 且不大于100mm	开挖后量桩中心
2	孔深	+300mm	测钻具长度或用重锤测量
3	混凝土强度	设计要求	试件报告或钻芯取样送检
4	沉渣厚度	≤50mm	用沉渣测定仪或重锤测量
5	桩径	±50mm	用测径仪或超声波检测

续表

序号	检查项目	允许偏差	检验方法
6	垂直度	<1.0%	测钻杆的垂直度或用超声波探测
7	钢筋笼安装深度	±100mm	用钢尺量
8	混凝土充盈系数	>1.0	检查桩的实际灌注量
9	桩顶标高	+30mm，−50mm	用水准仪测量

（2）大直径扩底桩钢筋笼质量检验要求，在无设计要求时可按表 8-2 执行。

大直径扩底桩钢筋笼质量检验要求　　　　表 8-2

项　目	序号	检查项目	允许偏差	检查方法	备　注
主控项目	1	主筋间距	±10mm	用钢尺检测	主筋、加劲筋采用搭接焊时，单面焊缝长度大于 10d，焊缝饱满
	2	钢筋笼整体长度	±100mm	用钢尺检测	
一般项目	1	钢筋材质检验	设计要求	抽样送检	
	2	箍筋间距	±20mm	用钢尺检测	
	3	钢筋笼直径	±10mm	用钢尺检测	

8.6.2　成孔质量检验

（1）成孔质量检验应包括：孔深、孔径、垂直度、扩大端尺寸、孔底沉渣厚度等。

（2）人工成孔时，应逐孔检验桩端持力层岩土性质、进入持力层深度、扩大端孔径、桩身孔径和垂直度，孔底虚土应清理干净。持力层为风化基岩时，宜采用点荷载法逐孔测试风化岩的强度。

（3）机械成孔时，应逐孔检验桩端持力层岩土性质、进入持力层深度、扩大端孔径、桩身孔径、垂直度和孔底沉渣厚度。机械成孔桩扩大端孔径、桩身孔径、垂直度可采用超声波检测。沉渣厚度可采用沉渣测定仪检测，沉渣厚度检测宜在清孔完成后、混凝土灌注前进行，检测至少应进行 3 次，应取 3 次检测数据的平均值为最终检测结果。

8.6.3　成桩质量检验

大直径扩底桩成桩质量检验项目应包括：钢筋笼制作与吊放、混凝土灌注、混凝土强度、桩位、桩身完整性及单桩承载力等。

8.7　成品保护

（1）钢筋笼在制作、运输和安装过程中，应采取措施防止变形。吊入孔内时，应有保护垫块。

（2）安装钻孔机、更换钻头、安装导管、钢筋笼及混凝土灌注时，均应注意保护好现场的轴线和高程桩。

（3）混凝土灌注完成后，应做好外漏声测管的保护工作，以免声测管堵塞或弯折。

（4）在桩位四周采用栏杆或钢管做好围护。

8.8　安全与环保措施

8.8.1　施工安全

（1）机械设备进场后，应由项目部组织联合监理进行验收，验收合格后方可由具有操作合格证的操作人员上岗操作。

（2）对大直径扩底灌注桩施工机械设备的操作应符合现行行业标准《建筑机械使用安全技术规程》JGJ33—2012 的规定，应对机械设备、工具配件以及个人劳保用品经常检查，应确保完好和使用安全。

（3）桩孔口应设置围栏或护栏、盖板等安全防护措施，每个作业班组结束作业时，应对孔口防护进行逐一检查，严禁非施工作业人员进入施工现场。

（4）在距未灌注混凝土的桩孔 5m 范围内，场地堆载不应超过 $15kN/m^2$，不应有运输车辆行走。对于软土地基，在表层地基土影响范围内禁止堆载。

（5）雨、雪、冰冻天气应采取相应的安全措施，雨后施工应排除积水。

（6）大直径钻孔扩底灌注桩采用人工挖孔时，其安全措施可参照第 5 章中相关要求执行。

（7）工地临时用电线路架设及用电设施，应按现行行业标准《施工现场临时用电安全技术规范》JGJ46 有关规定执行。

（8）施工过程的安全检查应符合现行行业标准《建筑施工安全检查标准》JGJ59—2011 的有关规定。

8.8.2 环保措施

（1）现场废弃泥浆、渣土应有序排放，严禁随意流淌或倾倒。泥浆池必须设置防护栏杆。现场堆放渣土必须采用遮阳网或塑料布进行覆盖，防止大风期间发生扬尘、污染环境。

（2）施工现场环境应符合现行行业标准《建设工程施工现场环境与卫生标准》JGJ146—2013 的有关规定。

第9章 沉管夯扩混凝土灌注桩施工工艺

9.1 工艺原理及适用范围

9.1.1 工艺原理

夯扩桩是在锤击沉管灌注桩机械设备与施工方法的基础上加以改进，增加 1 根内夯管，按照一定的施工工艺（无桩尖或钢筋混凝土预制桩尖沉管），采用夯扩的方式（一次夯扩、二次夯扩、多次夯扩）将桩端现浇混凝土扩成大头形，然后拔内夯管、在孔内放入钢筋笼、浇筑桩身混凝土，同时拔出外钢管，而形成的一种桩型。

内夯管直径比外管内径小 100mm 左右，内夯管在夯扩桩施工中起主导作用：（1）作为夯锤的一部分，在锤击力作用下将内外管同步沉入地基土中。（2）在夯扩时作为传力杆，将外管内混凝土夯出管外并在桩端形成夯扩头。（3）在桩身施工时，利用桩锤和内夯管本身的自重将桩身混凝土加压成型（图 9-1）。

9.1.2 适用范围

夯扩桩成桩深度一般不宜大于 20m，最大不宜大于 25m。夯扩桩的桩端持力层：（1）宜选择稍密～密实的砂土（含粉砂、细砂和中粗砂）与粉土，砂土、粉土与黏性土交互层以及可塑～硬塑黏性土；（2）对高承载力夯扩桩宜选择较密实的砂土或粉土；（3）选择花岗石残积黏性土和稍密～中密砾卵石层。

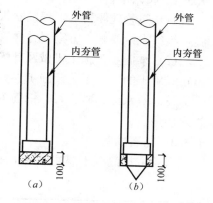

图 9-1 夯扩桩内外管及管塞
(*a*) 平底内夯管；(*b*) 锥底内夯管

桩端以下持力层的厚度不宜小于桩端扩大头设计直径的 3 倍；当存在软弱下卧层时，持力层厚度应通过强度与变形验算确定。对桩周土为厚层软土层地区不宜采用高承载力夯扩桩。夯扩桩基的桩径可选用 300～600mm。

9.2 工艺特点

9.2.1 优点

此施工工艺优点是：（1）在桩端处夯出扩大头，单桩承载力较高；（2）借助内夯管和柴油锤的重量夯击灌入的混凝土，桩身质量高；（3）可按地层图纸条件，调节施工参数、桩长和夯扩头直径以提高单桩承载力；（4）施工机械轻便，机动灵活、适应性强；（5）施工速度快、工期短、造价低；（6）无泥浆排放。

9.2.2 缺点

此施工工艺缺点是：（1）遇中间硬夹层，桩管很难沉入；（2）遇承压水层，成桩困难；（3）振动较大，噪声较大；（4）属挤土桩，打设桩时对周边建筑物和地下管线产生挤土效应；（5）扩大头形状很难保证与确定。

9.3　施工准备

9.3.1　人员准备

现场除有足够的管理人员外，所需的主要施工作业人员见表 9-1 所列。

表 9-1

主要施工作业人员表

序号	名　称	备　注	序号	名　称	备　注
1	机械操作工	经过培训合格	6	修理工	必须接受安全技术交底
2	打桩工	经过培训合格	7	测量工	必须接受安全技术交底
3	起重工	必须持有特种作业操作证	8	钢筋工	经过培训合格
4	电工	必须持有特种作业操作证	9	试验工	应持有试验工程师证
5	电焊工	必须持有特种作业操作证	10	杂工	必须接受安全技术交底

9.3.2　技术准备

（1）熟悉现场岩土工程勘察报告，对桩基工程施工图进行详细的图纸会审；编制桩基施工组织设计或施工方案，并向管理人员及操作人员进行详细的安全、技术交底。

（2）掌握主要施工机械及其配套设备的技术性能资料，根据试桩所获得的技术参数调整正式施工的施工工艺及施工参数。

（3）对水泥、砂、石、钢筋等原材料及其混凝土预制桩靴进行送检，检验合格后方可投入使用。

9.3.3　材料准备

沉管夯扩混凝土灌注桩施工所需主要的施工材料见表 9-2 所列。

表 9-2

主要施工材料表

序　号	名　称	规格、型号	检验方法
1	桩身混凝土		目测检查、试验检测
2	干硬性混凝土	满足设计要求	目测检查、抽样复检
3	钢筋		目测检查、检查产品质量证明书、抽样复检
4	其他填料		目测检查

9.3.4　设备准备

沉管夯扩混凝土灌注桩施工所需要的主要设备见表 9-3 所列。

表 9-3

主要投入的机械设备表

序　号	名　称	备　注
1	履带式、步履式、滚筒式打桩机	桩机与桩锤匹配
2	导杆式柴油锤、筒式柴油锤	锤重满足地质条件要求
3	标准桩管	满足设计施工要求
4	内管	直径比外管内径小 100mm 左右
5	混凝土搅拌机	混凝土搅拌

续表

序　号	名　称	备　注
6	机动翻斗车	混凝土转运
7	料斗	混凝土灌注
8	钢筋弯曲机	
9	钢筋切断机	钢筋笼的加工制作
10	钢筋调直机	
11	电焊机	钢筋焊接
12	发电机	现场无电源或电量不够时使用

9.3.5　作业条件准备

（1）排除施工场地内的地下障碍物和地下设施，对相邻建筑物等地下设施进行监测并采取有效的保护措施及防振、防侧向挤压措施。

（2）现场通水、通电、通路及场地平整——"三通一平"就绪，能够满足现场施工机具及场内行走的要求；施工场地应能承受桩机设备施工荷载的要求。

（3）根据设计施工图纸进行轴线的定位和桩位的测量放线工作，并按测量基线、水准基点对桩位进行平面、高低复核。

（4）工程桩施工前必须进行试桩，根据试桩参数核对工程地质资料，夯扩参数的可行性并根据实际施工情况进行调整，检验施工机械的效能。宜选择离地质钻孔较近，有地质代表性土层的桩位进行试桩，详细记录沉管锤击数、最后沉管贯入度、夯扩参数、夯扩锤击数、夯扩贯入度、桩身混凝土灌入量等数据，以确定后期工程桩施工控制的技术参数。

9.4　施工工艺

9.4.1　工艺流程

沉管夯扩混凝土灌注桩施工工艺流程如图 9-2 所示。

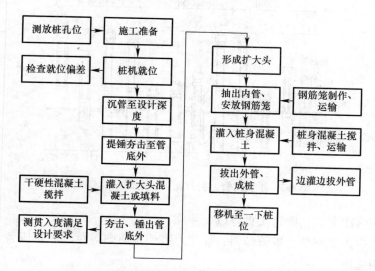

图 9-2　沉管夯扩混凝土灌注桩施工工艺流程图

9.4.2 操作要点

1. 沉管成孔

（1）内管端部有平头和尖头两种，上端固定在桩锤上。当采用平头内管时，一般应用一定高度的干硬性混凝土封底，其做法是在沉管前于桩位处预先放上高 100～200mm 与桩身混凝土同强度等级的干硬性混凝土，然后将内外管扣在干硬性混凝土上开始沉管。在沉管过程中干硬性混凝土不断吸收地基中的水分，形成一层致密的混凝土隔水层，起到止淤封底作用，也不影响管内后续混凝土的夯出。

当封底或沉管有困难时，则采用钢筋混凝土预制桩尖的沉管方式。

（2）桩机设备就位后，必须保持平整、稳固，确保在施工中不发生倾斜、位移。为了准确控制成孔深度，应在机架或桩管上设置控制深度的标尺，以便在施工中能观测记录。锤击沉管时，先应低锤轻击，桩管入土 2m 左右时，应停锤二次校正垂直度，且桩锤、桩帽、桩管应在同一中心线上。

（3）正式施打时应密切监控桩架及桩管的垂直度，直至将外管、内管打入至设计标高；然后将内管从外管内提升至外观上空，提升高度以能灌注混凝土即可，卸去外管上端的加颈圈。当含有承压水的砂层作为桩端持力层时，第一次拔管高度不宜大于 0.2m。

（4）当遇到贯入度突变、桩管倾斜、移位、有严重回弹等情况时，应暂停施打，并分析原因，采取相应措施。

2. 扩大头施工

（1）沉管至设计深度后，抽出内管，灌入扩大头部分设计所需的干硬性混凝土量 H（灌入外管的干硬性混凝土高度）。混凝土灌注前，必须检查管内有无进泥、进水。

（2）外管拔出设计规定高度 h，再将内夯管放入外管内，锤击内夯管先把外管内的干硬性混凝土夯出管外（如外管随内夯管锤击过程下沉，须用钢丝绳将外管吊住，不让其下沉）。外管内干硬性混凝土夯出后，在锤击作用下外管、内夯管同步下沉到设计规定深度（图 9-3）。

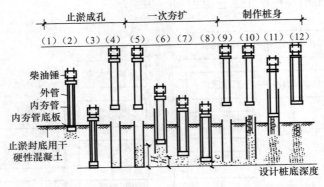

图 9-3 平底内管夯扩桩施工工艺流程示意图

（3）如采用多次夯扩，则每次重复以上步骤。

（4）当遇到贯入度剧变、桩管倾斜、移位，有严重回弹等情况时，应暂停施打，并分析原因，采取相应措施。

（5）沉管全过程必须有专职记录员做好施工记录。

3. 钢筋笼制作、安放

（1）钢筋骨架的主筋连接宜采用对焊接或机械连接，钢筋连接应遵守国家现行标准《钢筋机械连接通用技术规程》JGJ107—2010、《钢筋焊接及验收规程》JGJ18—2012 的规定。在同一截面内主筋接头数量不得超过主筋数量的 50%，相邻两根接头截面的距离应大于 35d，并不小于 500mm。

（2）当采用短钢筋笼或构造连接插筋时，必须在拔管后立即进行，构造连接插筋应沿周边对称垂直插入。采用长钢筋笼时，应在主筋外侧焊钢筋笼定位器，以保证保护层厚度。

（3）钢筋笼采用起吊设备进行安放时，安放过程中，应控制好钢筋笼的中心位置、下放标高及钢筋笼外漏长度。

4. 混凝土灌注、拔管成桩

（1）混凝土搅拌必须严格按配合比进行计量上料，确保混凝土质量满足设计要求。混凝土的坍落度扩大头部分宜为 20~40mm，桩身部分宜为 160~200mm。

（2）在拔管过程中，应保持桩锤和内管始终自由压在混凝土面上，确保混凝土密实。拔管速度要均匀，对一般土层宜为 1m/min，在软弱土层及软硬土层交界处宜为 0.3~0.8m/min。

（3）混凝土应尽量一次灌足，当桩管长度不够时，第一次应尽量灌满，第一次拔管高度应控制在能容纳第二次所需要灌入的混凝土量为限，不宜拔得过高，应保证桩管内保持不小于 2m 高度的混凝土。当桩身配有不到底的钢筋笼时，第一次混凝土应先灌至笼底标高，然后放置钢筋笼，再灌至桩顶标高。为保证桩顶混凝土的质量，混凝土顶面应高出设计桩顶标高 0.3~0.5m。内外管提出地面后，应采用插入式振动器对上部 2~4m 的桩身混凝土进行振捣密实。

（4）在拔管过程中，应有专人负责用测锤测量管内混凝土面的下降情况。当桩管底端接近地面标高 2~3m 时，拔管应尤其谨慎。

5. 施工注意事项

（1）根据工程现场实际地质条件、桩径、桩长、单桩竖向承载力、布桩密度及现场施工条件等因素，通过试桩合理选择桩锤及各项施工参数。

（2）夯扩桩施工工艺参数（H、h、c）的正确选择是衡量设计是否合理，施工是否切实可行的关键。对桩端持力层而言，砂土比黏性土 H 值（外管中混凝土高度）宜大些；性质差一些的砂土比性质好一些的砂土的 H 值宜大些。外管上拔高度 h 一般取 $0.4H$~$0.5H$，施工中一般取 0.8~1.5m。

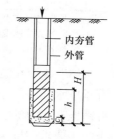

图 9-4 夯扩头直径
计算示意图

夯扩桩的扩大头计算直径可按下列公式估算：

一次夯扩（图 9-4）：

$$D_1 = \sigma_1 \times d_0 \times \sqrt{\frac{H_1 + h_1 - c_1}{h_1}}$$

二次夯扩：

$$D_2 = \sigma_2 \times d_0 \times \sqrt{\frac{H_1 + H_2 + h_2 - c_2}{h_2}}$$

多次夯扩：

$$D_n = \sigma_n \times d_0 \times \sqrt{\frac{\sum_{i=1}^{n} H_i + h_n - c_n}{h_n}}$$

式中 D_1、D_2……D_n——一次、二次……多次夯扩的扩大头计算直径（m）；

σ_1、σ_2……σ_n——扩大头直径计算修正系数，可参考表 9-4；

d_0——外管内径（m）；

H_1、H_2……H_n——一次、二次……多次夯扩时外管中灌注混凝土高度（m）；

h_1、h_2……h_n——一次、二次……多次夯扩时外管上拔高度（m）；

c_1、c_2……c_n——一次、二次……多次夯扩时外管下沉底端至设计桩底标高之间的距离，一般取 0.2m。

当桩端进入持力层一定深度、一定桩径、桩长条件下，可利用夯扩工艺、夯扩次数和夯扩参数调整桩的承载力。

夯扩施工设计参数参考值   表 9-4

承力层土类	桩端土比贯入阻力 P_s（MPa）	每次夯扩投料高度（m）	一次夯扩大头直径计算修正系数 σ
黏土	<2.0	3.0～4.0	0.93
	2.0～3.0	2.5～3.5	0.90
	3.0～4.0	2.5～3.5	0.87
	>4.0	2.5～3.5	0.84
粉土	<2.0	3.5～4.0	0.98
	2.0～3.0	3.0～3.5	0.95
	3.0～4.0	2.5～3.5	0.93
	>4.0	2.5～3.5	0.90
砂土	<5.0	3.0～4.0	0.95
	5.0～7.0	2.5～3.5	0.92
	7.0～10.0	2.5～3.5	0.89
	>10.0	2.5～3.5	0.86

注：1. 每增加一次夯扩的计算修正系数可将表中 σ 值乘以 0.9，即有：$\sigma_n = \sigma_1 \times 0.9^{n-1}$（$n$ 为夯扩次数）。

2. 根据实际工程资料，一次、二次及三次夯扩计算所得的扩大头最大直径 D 一般不超过桩径的 1.5、1.9 及 2.3 倍。

（3）拔管注意事项：1）在灌注混凝土之前不得将桩管上拔，以防管内渗水。2）以含有承压水的砂层作为桩端持力层，第 1 次拔管高度不宜过大。3）拔外管时应将内夯管和桩锤压在超灌的混凝土面上，将外管均匀地上拔，同时将内夯管徐徐下压，直至同步终止于施工要求的桩顶标高处，然后将内外管提出地面。4）拔管速度要均匀，对一般土层以 1～2m/min 为宜，在软弱土层中和软硬土层交界处以及扩大头与桩身连接处宜适当放慢。

（4）打桩顺序：1）打桩顺序的安排应有利于保护已打的桩不被压坏或不产生较大的桩位偏差。2）一般采取横移退打的方式自中间向两端对称进行或自一侧向单一方向进行；当一侧毗邻建筑物时，应由毗邻建筑物向另一方向打；对密集型桩宜采用隔排或隔桩跳打法，在实施跳打法的过程中，应注意避免在移机时对已打桩的碾压，跳打间隔时间应该根据孔隙水压力观测结果和桩身强度确定；对于难以成孔的坚硬地层可采取钻孔取土法施工，以减少地基挤土效应和减少施工难度。3）根据持力层埋深情况，按先深后浅的顺序进行，必要时可按埋深分区施工。4）根据桩径和桩长，按先大后小、先长后短的顺序进行。

（5）桩管入土深度的控制：一般以试成桩时相应的锤重与落距所确定的贯入度为主，

以设计持力层标高相对照为辅。

（6）挤土效应：大片密集型夯扩桩基施工的挤土效应不容忽视，对此应制定相应减少挤土效应的措施。

9.5　施工记录

（1）桩位测量放线定位图；

（2）施工组织、施工进度、施工情况说明、施工的详细记录和汇总表；

（3）施工材料的合格证及检测报告；

（4）混凝土试块抗压强度报告和汇总表；

（5）隐蔽工程验收记录、会签；

（6）设计变更通知单、事故处理记录及有关文件；

（7）有关桩质量检测资料，如单桩的静力荷载试验报告、桩动力测试报告等；

（8）桩基竣工平面图（应附上桩位平面偏差、桩顶水准高差等）；

（9）竣工报告，包括工程概况、工程地质资料、桩设计技术要求、施工技术措施、施工概况、事故处理、质量检测和评价等方面的资料。

9.6　质量控制

9.6.1　质量控制标准

（1）主要控制项目见表 9-5 所列。

锤击沉管夯扩桩质量检验标准主控项目　　　　　　　　　表 9-5

序　号	检查项目	允许偏差或允许值	检查方法
1	桩位	见表 9-8	开挖后量桩中心
2	孔深	+300mm	只深不浅，用重锤测量或测套管长度
3	桩体质量	满足设计要求	按基桩检测技术规范
4	混凝土强度	满足设计要求	试件报告或钻芯取样送检
5	承载力	满足设计要求	按桩基检测技术规范

（2）一般项目见表 9-6 所列。

锤击沉管夯扩桩质量检验标准一般项目　　　　　　　　　表 9-6

序　号	检查项目	允许偏差或允许值	检查方法
1	垂直度	见表 9-8	测套管或超声波检测
2	桩径	见表 9-8	超声波检测
3	混凝土坍落度	扩大头部分宜为 20～40mm，桩身部分宜为 160～200mm	坍落度仪
4	钢筋笼安装深度	±100mm	钢尺量
5	混凝土充盈系数	>1	检查每根桩的实际混凝土灌注量
6	桩顶标高	−50～+30	水准仪测，需扣除桩顶浮浆及劣质桩体

（3）质量控制点见表 9-7 所列。

锤击沉管夯扩桩施工质量控制点　　　　　　　表 9-7

序　号	质量控制点内容	序　号	质量控制点内容
1	测量定位放线复测（坐标、标高）	4	混凝土强度检验
2	钢筋工程隐蔽验收	5	桩位轴线偏差、桩顶标高检查
3	扩大头施工质量	6	桩基质量和测试检验

（4）控制好桩尖埋设、桩机就位的准确性，复打时尤其应注意与第一次施打位置的重合，调整好桩架及桩管的垂直度，确保桩位偏差满足要求。桩位、桩径、垂直度允许偏差见表 9-8 所列。

沉管灌注桩桩位、桩径、垂直度允许偏差表　　　　　　　表 9-8

序号	桩径 D （mm）	桩径允许偏差 （mm）	垂直度允许偏差（%）	桩位允许偏差（mm）	
				1～3 根、单排桩垂直于中心线方向和群桩基础的边桩	条形基础沿中心线方向和群桩基础的中间桩
1	≤500	−20	<1	70	150
2	>500	−20	<1	100	150

注：采用复打、反插法施工的桩，其桩径允许偏差不受上表限制。

9.6.2　夯扩桩施工的质量控制

1. 打桩顺序的质量控制

必须按照事先设计的打桩顺序进行打桩。当采用跳打时，中间空出的桩应待相邻桩混凝土强度达到设计强度的 50% 以上方可施打。

2. 施工机械的质量控制

施工机械、桩架整体刚度、拔管力等均应满足夯扩桩施工要求，检查内夯管、外夯管是否一样长，且满足设计桩长的施工要求。外管外径应是设计桩身直径，外管上端应采用 130mm 高的加颈圈，止淤封底干硬性混凝土用量应量足、充裕。

3. 复查桩位的平面偏差并予以纠正

桩机就位必须保持平整、稳定，确保施工中不发生倾斜与移位，桩管与地面垂直，允许偏差在 1% 以内。

4. 止淤封底质量的控制

锤击双管沉管至设计深度后，抽出内夯管并检查内夯管下端是否干燥，外管内是否进水或回淤。如止淤封底失败，则必须采用有效措施。

5. 沉管深度的控制

当桩端持力层埋深比较均匀时，可采用双管进入持力层某一深度来控制沉管深度，另一种是以双管进入持力层一定深度后，按柴油锤最后十击的贯入度标准来控制沉管的深度。

6. 灌注混凝土质量的控制

检查混凝土的原材料：水泥强度等级与时效、砂的含泥量、碎石的强度与颗粒大小级配等是否合格。再检查混凝土的配合比、水灰比、坍落度、稠度是否符合设计要求，是否按有关规定做混凝土试压块。

7. 夯扩工序的质量控制

施工中夯扩工序是否按设计夯扩参数严格执行，夯扩参数 H、h、c 的施工误差是否控制在 ±0.1 以内。现场的施工质量是否有专人负责检查和记录。

8. 钢筋笼制作的质量控制

一是检查钢筋的材料型号、直径是否符合设计要求，应有检测合格证；二是检查钢筋笼制作的焊接和尺寸是否符合设计要求，各项误差是否在规定范围之内。

9. 安放钢筋笼的质量控制

当完成夯扩工序后，抽出内夯管，即可将钢筋笼缓慢下放进入外管内至夯扩头底部。应复核钢筋笼是否下到位、平面位置是否符合要求。钢筋笼安放到位后，应将钢筋笼固定牢固，以免灌注桩身混凝土时发生上浮。

10. 灌注桩身混凝土量的质量控制

检查桩身混凝土是否按需用量灌足，满足桩身混凝土充盈系数的要求。打桩锤下面的内夯管面是否压在桩身混凝土的顶面上，边加压、边拔管，并控制好拔管速度。灌注扩大头混凝土时，应计算好每次灌入量，确保扩大头尺寸满足设计要求。

9.7　成品保护

（1）刚浇筑完成的混凝土桩，不得在其上碾压。

（2）桩头外露的钢筋不得随意碰撞或弯折。

9.8　安全与环保措施

9.8.1　施工安全

（1）机械设备进场后，应由项目部组织联合监理进行验收，验收合格后方可由具有操作合格证的操作人员上岗操作。

（2）对现场施工安全机械性能风险评估并采用相应的防范措施，见表 9-9 所列。

施工过程危害辨识评价及控制措施　　　　　　　　　　表 9-9

序号	主要来源	危害	风险评价	控制措施
1	桩机起重系统	物体打击	大	（1）经常检查卷扬机、滑轮、钢丝绳及紧固件等，发现问题及时解决，禁止带病作业。 （2）施工时非操作人员应站在安全范围内，操作人员要戴好安全防护用品
2	电缆、电气设备	触电伤人	大	（1）电气设备和配电箱应有良好的接地。 （2）采用三相五线制，安装漏电保护器，实行"一机一闸一漏电保护"。 （3）电气线应保持完好，有破损处应及时处理，电缆接头应做好绝缘保护，并经常检查。拖地电缆应架空 30cm 以上。 （4）电气作业必须由合格的专业电工操作
3	施工场地	设备倾斜	大	施工场地必须平整、稳固，能够满足设备的行走和打桩要求；确保在施工中不发生倾斜、位移

（3）现场施工机械的操作应符合现行行业标准《建筑机械使用安全技术规程》JGJ33—2012 的规定。

（4）现场施工用电应按现行行业标准《施工现场临时用电安全技术规范》JGJ46 的有关规定执行。

（5）施工过程的安全检查应符合现行行业标准《建筑施工安全检查标准》JGJ59—

2011 的有关规定。

9.8.2 环保措施

（1）对现场施工环境风险评估并采用相应的防范措施，见表 9-10 所列。

环境因素危害辨识评价及控制措施 表 9-10

序号	主要来源	危　害	风险评价	控制措施
1	混凝土搅拌	粉尘污染	一般	（1）操作人员应佩戴防护眼镜及口罩。 （2）散装水泥罐出料口应采取围护措施
2	钢筋笼制作	电焊辐射	一般	操作人员戴好防护用品
3	打桩	噪声	大	尽量安排在白天施工

（2）施工现场环境应符合现行行业标准《建设工程施工现场环境与卫生标准》JGJ146—2013 的有关规定。

第 10 章　拧入式混凝土（钢管混凝土）灌注桩施工工艺

10.1　工艺原理及适用范围

拧入式混凝土灌注桩根据其钻头、钻杆形式的不同一般可划分为：螺旋钻头旋转挤压式灌注桩、旋转挤压钢管灌注桩等类型。

10.1.1　工艺原理

1. 螺旋钻头旋转挤压式灌注桩

螺旋钻头旋转挤压式灌注桩的成孔工艺类似于用拧锥螺栓钉的方式。其成桩原理是将下端设置有钢筋混凝土或铸铁或钢板焊接制成的螺旋形钻头式桩尖的套管（钻头如图 10-1 所示），用液压马达的动力将其拧入土中；在套管旋转过程中，在套管顶部施加轴向压力；这样一边将与桩身体积相等的周围土体挤向侧面，一边旋转压入土中。当桩端拧至设计标高后，在套管内安装钢筋笼，灌注混凝土；当混凝土灌注至设计标高，反向旋转套管，将桩尖留在桩端处，然后边拔套管边振动（或反插），以捣实混凝土。

2. 旋转挤压钢管灌注桩

旋转挤压钢管混凝土灌注桩基本原理是将螺旋形钻头式桩尖与钢管焊接在一起，然后将其旋转压入到地基土中直至设计深度，在钢管中灌注混凝土（或在钢管内安放钢筋笼灌注混凝土），钢管和桩尖都留在原处不拔出。当施工高度受到限制时，可将桩机的导向架部分，用 2～4m 的短钢管不断地焊接接长钢管。

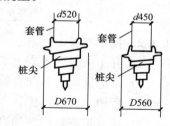

图 10-1　螺旋形钻头桩尖示意图

10.1.2　适用范围

适用于淤泥质土、可塑～硬塑状态的黏性土、粉土及稍密～密实的细、中、粗砂、小砾石质砂（标准贯入击数 N 值为 50 左右）。对于含砾石或卵石较多的砂层，可先用螺旋钻预钻孔、取出砾石或卵石，然后再成孔。

钻头椎体的直径一般为钻杆直径的 1.0～2.0 倍之间，当钻头直径与桩身直径之比 $D/d=1.0$ 时，形成的桩为等直径的圆柱体旋转挤压灌注桩；当 $1.0<D/d<2.0$ 时，形成的桩为变截面的异型桩。

10.2　工艺特点

10.2.1　优点

此施工工艺优点是：（1）施工低振动、低噪声，不排出土砂，不使用泥浆护壁，为环保型无公害施工工法；（2）在钻进过程中，螺旋形钻头式桩尖挤密桩周土，具有挤密加固效果。桩端处无虚土，且在桩端处形成扩大头；（3）可在距已有建（构）筑物很近的距离内施工；（4）因在钻头式桩靴及钻管的连接处设有1条防水密封带，地下水不会渗入管中，因此可在干燥状态下灌注成高质量的钢筋混凝土灌注桩；（5）施工效率高，工程费用低；（6）桩机上配有压力表，在钻进过程中可判断地基承载力，施工管理直观、方便；（7）可施工成一定斜度的斜桩。

10.2.2　缺点

此施工工艺缺点是：（1）由于受桩机动力功效的约束，成桩直径和桩长受限，不能施工较大直径和较长的桩基；（2）在厚卵石、砾石层中难以施工。

10.3　施工准备

10.3.1　人员准备

现场除有足够的管理人员外，所需的主要施工作业人员见表10-1所列。

表 10-1

主要施工作业人员表

序号	名　称	备　注	序号	名　称	备　注
1	机械操作工	经过培训合格	6	测量工	必须接受安全技术交底
2	起重工	必须持有特种作业操作证	7	钢筋工	经过培训合格
3	电工	必须持有特种作业操作证	8	试验工	应持有试验工程师证
4	电焊工	必须持有特种作业操作证	9	杂工	必须接受安全技术交底
5	修理工	必须接受安全技术交底			

10.3.2　技术准备

（1）开工前应熟悉岩土工程勘察报告、桩基工程施工图设计文件及图纸会审资料。

（2）掌握桩机及其配套设备的技术性能资料。根据工程特点编写专项施工方案，制定完善的工程质量管理措施。

（3）应制定有针对性的事故应急预案，完善各种预防措施。

（4）施工前必须对作业人员做好方案交底和安全技术交底工作。

（5）根据施工方案的要求，合理配备人员，建立健全工程管理人员质量责任制。

（6）根据试桩确定正式施工的各项技术参数。

10.3.3　材料准备

拧入式灌注桩施工所需的主要材料为钢筋、混凝土、钻头及桩管等。

（1）钢材及混凝土原材料应有出厂质量证明书或试验报告单，进场时应分批检验，并按现行国家有关标准的规定抽取试样进行复验，合格后方可使用。

（2）混凝土的质量和技术性能应符合现行国家标准的规定和设计要求，并应符合下列规定：

1）混凝土的粗骨料宜选用不大于20mm的碎石或级配良好的卵石，且最大粒径不得大于钢筋笼主筋最小净距的1/3。

2）混凝土外加剂应有产品质量说明书和产品合格证，外加剂的质量和性能应符合现行国家标准的规定。

（3）钻头式桩头及桩管

根据设计需要选择合适的钻头式桩尖与桩管的尺寸，钻头式桩尖与桩管直径之间的关系见表 10-2 所列。

钻头式桩尖与桩管直径的关系　　　　　　　表 10-2

序号	旋转挤压式灌注桩		旋转挤压钢管灌注桩	
	桩管直径（mm）	钻头式桩尖直径（mm）	桩管直径（mm）	钻头式桩尖直径（mm）
1	380	450	324	450
2	450	560	355	560
3	520	670	457	670

10.3.4　设备准备

1. 主要施工所需设备

拧入式混凝土灌注桩施工所需要的主要设备见表 10-3 所列。

主要投入的机械设备表　　　　　　　表 10-3

序　号	名　称	备　注
1	履带式、步履式打桩机	预制配套的主机、套管台架、动力、作业用辅助卷扬机
2	混凝土搅拌机	混凝土搅拌
3	机动翻斗车	混凝土转运
4	料斗	混凝土灌注
5	钢筋弯曲机	
6	钢筋切断机	钢筋笼的加工制作
7	钢筋调直机	
8	电焊机	钢筋焊接
9	发电机	现场无电源或电量不够时使用

2. 设备要求

（1）根据桩基设计图中的桩径、桩深，岩土工程勘察报告中的地层情况选用合适型号的桩机及配套设备。

（2）根据螺杆桩机说明书进行运输、安装、启动、工作、拆卸和存放，并定时进行必要的检查、维修和保养。

（3）根据桩基施工过程质量控制的要求配备相应的检查工具。

（4）采用的设备设施应具有出厂合格证，其性能指标应符合现行国家相关标准的规定。

（5）用于施工质量检验的仪表、器具的技术性能指标，应符合现行国家相关标准的规定。

10.3.5　作业条件准备

（1）施工场地应进行平整处理，地面坡度宜小于 3‰，地面承载力应满足施工桩机接地压力要求，天然地基承载力应不小于 150kPa，不满足要求时应采取相应的技术措施，保证施工钻机能够安全作业。

（2）桩基施工区域内，不应有妨碍施工的地下障碍物及地下管线，当无法避免时应有符合安全规范的措施。

（3）桩机作业区内不得有高压线路，施工场地内应有完善的排水设施。

（4）施工作业区设置明显的施工标志或围栏，并严禁与施工无关人员进入。

（5）施工桩基轴线的控制点和水准点应设在不受施工影响的地方。开工前，经复核后应妥善保护，施工中应进行复测。

10.4 施工工艺

10.4.1 工艺流程

拧入式混凝土（钢管混凝土）灌注桩施工工艺流程如图 10-2 所示。

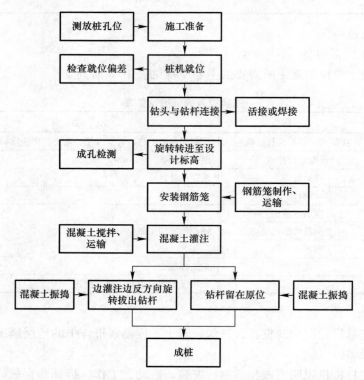

图 10-2　拧入式混凝土（钢管混凝土）灌注桩施工工艺流程图

10.4.2 操作要点

1. 桩机就位

（1）桩机就位后，必须平整、稳固，确保在成桩过程中不发生倾斜和偏移，钻机上应设置控制深度和垂直度的仪表或标尺，并应在施工中做观测记录。

（2）施工中应考虑成桩挤土效应对邻近建筑物、道路和地下管线所产生的不利影响，必要时应采取减孔压和挤土负效应的技术措施。

（3）钻机就位后，测量定位桩位中线点位置。

2. 钻头与钻杆连接

（1）将套管对准预先埋设在桩位上的螺旋形钻头式桩尖的凹凸部分，使在该部分两者互相咬合住，并在该处设一条合成树脂密封圈。

（2）当使用钢管钻杆，钢管钻杆不拔出时，则应将钢管钻杆与钻头进行焊接，焊接质量能够承受在旋转钻机过程中所产生的最大扭矩。

3. 旋转挤压钻进

（1）在钻机开孔时下钻速度应缓慢，钻进过程中，钻头应采用正向旋转，在钻机施加扭矩的同时施加竖向压力，在钻头到达设计桩端标高前，钻具不得反向旋转或提升。

（2）边旋转钻杆台架，边在 1.5m 冲程范围内上下升降压入钻杆（图 10-3a），达到设计持力层。

4. 钢筋笼安装及混凝土灌注成桩

（1）钢筋笼的安装

达到持力层后，确认钻杆（套管）内无水，借助钻机的桅杆式绞车将钢筋笼安放在钻杆内，在钻杆顶部安装料斗，将商品混凝土灌注到钻杆内（图 10-3b）。

（2）混凝土的灌注

1）必须通过试验确定混凝土的配合比。混凝土坍落度宜为 180～220mm，水泥宜采用硅酸盐水泥或普通硅酸盐水泥；细骨料宜采用中粗砂；粗骨料可采用卵石或碎石，最大粒径不宜大于 20mm，且不得大于钢筋笼主筋最小净距的 1/3；可掺加粉煤灰和外加剂。在桩基混凝土灌注过程中，应按要求制作混凝土试件，进行同条件及标准养护。

2）混凝土灌注完成后，将钻杆上提 17cm 左右使桩尖与钻杆间交合脱扣，然后反向旋转，边上提钻杆，边采用附着式振动器振捣钻杆，使混凝土振动密实（图 10-3c）。若钻杆采用钢管与钻头焊接固定，钢管钻杆作为钢筋混凝土灌注桩的一部分，则在混凝土灌注至桩顶标高后，在钢管顶部安放附着式振动器，使混凝土振捣密实。

3）混凝土的灌注充盈系数不得小于 1.0，桩顶混凝土超灌高度不宜小于 300mm。

4）成桩（图 10-3d）。钻头式桩尖（钢管及钻桩头）留在桩端（孔内），形成扩大头。

5）成孔、成桩的允许偏差应满足表 10-4 的要求。

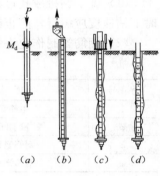

图 10-3　旋转挤压式灌注桩施工工艺流程示意图

成桩施工允许偏差　　　　　　　　　　　　　　表 10-4

成桩直径（mm）	桩径允许偏差（mm）	垂直度允许偏差（%）	桩位允许偏差（mm）	
			1～3 根桩、条形桩基沿垂直轴线方向和群桩基础中的边桩	条形桩基沿轴线方向和群桩基础的中间桩
$d \leqslant 700$	$-20 \sim +50$	1	$d/6$ 且不大于 100	$d/4$ 且不大于 150

注：1. 桩径允许偏差的负值是指个别断面。
　　2. d 为设计桩径。

10.5　施工记录

（1）工程地质勘察报告，桩施工图，设计变更、洽商记录；

（2）工程定位测量放线记录，包括工程桩位线复核签证单；

（3）原材料的质量合格和质量鉴定书；

（4）桩施工记录及隐蔽工程验收文件；

（5）成桩质量检查报告；

（6）桩位偏差表及桩位竣工图；

（7）其他必须提供的文件和记录。

10.6 质量控制

10.6.1 施工前质量控制

（1）开钻之前应对桩位进行严格检验。

（2）混凝土拌制应对原材料质量与计量、混凝土配合比、坍落度、混凝土强度等级等进行检查。

（3）钢筋笼制作前应对钢筋规格、焊条规格、品种、焊口规格、焊缝外观和接头质量等进行检验。

10.6.2 施工过程中质量控制

（1）施工钻机成孔过程中，对已成孔的中心位置和孔深、垂直度进行检验。钻机开孔时下钻速度应缓慢，防止钻具倾斜、位移造成桩位偏移。

（2）钢筋笼制作允许偏差见表10-5所列。

钢筋笼制作允许偏差 表10-5

序 号	项 目	允许偏差（mm）	检查方法
1	主筋间距	±10	钢尺测量
2	箍筋间距	±20	钢尺测量
3	钢筋笼直径	±10	钢尺测量
4	钢筋笼长度	±100	钢尺测量

（3）对钢筋笼安放的实际位置进行检查，并填写检查记录。

（4）对地面土体和已施工的邻近桩位进行观察，若发现异常，应采取跳打、调整施工顺序及排水减压、控制成桩速率等技术措施。

10.7 成品保护

（1）刚浇筑完成的混凝土桩，不得在其上碾压。

（2）桩头外露的钢筋不得随意碰撞或弯折。

10.8 安全与环保措施

10.8.1 施工安全

（1）施工现场场地必须稳固，能够满足钻机的行走和施工的要求，而不发生钻机的倾斜与沉降偏位。

（2）遇特殊天气时，施工现场应停止作业，并把桩机的重心面调至对风的方向，锁固制动器的锁定装置。

（3）桩机施工中平地行走距离不超过 100m 时，可不放下桅杆；上下坡时桅杆必须放平，回转台应有效制动。

（4）桩机或其配合作业的相关机具在工作时，必须有专人指挥，任何人员不得在工作回转半径范围内停留或通过。

（5）作业人员在导管对接时必须戴防割手套，且手套大小应合适，并应严格注意安装时手的位置，防止手被导管夹伤。

（6）现场施工机械的操作应符合现行行业标准《建筑机械使用安全技术规程》JGJ33—2012 的规定。

（7）现场施工用电应按现行行业标准《施工现场临时用电安全技术规范》JGJ46 的有关规定执行。

（8）施工过程的安全检查应符合现行行业标准《建筑施工安全检查标准》JGJ59—2011 的有关规定。

10.8.2 环保措施

（1）对现场施工环境风险评估并采用相应的防范措施，见表 10-6 所列。

环境因素危害辨识评价及控制措施

表 10-6

序　号	主要来源	危　害	风险评价	控制措施
1	混凝土搅拌	粉尘污染	一般	（1）操作人员应佩戴防护眼镜及口罩。 （2）散装水泥罐出料口应采取围护措施
2	混凝土灌注	散落污染	一般	对在混凝土运输与浇筑过程中散落混凝土要及时清理，不得污染路面
3	钢筋笼制作	电焊辐射	一般	操作人员戴好防护用品

（2）施工现场环境应符合现行行业标准《建设工程施工现场环境与卫生标准》JGJ146—2013 的有关规定。

第11章 （大直径）沉管灌注桩施工工艺

11.1 工艺原理及适用范围

11.1.1 工艺原理

（大直径）沉管灌注桩是将底部套有预制钢筋混凝土的桩尖、锥形钢桩尖或装有活瓣桩尖的钢套管，用锤击或振动方法下沉至要求的入土深度，随之在钢套管内安放钢筋笼，再边灌注混凝土边振动锤振动钢套管并将其拔出孔外而形成的钢筋混凝土灌注桩。（大直径）沉管灌注桩的施工工序示意图如图11-1所示。

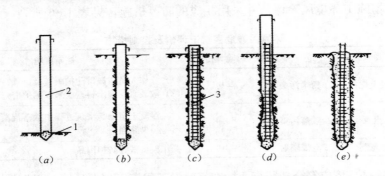

图 11-1 （大直径）沉管灌注桩施工工序示意图
(a) 沉管；(b) 安放钢筋笼；(c) 边灌注混凝土，边拔钢套管；(d) 成桩；(e) 放置桩尖，钢套管与桩尖连接
1—桩尖；2—钢套管；3—钢筋笼

根据沉管所使用的机械和方法的不同，可将其大致分为锤击沉管灌注桩、振动沉管灌注桩和夯压成型沉管灌注桩三种类型。振动沉管灌注桩按使用的桩锤不同又可分为振动桩锤沉管和振动冲击桩锤沉管灌注桩。夯压成型沉管灌注桩又称内击式沉管灌注桩，可分为法兰基桩、无桩靴夯扩桩、外振内击沉管灌注桩。

11.1.2 适用范围

锤击沉管灌注桩（指 $d < 480mm$）可穿越一般黏性土、粉土、淤泥质土、淤泥、松散~中密的砂土及人工填土等土层，不宜用于标准贯入击数 $N > 12$ 的砂土、$N > 15$ 的黏性土以及碎石土。在厚度较大、含水量和灵敏度高的淤泥等软土层中使用时，必须制定防止缩径、断桩、充盈系数过大等保证质量措施，并经工艺试验成功后方可实施。在高流塑、厚度大的淤泥中不宜采用 $d < 340mm$ 的沉管灌注桩。大直径锤击沉管灌注桩（$d > 600mm$）应在使用过程中积累经验，振动或振动冲击沉管灌注桩的适用范围与锤击沉管灌注桩基本相同，但其贯穿砂土层的能力较强，还适用于稍密碎石土层；振动冲击沉管灌注桩也可用于中密碎石土层和强风化岩层，在饱和淤泥等软弱土层中使用时，必须制定防止缩颈、断桩、过早提升机开瓣时掉土等保证质量措施，并经工艺试验成功后方可实施。桩径一般为直径 300～700mm，桩长可达 15～35m。

当地基中存在承压水层时，沉管灌注桩应谨慎使用。

11.2　工艺特点

11.2.1　优点

此施工工艺优点是：（1）桩身和桩端质量保证率高：由于在施工中采取有效的技术措施（孔底不进水，不进泥，干作业方式灌注混凝土以及用振动锤强力振动拔管等），可避免小直径沉管桩常产生的诸如断桩、缩颈、离析、夹泥及吊脚等质量通病，桩身混凝土的密实性和均匀性能得到保证；（2）单桩承载力高：大直径锤击沉管桩的承载机理与其他打入式挤土桩基本相同，但其较后者能贯入工程性质更良好的坚硬土层，甚至可以贯入强风化岩；桩端土层经能量较大的柴油锤的锤击后，其变形模量得到很大提高（可高达10MPa），故能获得高承载力；（3）布桩容易，桩距合理；（4）造价经济合理：在相同的承载力设计情况下，锤击沉管灌注桩可比钻孔灌注桩降低成本；（5）桩身材料强度利用率高；（6）施工速度快；（7）不用泥浆，不排泥浆，施工场地文明清洁。

11.2.2　缺点

此施工工艺缺点是：（1）整个桩机系统结构庞大，操作技术复杂，对施工和监理人员的素质要求较高；（2）采用柴油锤施工噪声大，振动剧烈，在城市人口密集地区施工会受到一定限制；（3）遇厚砂层沉桩困难，需采取预钻孔措施；（4）该桩型挤土量大，施工中需考虑挤土效应并需采取减少挤土效应的措施。

11.3　施工准备

11.3.1　人员准备

（1）主要作业人员：钻机操作工、钢筋工、混凝土工、焊工、测量工、技术员、电工。

（2）钻机操作工和电工应持证上岗，其余工种接受安全和技术培训，并进行施工技术交底。

11.3.2　技术准备

（1）对桩基施工图进行图纸会审，熟悉并掌握岩土工程勘察报告。

（2）对水泥、砂、碎石、钢筋等原材料及其制品进行送检，并进行混凝土配合比试验。

（3）根据现场地质条件、施工环境、设计图纸编制实施性施工组织设计方案及其特殊工程条件处理方案。

（4）进行试桩，根据施工情况重新调试各项施工技术参数。

11.3.3　材料准备

（1）水泥：用普通硅酸盐水泥或矿渣硅酸盐水泥。

（2）砂：中砂或粗砂，含泥量不大于 5%。

（3）石子：石子粒径均不宜大于 25mm，并不宜大于钢筋最小净距的 1/3。

（4）水：用自来水或不含有害物质的洁净水。

（5）钢筋：品种和规格按设计要求采用，有出厂合格证及复检报告。

11.3.4 设备准备

（1）沉管灌注桩的施工机具包括打桩机（打桩架）、桩锤、卷扬机、加压装置等，另需准备好桩管、桩尖或预制钢筋混凝土桩靴等。打桩机（打桩架）可采用专业打桩机或简易打桩机。锤击桩锤可采用蒸汽锤、柴油锤、振动锤等。振动沉桩设备有 DZ60 或 DZ90 型振动锤，ZJB25 型步履式桩架、卷扬机、加压装置、桩管、桩尖或钢筋混凝土预制桩革化等。

桩管可采用工厂焊接的直缝焊接钢管，焊接管的焊接必须采用对接，焊缝强度应达到母材等强度的要求。

桩尖有预制钢筋混凝土桩尖和活瓣式桩尖两种。预制钢筋混凝土桩尖穿透土层能力强，桩管内不易渗入水和泥浆，但每根桩需耗用一个预制钢筋混凝土桩尖。活瓣式桩尖制作必须坚固、耐用，接缝要严密，否则易渗入水和泥浆。预制钢筋混凝土桩尖的混凝土抗压强度，一般不宜低于 30MPa，钢筋为 I 级钢。桩尖外径应比设计桩径大 20mm，长为 500～800mm，锥形角度可根据土的软硬情况选用 45°～60°。用于坚硬土层中施工的桩尖，应用环形钢板予以加强（图 11-2、图 11-3）。

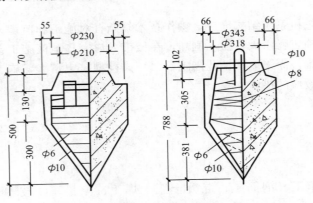

图 11-2 预制钢筋混凝土桩尖构造示意图

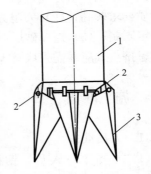

图 11-3 活瓣式桩尖构造示意图
1—桩管；2—销轴；3—活瓣

（2）配套机具设备：有下料斗、机动翻斗车、强制式混凝土搅拌机、钢筋加工机械、交流电焊机、氧割装置、装载机等。

11.3.5 作业条件准备

（1）根据现场的地质资料及设计施工图纸，编制切实可行的施工组织设计。

（2）施工场地范围内的地面、地下障碍物均已排除或处理。场地已完成"三通一平"工作，对影响施工机械运行的松软场地已进行适当处理（如铺设矿渣），并有排水措施。

（3）现场已设置测量基准线、水准基点，并妥善加以保护，施工前已按施工图纸放出轴线、定位点，并已复核桩位。

（4）在复杂土层施工时，应事先进行成孔试验，数量一般不小于 2 个。

（5）施工前对施工人员进行安全培训及技术交底。

11.4 施工工艺

11.4.1 工艺流程

（大直径）沉管灌注桩施工工艺流程如图 11-4 所示。

11.4.2 操作要点

1. 锤击沉管灌注桩

（1）桩机就位

将预制钢筋混凝土桩尖对准桩位中心，将桩管安装在桩尖之上（或将桩管安装在带活瓣式桩尖上，并对准桩位中心，将活瓣式桩尖闭合），使桩机平稳，桩管竖直，随后将桩尖压入土中，要求地面大致平整，纵横坡度不宜大于 5%。在浅水中施工时，应采用筑岛法，使岛面高出水面 300mm，以便桩机在岛上就位。

（2）灌注隔水混凝土

为避免水从桩尖进入桩管，当桩尖就位入土后，先灌注 0.1m³ 混凝土（水灰比 0.3 左右），利用混凝土重力顶住水和泥浆的渗入。为防止先灌的混凝土在管内凝固，必须在其初凝前，将桩管沉入到设计标高，必要时可在先灌的混凝土内掺入缓凝剂。

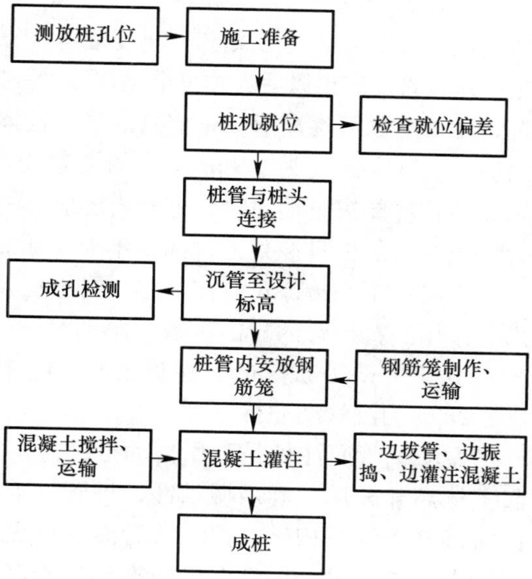

（3）下沉桩管

图 11-4 （大直径）沉管灌注桩施工
工艺流程图

开动沉桩锤，将桩管下沉。下沉速度应根据土质及试桩的技术参数而定。一般砂类土每分钟下沉 2～3m，黏性土 1～2m，砂砾石或砾石土 1.0m 左右。当桩管下沉时，应保持位置正确，如有偏移或倾斜应立即纠正；若桩管下沉遇到障碍或发生回弹时，应立即停锤，查明情况并采取相应措施后方可继续施工。

在沉管过程中，应防止由于桩管入土时产生的挤土作业而引起的土体隆起和水平位移。合理安排群桩的沉桩顺序，如自中间向两侧或从中间向四周对称施工及由建筑物一侧向另一侧施工。当桩的中心距小于桩管外径的 3.5 倍时，桩管的施打必须在邻桩的混凝土初凝以前完成。否则，应实行跳打，其间空出的桩，需待混凝土强度达到设计强度的 50% 以上方可施工。

（4）钢筋笼安装及灌注混凝土

在桩管沉入设计标高后，灌注混凝土之前，必须检查桩管内有无吞桩尖、进泥或进水等；如存在问题，桩管底部验收不合格，则应采取相应措施进行处理。当桩管内安装钢筋笼时，第一次混凝土应先灌至钢筋笼底标高，然后安放钢筋笼，再灌注第二次混凝土。当用长的桩管打设较短的桩时，混凝土量可一次灌足。打长桩时，灌入桩管内的混凝土应尽量灌满。第一次拔管高度应控制在能容纳第二次所需灌入的混凝土量为限，不宜拔得过

83

高，应保证桩管内有不少于 2.0m 高的混凝土。在拔管过程中应设有专人测量管内混凝土的下降情况。

混凝土的强度等级必须按设计要求进行混凝土配合比设计，混凝土坍落度宜控制在 120～180mm。将拌合好的混凝土装入料斗中，吊至桩管进料口，缓慢灌入桩管内。混凝土的灌入方量不得小于桩管体积的 1.1 倍。

（5）拔管成桩

应在管中混凝土已灌注 3.0m 以上后，方可开始拔管。在测得桩尖活瓣确已张开，混凝土已从桩管中流出以后，才可继续拔桩管。拔管时应边锤击边灌注，并将桩管反复提升、下沉，使由上到下逐渐形成密实的混凝土桩体，桩管亦逐渐拔出地面。在拔管过程中，桩管内应至少保存高度为 2.0m 压头的混凝土，对于易坍塌的土层，压头混凝土还应适当提高。桩管将要拔出地面时，桩管内还应有一定数量的混凝土，以保证桩顶混凝土质量。

成桩后的桩身混凝土顶标高不应低于设计顶标高的 0.5m。拔管速度应均匀平衡，对一般土层以 1.0m/min 为宜，在软弱土层及软硬土层交界处应控制在 0.3～0.8m/min 以内。采用倒打拔管的打击次数，单动汽锤不得少于 70 次/min；自由落锤轻击（小落距锤击）不得少于 50 次/min。在管底未拔到桩顶设计标高之前，倒打或轻击不得中断。

2. 振动沉管灌注桩

振动沉管灌注桩是利用振动桩锤产生的垂直定向振动，激发土壤发生共振，从而引起土体局部破坏，利用振动锤、桩管自重，使桩管沉入土中，然后灌注混凝土而成。与锤击沉管灌注桩相比，振动沉管灌注桩更适合于在稍密及中密的碎石土层中施工。振动沉管灌注桩又可分振动沉管与振动冲击沉管两种施工工艺，它们的不同之处在于前者用振动桩锤沉桩，后者用振动冲击桩锤沉桩。振动沉管灌注桩可分为单振法、复振法和反插法三种：

（1）单振法：在桩管灌满混凝土以后，开动振动锤，先振动 5～10s 后再开始拔管，边振动边拔桩管。在拔管过程中，每拔起 0.5m 左右，停拔 5～10s，但要保持振动，如此反复直至将桩管拔离地面为止。在一般土层内，拔管速度宜为 1.2～1.5m/min。用活瓣式桩尖时宜慢，用预制桩尖时可适当加快；在软弱土层中，宜控制在 0.6～0.8m/min。必须严格控制最后 30s 振动时的电流、电压，其值应按设计要求或根据试桩和当地经验确定。

单桩法施工速度快，混凝土用量较小，适用于含水率较小的土层。

（2）复振法：单振法施工完成后，再把活瓣式桩尖闭合起来，在原桩孔位置上第二次沉下桩管，将未凝固的混凝土向四周挤压，然后进行第二次灌注混凝土和振动拔管。此法将使桩径增加，可在单振法不能满足桩承载力要求时采用。

（3）反插法：拔管时，桩管每拔出 0.5～1.0m，便向下反插约 0.3～0.5m，如此反复进行，并始终保持振动，直至桩管全部拔出地面，或高出地下水位 1.0～1.5m 以上，拔管速度不得大于 0.5m/min。在桩尖处约 1.5m 范围内应多次反插，以扩大桩的端部断面。反插法能使桩的截面增大，从而提高桩的承载力，宜在饱和土层中采用。

穿过淤泥夹层时，应当放慢拔管速度，并减少拔管高度和反插深度，在流动性淤泥中不宜使用反插法。

3. 夯压成型沉管灌注桩

夯压成型沉管灌注桩可分为福兰克桩、无桩靴夯扩桩、外振内击沉管灌注桩。

（1）福兰克桩

施工时，用卷扬机提升圆柱型钢质内冲重锤，在管内冲击碎石，带动桩管破土下沉，直至设计要求的贯入度或深度，然后将桩管向上吊起少许，用重锤将桩管内已破碎岩土挤出管外，随即灌注干硬混凝土或其他填充料，夯击成扩大头，再安放钢筋笼，灌注混凝土。边灌注混凝土边拔桩管、成桩。

（2）无桩靴夯扩桩

锤击内夯管及外套管，使其沉入至设计深度，夯扩部分灌入干硬性混凝土，外套管上拔至设计规定高度，锤击内夯管，将管内混凝土挤出管外，抽出芯管，灌注混凝土，边上拔内夯管边加压，直至混凝土灌注至钢筋笼底部，再安放钢筋笼，继续灌注混凝土直至外套管拔出地面成桩。

（3）外振内击沉管灌注桩

外振内击沉管灌注桩是利用振动桩锤和内击桩锤的共同作用进行沉管，达到设计持力层后，再用内击桩锤对桩端进行夯扩处理，然后吊入钢筋笼，灌注混凝土，振拔桩管成桩。该工艺具有穿透力强、施工速度快等优点。外振内击沉管灌注桩施工过程为：测定桩位→埋放预制混凝土桩尖→在桩尖上制作干硬性混凝土垫层（200mm 厚）→桩机定位→外振内击沉管至设计持力层→振动桩锤停振、内击桩锤锤击桩尖至进一步夯实加密桩端土→安放钢筋笼→灌注桩身混凝土→振动拔管成桩。

11.5 施工记录

（1）工程地质勘查报告、桩基施工图、图纸会审纪要、设计变更联系单等；

（2）桩位测量放线图、桩基施工详细记录；

（3）成孔、成桩施工记录；

（4）混凝土配合比及混凝土浇筑记录；

（5）成桩质量检查报告；

（6）各种原材料、混凝土试件的试验报告；

（7）各工序取样见证记录。

11.6 质量控制

11.6.1 施工过程质量控制

（1）混凝土质量检查项目主要包括：原材料（水泥、砂、碎石）、外加剂、配合比、坍落度、保证受力钢筋的混凝土保护层厚度措施、试件留置数量及制作养护方法、混凝土抗压强度试验报告等。

（2）钢筋笼制作的质量检查项目主要包括：钢筋品种及力学性能检验报告、钢筋直径、间距、接头位置及数量、钢筋连接质量等。

（3）施工过程中质量检查项目主要包括：桩的编号位置、最后三阵锤贯入度、桩尖标高、管内是否进水进泥、拔管速度、桩身成型直径等。

（4）沉管灌注桩施工质量控制允许偏差见表 11-1 所列。

沉管灌注桩的允许偏差控制表　　　　　　　　　　　　表 11-1

序号	项目		允许偏差	备注
1	桩径		+50mm，−20mm	其中负值只允许出现在个别断面上
2	垂直度		<1%	
3	桩位		70mm	桩数为 1～3 根、单排桩基沿垂直于中心线方向和群桩基础的边桩
			150mm	条形桩基沿中心线方向和群桩基础的中间桩
4	钢筋笼制作	主筋间距	±10mm	
		钢筋笼长度	±100mm	
		钢筋笼直径	±10mm	
		钢筋间距	±20mm	
		主筋保护层	±10mm	
5	预制桩尖	桩尖高、桩径	±5mm	预制桩尖构件尺寸
		平面平整度	3mm	
		主筋间距	±10mm	预制桩尖配筋

11.6.2　施工中发生的质量问题及处理措施

沉管灌注桩施工中发生的质量问题及处理措施见表 11-2 所列。

沉管灌注桩施工可能发生的质量问题、原因及处理措施　　　　　　表 11-2

序号	问题	可能产生的原因	处理措施
1	断桩	(1) 受邻桩施工或受其他机械运行产生的振动、挤压造成断桩，裂缝为水平或微斜向、一般贯通桩的全截面。 (2) 邻桩施工的挤土，使土体发生水平位移和地面隆起，给桩以向上拉力和水平剪力，尤其是同一承台内布桩较多，桩距较密，其效用更明显。由于表面超固结土层和软弱下卧土层的差异，使地面隆起越大，越是硬的土层，位移量越大；越接近浅层，土越易隆起。所以断桩位置一般在软硬土层交界处，位于地面下 1～3m 左右。 (3) 拔管灌注混凝土时，混凝土的配合比、和易性不适当，提拔管速度过快而产生断桩。 (4) 在含水率很高（$\omega > 60\%$）的淤泥中沉管，由于沉管时和拔管时的振动，使本来强度很低的软土发生蠕动（呈可流动状态，即泥糊状）。这种泥糊状的土层支承不了新灌入的混凝土的自重，混凝土在泥糊里向下和四周扩大，形成互相脱节的间断的灯笼形而不是连续的桩形	(1) 桩的中心距以大于 3.5d（d 为桩的直径）为宜。混凝土终凝不久，应避免振动和外力的干扰。 (2) 正确安排打桩的顺序，同一承台的桩应一次性连续打完，使其在邻桩附近打桩时，应采取跳打或控制作业时间的方法施工，设法避开或减轻对邻桩的影响。 (3) 沉管时，为了减轻地表的振动，为此桩管在入土施打时应轻微加压，减小振动能量以缩小对邻桩的影响。 (4) 桩中设置钢筋笼，不但可以增加桩的水平抗力，而且对防止断桩也是极为有益的。 (5) 原因中 (4) 项所述情况应考虑改换别的施工方法，如打预制桩等
2	缩颈桩	(1) 下管速度过快。 (2) 混凝土中粗集料粒径过大或混入大块石头。 (3) 混凝土灌注时间过快，产生所谓饱管现象。 (4) 管内混凝土存量过小，出管扩散差。 (5) 上下土层条件不同，混凝土的凝固速度不同，导致桩身在上下段临界之间缩颈。 (6) 靠近地面，桩管的摩阻力变小，而混凝土自重压力逐渐变小，混凝土也就越不容易流出管外，这也是桩缩颈常发生在地面以下 1～3m 处的原因之一	土的黏性越大，含水率越高，越容易发生缩颈。最常见的是发生在饱和淤泥或淤泥质土，其防止措施和处理方法是： (1) 施工前认真研究地质资料制定防范措施。 (2) 采用慢锤击，慢拔密振，拔管速度一般控制在每拔出 20～30cm，振动 16～20s；靠近地面处，视土层情况再适当放慢。 (3) 采用复打法可有效地防止缩颈。 (4) 管内混凝土表面必须略高于地面，保持有足够的自重压力，以使混凝土出管扩散正常。 (5) 设专人测定混凝土落下情况，发现缩颈应及时纠正

续表

序号	问题	可能产生的原因	处理措施
3	水泥夹层桩	（1）管内进水或进泥砂，常见于地下水位高、含水率大的淤泥和粉砂土层。 （2）活瓣式桩尖不严密，使沉管内进水、进泥，造成桩端混凝土离析或夹泥。 （3）桩锤或振动锤的能量过小，造成沉桩时间过长以及沉管后停留时间过长，地下渗入管内，使桩端混凝土离析、分散。 （4）活瓣式桩尖缝隙大，预制桩尖与桩管接口处软垫不紧密，或预制桩尖被击碎或沉管时碰上孤石，桩尖转动，泥水进入桩管	（1）施工前检查桩尖活瓣并拢严密情况，防止因不严密而进水、进泥。 （2）沉管后如果管内进水进泥很少，可先倒入一袋水泥吸干水分然后再灌入混凝土。 （3）沉管后如果管内水泥很多，超过规定，则需拔出桩管，灌满砂、石再进行复打。 （4）若地下水位高，桩管沉到地下水位时，可用水泥砂浆灌入管内 0.5m 左右进行封底，并灌入混凝土 1m 左右，然后再进行沉桩。使用预制桩尖时要严格检查桩尖质量，其强度一定要符合规范要求。 （5）拔管时用锤轻击或密振。均匀慢拔，在通过特别软弱土层时，可适当停拔进行密击或密振，但不要停留过久，否则混凝土会塞住桩管不下落。拔管速度不宜超过 0.8m/min
4	吊脚桩	桩底的混凝土悬空或混进泥砂形成软弱底层，其原因为： （1）拔管时活瓣式桩尖没有打开或者没有完全打开，沉管内混凝土不能完全充分流出管外，造成桩端的混凝土悬空。 （2）拔管时混凝土底部有泥砂，形成松散软层。 （3）预制桩尖的混凝土质量差、强度不足，被锤击碎后进入桩管内，初拔管时振动不够，桩尖未压出来，拔至一定高度后，桩尖才落下，但卡在硬土层中，不到底或桩尖被打碎缩入桩管内，泥砂与水挤入管中，没有发觉。灌注混凝土后形成吊脚桩	（1）沉管前检查桩尖活瓣活动是否自如，并检查是否严密。检查预制桩尖的轻度和规格，防止桩尖压入管内。 （2）沉桩管到设计高程后，应用线坠检查桩尖是否缩回管内。若桩尖缩回桩管内，应及时拔出桩管纠正，或在桩孔内回填砂石后重新沉桩管；如混凝土离脚较高才落下，亦应重新拔出后沉管。 （3）采用活瓣式桩尖灌注第一斗混凝土时，提管 0.5m 左右，使活瓣桩尖打开，如提管离脚，混凝土仍不下落时，即应停止提管，多振或密击，使混凝土落下。 （4）在距桩端 2m 左右处提管时应进行反插，每提 0.5m，反插 0.3m，往返多次，消除吊脚桩，以后则可正常拔管
5	混凝土扩散量大	在桩管内灌注的混凝土量比正常情况大得多，达 1～2 倍以上。这种现象的发生，多数是遇到淤泥或淤泥质土，沉桩时受扰动触变性大，破坏了原来的结构，呈液态化，强度很低，经不起混凝土的侧压，而使桩身扩大。此时不但多耗用混凝土，如不注意，还会形成前面所述的不连续灯笼式的桩，造成质量事故	一般在软土地基中，混凝土灌入量比以桩管外径计算的体积增加 20%～30% 是正常的，个别增加 40%～50% 也是允许的，但如果增加更多甚至 1 倍以上，则不但浪费工料和时间，而且质量难于保证。此时宜与设计单位共同研究改用其他形式桩基
6	卡管	此类事故多发生于使用活瓣式桩尖的桩管： （1）下管时穿过较厚的硬夹层。 （2）沉管时间过长，如果超过 40min 就很难拔管。 （3）活瓣链凸出桩管外径过多	（1）发现有卡管现象时，应在夹层处反复抽动 2～3 次，然后拔出桩管、扎好桩尖，再重新打入。 （2）争取时间尽快灌注混凝土后，立即拔管。 （3）施工前，应对活瓣式桩尖做检查，修正凸出部分
7	桩身有隔层	桩身中部悬空或有泥水隔断，以钢筋混凝土桩头多见，其主要原因为：桩管管径小、粗集料过大，混凝土和易性差，拔管速度过快	（1）拔管时应密锤慢拔，拔管速度不大于 1m/min，在淤泥中不大于 0.8m/min。 （2）发现有隔层后，应采取复打法处理
8	桩身混凝土不密实	振动桩锤的工作电压、电流小，激振力不够	控制电压电流，要保证使桩机正常运转的工作电压和使桩锤产生足够激振力的电源。40kW 或 45kW 的振动锤，电流要达到 70～80A 以上

11.7　成品保护

（1）对于中心距小于 3.5 倍桩径的群桩基础，采用沉管法成孔时，应采用间隔施工，以避免影响已灌注混凝土的相邻桩质量。

（2）承台施工时，在凿除高出设计标高的桩顶混凝土时，必须自上而下凿，不能横凿，以免桩受水平力冲击遭到破坏。

（3）施工完毕进行基础开挖时，应制定合理的开挖方案和技术措施，防止桩的位移和倾斜。

（4）桩头外留的全筋应妥善保护，不得任意弯折或压断。

（5）冬期施工在桩顶混凝土未达到设计强度前，应进行保温护盖，防止受冻。

11.8　安全与环保措施

11.8.1　施工安全

（1）危险源分析及控制措施见表 11-3 所列。

施工过程危害及控制措施　　　　　　　　　　　表 11-3

序号	作业活动	危险源	控制措施
1	现场管理	人员伤害	禁止无关人员进入现场，打沉套管应有专人指挥
2	桩机操作	机械损坏	桩机操作人员应了解桩机性能、构造，并熟悉操作保养方法，方能操作
3	桩架装拆	高空坠落	在桩架上装拆维修机件进行高空作业时，必须系安全带
4	桩机行走	触电	桩机行走时，应先清理地面上的障碍物和挪动电缆，挪动电缆应戴绝缘手套，注意防止电缆磨损漏电
5	混凝土搅拌和钢筋笼制作		混凝土搅拌和钢筋笼制作人员做好全面安全防护
6	振动沉管	挤压	振动沉管时，若用收紧钢丝绳加压，应根据桩管沉入度，随时调整离合器，防止抬起桩架，发生事故。锤击沉管时，严禁用手扶正桩尖垫料。不得在桩锤未打到管顶就起锤或过早刹车
7	桩机站立牢固	桩机倾倒	施工过程中如遇大风，应将桩管插入地下嵌固，以确保桩机安全
8	人员均戴安全帽	高空坠物	所有施工人员均戴安全帽，并进行安全教育

注：表中内容仅供参考，现场应根据实际情况重新辨识。

（2）施工安全要求

1）施工现场场地必须稳固，能够满足钻机的行走和施工的要求，而不发生钻机的倾斜与沉降偏位。

2）各岗位的操作人员必须经过技术培训，并取得有审批资格部门颁发的合格证后，方可上岗操作。严禁无证操作。

3）进入施工现场的人员，必须正确佩戴安全帽。桩机操作人员必须按规定穿着工作鞋。严禁采用拖鞋、凉鞋、硬底鞋为工作鞋。高空作业和下桩管作业的操作人员必须正确佩戴经验收合格的安全带。

4）开工前，各岗位操作人员必须对设备，特别是对桩架进行安全检查。确认桩机性能良好，方可开工。各种动力设备均应设置安全保护罩。

5）桩机移动时，必须保证桩机移动安全平稳，防止桩架倒塌，桩架横向倾斜度不得大于 1/80。移动桩机时，必须严密监视高压电缆等高空障碍物，并预留足够的安全距离，严禁碰撞。

6）利用桩机起重吊装时，必须验算桩机稳定，经验算安全后，方可起吊重物。起吊重物前，作业班组长、指挥员、卷扬机司机必须检查施工现场人员所在位置是否安全，方可操作。现场没有指挥人员时，严禁进行起重吊装工作。

7）吊装及上料时，负责吊装的操作人员必须集中精神，吊装范围内严禁站人和放置设备。在高空进行装卸工作时，应采取有效措施防止任何物件从高空坠落。

8）拔管或吊装时，不得超过桩机拔管能力和起重能力。起、落桩架时，严格检查机械设备是否正常和底盘后配种是否足够。严禁吊装和移动同时进行。

9）除沉管外，拔管耳环应经常扣在桩管上。在准备沉管时，柴油锤就位后，方可将拔管耳环除去。当用柴油锤振动拔管，放下柴油锤时，应将其行程范围内的拔管滑轮组移开。

10）现场施工机械的操作应符合现行行业标准《建筑机械使用安全技术规程》JGJ33—2012 的规定。

11）现场施工用电应按现行行业标准《施工现场临时用电安全技术规范》JGJ46 的有关规定执行。

12）施工过程的安全检查应符合现行行业标准《建筑施工安全检查标准》JGJ59—2011 的有关规定。

11.8.2 环保措施

（1）环境因素辨识及控制措施见表 11-4 所列。

环境因素辨识及控制措施   表 11-4

序号	作业活动	环境因素	控制措施
1	混凝土的搅拌	污水排放	设沉淀池，清污分流
2	砂石料进场、垃圾出场	扬尘	砂石运输表面覆盖；建筑垃圾运输表面覆盖；道路要经常维护和洒水，防止造成粉尘污染
3	现场清理	建筑垃圾	施工现场应设合格的卫生环保设施，施工垃圾集中分类堆放，严禁垃圾随意堆放和抛撒
4	机械使用	废油	施工现场使用和维修机械时，应有防滴漏措施，严禁将机油等滴漏于地表，造成土地污染

注：表中内容仅供参考，现场应根据实际情况重新辨识。

（2）遵守的相关规定

施工现场环境应符合现行行业标准《建设工程施工现场环境与卫生标准》JGJ146—2013 的有关规定。

第12章 大直径现浇混凝土薄壁筒桩施工工艺

12.1 工艺原理及适用范围

12.1.1 工艺原理

大直径现浇混凝土薄壁筒桩，是采用中高频振动锤＋双钢管护筒（成孔器）＋环形桩尖结构，将大直径双钢管护筒振压锲沉入土中，使局部地基土由桩靴底向管腔内推进移动挤密并部分排出地面，在地基中形成大直径筒形孔；然后，在打直径筒形孔内配置钢筋笼并就地灌注混凝土而成型的筒形桩。不配置钢筋笼的称为大直径现浇素混凝土薄壁筒桩（图12-1）。

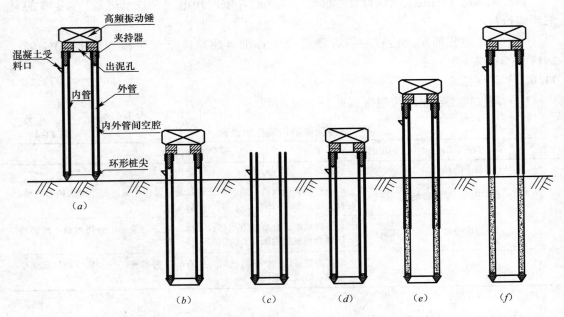

图12-1 单体薄壁筒桩施工工艺原理流程图

（a）成孔器安装、定位；（b）成孔器下沉至设计要求高程；（c）松开振动锤下夹持器并移开，安放钢筋笼；（d）安夹持器及振动锤，并向受料口灌入混凝土；（e）提升成孔器，留下钢筋笼及混凝土；（f）成孔器完成提出地面，并移至下一根桩位

12.1.2 适用范围

主要适用于软土地基中的摩擦桩或摩擦端承桩。适用土层主要有淤泥质黏土、粉土、砂质粉土、粉质砂土、砂土等，持力层可以是黏土层、砂土、含砾砂土等，但不适用于成孔器难于贯入的岩层或岩面无合适作为桩的持力土层，或岩面埋设较浅且坡度较大的岩

层。在功能方面，除作为一般基础的抗压、抗拔、抗水平力桩之外，还可用于基坑围护工程中的挡土、挡水两用墙、水利工程、海洋工程中的护岸、围堤、防波堤、导流堤、码头等，以及高速公路、机场工程中的软基处理等工程。

12.2　工艺特点

12.2.1　优点

此施工工艺优点是：（1）直径大、单桩承载力高；（2）复合地基效果好、抗水平能力大、抗侧滑移能力强、工后沉降小、深厚软基处理有特效；（3）成桩快速、工艺简单、成本低、缩短工期；（4）质量稳定性好、易于控制；（5）无泥浆污染、友好环境；（6）节约材料；（7）挤土效应小。

12.2.2　缺点

此施工工艺缺点是：（1）需要能够满足激振力的振动锤；（2）需要能够满足足够强度、刚度的双钢管护筒。

12.3　施工准备

12.3.1　人员准备

（1）主要作业人员：振动锤操作工、钢筋工、混凝土工、焊工、测量工、技术员、电工。

（2）钻机操作工和电工应持证上岗，其余工种接受安全和技术培训，并进行施工技术交底。

12.3.2　技术准备

（1）详细了解场地岩土工程勘察报告、施工设计图纸。

（2）对水泥、砂、碎石、钢筋等原材料及其制品送检，并进行混凝土配合比试验。

（3）施工前应进行施工图会审、设计交底；编制施工组织设计及审核确认；组织施工人员进行技术和施工安全交底。

（4）打桩锤应根据工程地质条件、桩径及施工条件等选择合适的中高频激振锤。

（5）筒桩施工前应进行试打桩，以检查设备、施工工艺、设计参数是否符合要求。

12.3.3　材料准备

（1）混凝土：混凝土强度必须满足设计要求，混凝土的坍落度、扩展度、和易性、石子粒径大小以及初终凝时间必须满足现场施工条件的需要。

（2）钢筋：品种和规格按设计要求采用，有出厂合格证及复检报告。

12.3.4　设备准备

大直径现浇混凝土薄壁筒桩施工设备主要包括：桩架和成孔器，成孔器的关键设备是中高频振动锤。

1. 桩架

（1）不论采用何种形式的桩架，必须满足桩长、桩径、振动锤的形态和装载重量及其稳定性的需要，接地压力应满足地基承载力的要求，并且要求移位机动性强，调整位置和角度方位，此外选择桩架时还要考虑地面坡度等因素。

（2）在水上施工时可把桩架设置在船体上或搭设的排架上。

2. 成孔器

（1）成孔器可分为单桩成孔器和联体筒桩成孔器，分别用于单体筒桩和联体筒桩的施工。

（2）单桩成孔器包括：中高频振动锤、夹持器、出泥孔、环形桩尖、内管、外管、混凝土受料槽、环形空腔等部件（图 12-2）。

（3）联体筒桩成孔器，由单桩成孔器通过相互连接形成（图 12-3）。

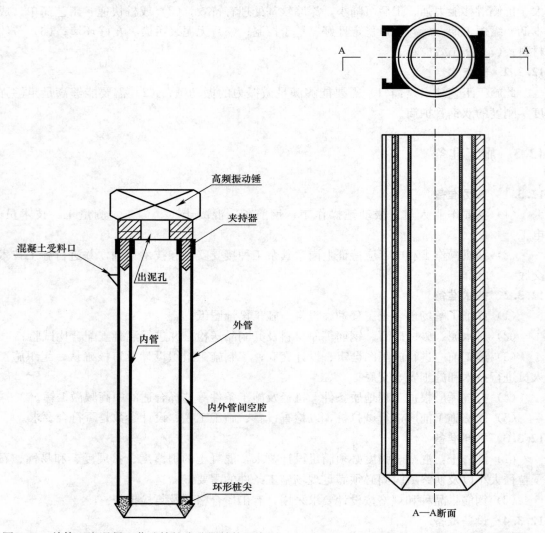

图 12-2 单体现浇混凝土薄壁筒桩成孔器结构示意图　　　图 12-3 联体筒桩成孔器结构示意图

3. 设备及主要参数

（1）选择合适的振动锤往往是工程顺利进行的关键，考虑的因素包括：发动机的功率、偏心力矩、振幅、振频、吊重、拔桩力、振动力、土壤性质和埋深等。其中振动力和最低可接受振幅是两个最关键的因素。

（2）各种类型的土质对最小振幅要求有所不同，在砂质的土体中，振动造成的液化程度较高，要求振幅比较小，只需要 3mm。在黏土中，由于土体会跟随桩壁运动，振幅要求达到 6mm 才能摆脱土体。在理想情况下，如在水下的砂质土体中振幅只需要 2mm。

（3）桩阻力在振动时因为土体液化作用比静止时大幅度减弱，减弱程度根据振频大小和土质决定。振动锤激振力 F 和振幅 A 计算公式：

$$F = E_m \times (2\pi \times F/60)^2$$
$$A = 2000 \times (E_m/V_m)$$
$$V_m = A + B + C$$

式中　E_m——偏心力矩（kg·m）；

　　　F——频率（rpm）；

　　　V_m——振动部分重量（kg）；

　　　A——桩的重量（kg）；

　　　B——夹持器的重量（kg）；

　　　C——振动锤振动部件重量（kg）。

12.3.5　作业条件准备

（1）掌握建筑场地及邻近建筑物结构与地基基础、地下管线、道路等相关资料。

（2）打桩前应处理高空和地下障碍物。施工场地应平整处理，桩机移动的范围内除应保证桩机垂直度的要求外，还应考虑地面的承载力，施工场地及周围应保持排水畅通，以保证施工机械正常作业。

（3）桩基轴线的控制点和水准点应设在不受打桩影响的地方，开工前经复核后应妥善保护，施工中应经常复测。桩基轴线位置的允许偏差不得超过 20mm。

（4）筒桩施工场地有相邻既有建（构）筑物时，应重视打桩对环境的影响。视具体情况采取适当的隔振措施。

12.4　施工工艺

12.4.1　工艺流程

大直径现浇混凝土薄壁筒桩施工工艺流程如图 12-4 所示。

12.4.2　操作要点

1. 桩尖制作

（1）桩尖表面应平整、密实，掉角深度不应超过 20mm，且局部蜂窝和掉角的缺损总面积不得超过该桩尖表面全部面积的 1%。

（2）桩尖内外面圆度偏差不得大于桩尖直径的 1%，桩尖上端内外支承面高差不得超过 5mm。

（3）桩尖混凝土强度不宜小于 C30。预制桩尖上应标明编号、制作日期，桩尖养护时间一般应达到 28d，使用前混凝土强度应达到设计要求。

2. 钻机就位

（1）制定打桩顺序，应尽量减少挤土效应及其对周围环境的影响。

（2）桩机就位，按坐标放好环形桩尖，使成孔器的内外钢管底端分别放在桩尖的内外

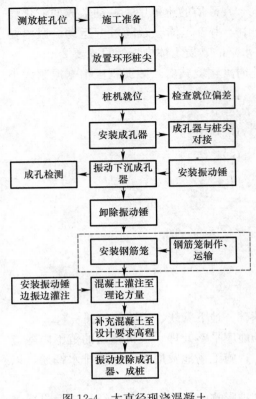

图 12-4 大直径现浇混凝土
薄壁筒桩施工工艺流程框图

台阶支承面，并检验成孔器的垂直度。

（3）桩机就位对中后，应根据地质条件在桩尖上端设置止水材料，再用成孔器压紧桩尖。桩尖中心应与成孔器中心线重合。

3. 振动下沉成孔

（1）桩架或成孔器上应设置控制深度的标尺，以便准确控制成孔深度。开始激振时应使机架和成孔器均保持垂直，垂直度偏差不大于 1%。

（2）成孔器在振动锤的作用下逐渐下沉到预定的高程，内管中的土芯逐渐上升到原地面高程以上。

（3）成孔达到设计要求后，应验收深度并做好记录。

（4）成孔终止应符合下列要求：

1）桩端位于坚硬、硬塑的黏性土、卵砾石、中密以上的砂土或风化岩等土层时，以贯入度控制为主，桩端设计标高控制为辅。

2）桩端标高未达到设计要求时，应连续激振 3 阵，每阵持续 1min，再根据其平均贯入度大小研究确定。

3）桩端位于软土层时，以桩端设计标高控制为主。

4）打桩时如出现异常应会同有关单位研究处理。

（5）在打桩过程中如发现有地下障碍物应及时拔出成孔器，清除后继续施工。

4. 安放钢筋笼、灌注混凝土

（1）钢筋笼安装

沉管到达预定高程后卸去振动锤及夹持器，并放置钢筋笼（无钢筋笼时即可省去此步）。

1）钢筋笼制作允许偏差见表 12-1 所列。

	钢筋笼制作允许偏差	表 12-1
序　号	项　目	允许偏差（mm）
1	主筋间距	±10
2	箍筋间距或螺旋筋间距	±20
3	钢筋笼直径	±10
4	钢筋笼长度	±50

2）分段制作的钢筋笼，其接头应采用焊接并符合《混凝土结构工程施工质量验收规范》GB 50204—2002 的规定。

3）主筋净间距必须大于混凝土粗骨料粒径 3 倍以上。

4）搬运、吊装时应防止钢筋笼变形，安装后应固定钢筋笼位置。

5）钢筋保护层的允许偏差：±10mm。

（2）灌注混凝土

1）检查成孔质量合格后应尽快灌注混凝土，灌注混凝土前，必须检查成孔器内有无吞桩尖或进泥、进水现象。

2）安装振动锤及夹持器，向外管上的受料口送入混凝土，落入内外管的环形空腔中，达到适量后启动振动锤振动密实混凝土。

3）连续送混凝土至桩身混凝土理论方量，将内外管振动并同步向上逐渐提升，此时，桩尖与灌注桩形成的钢筋混凝土筒体连成一体埋设在软土地基中。上拔至适当高度后，根据测量混凝土面的高度决定补充混凝土的方量，使浇筑混凝土的实际高度高于设计桩顶高程 20～50cm。

4）混凝土浇筑结束后，成孔器拔出地表面，桩机移至下一孔位，重复上述工作。至此完成单体筒桩的全部施工工艺流程。

5）混凝土粗骨料可选用卵石或碎石，其最大粒径不宜大于 50mm，且不得大于钢筋间最小净距的 1/3。

（3）在施工过程中应及时做好施工记录。

12.5　施工记录

（1）工程地质勘测报告、桩基施工图、图纸会审及设计交底纪要、设计变更等；

（2）原材料的质量合格证和复检报告；

（3）桩位测量放线图，包括工程桩位线复核签证单；

（4）混凝土试块试验报告；

（5）施工记录及隐蔽工程验收报告；

（6）监督抽查资料。

12.6　质量控制

（1）混凝土质量检查项目主要包括：原材料（水泥、砂、碎石）、外加剂、配合比、坍落度、保证受力钢筋的混凝土保护层厚度措施、试件留置数量及制作养护方法、混凝土抗压强度试验报告等。

（2）钢筋笼制作的质量检查项目主要包括：钢筋品种及力学性能检验报告、钢筋直径、间距、接头位置及数量、钢筋连接质量等。

（3）施工过程中质量检查项目主要包括：桩的编号位置、最后三阵锤贯入度、桩尖标高、管内是否进水进泥、拔管速度、桩身成型直径、垂直度等。

（4）筒桩质量检验标准见表 12-2 所列。

（5）桩身质量检测

1）筒桩施工后，应现场开挖检查桩顶质量，可在成桩 14d 后开挖暴露桩顶，观察筒桩的壁厚和成型情况。

2）桩身完整性检测：采用低应变检测，不得少于总数的 30%。

沉管灌注桩的允许偏差控制表　　　　　　　　　　表 12-2

项 目	序号	检查项目		允许偏差或允许值		检查方法
				单位	数值	
主控项目	1	桩长		不小于设计桩长		测桩管长度
	2	混凝土充盈系数		>1.1		每根桩的实际灌注量
	3	桩身质量检验		见 12.6 节第（5）条		低应变试验
	4	混凝土强度		设计要求		试块报告
	5	承载力		设计要求		静载荷试验
一般项目	1	桩位	单桩	mm	150	开挖后量桩中心
			群桩	mm	250	
	2	垂直度		<1%		测桩管垂直度
	3	桩径		mm	±20	开挖后实测桩头直径
	4	壁厚		mm	±10	开挖后用尺量筒壁厚度，每个桩头取三点计算平均值
	5	桩顶标高		mm	+30～50	需扣除桩顶浮浆层

3）筒桩承载力检测：采用单桩静载荷试验检测筒桩承载力，检测数量由设计结合具体工程确定。

12.7　成品保护

成品保护可参照第 11 章相关内容。

12.8　安全与环保措施

安全与环保措施可参照第 11 章相关内容。

第13章 钢筋混凝土灌注桩整体提升法桩头破除施工工艺

13.1 工艺原理及适用范围

13.1.1 工艺原理

　　整体提升破除桩头施工方法是利用松解泡棉或竹竿等材料解除要破除桩头部分混凝土与钢筋的粘结，即在桩基钢筋笼主筋顶端安装松解泡棉或竹竿，安装高度为钢筋笼顶到桩头切割高度，上下端做好封闭。桩头破除时利用混凝土抗拉强度低的特点，在切割标高沿垂直桩身周围采用机械或手工凿出一个断裂面，使该断裂面混凝土与桩基主筋完全分离；再在桩头中间部位对称打入四根提拔反方向作用的起吊提扣，然后再用起吊锁链栓锁于起吊提扣上，开动起吊动力，桩头在较小的向上的作用力作用下桩身混凝土从断裂面断裂，最后将破除的桩头整体提升移除，即完成桩头破除。

13.1.2 适用范围

　　本工艺适用于钢筋混凝土灌注桩桩头破除。

13.2 工艺特点

13.2.1 优点

　　此施工工艺优点是：（1）施工速度快，施工效率高，相较于传统的破桩头施工工艺，本工法成功避免了将桩头钢筋完全剥出这一工序，大大降低劳动强度，提高机械化作业程度，其效率为采用手提气动式风镐破桩头的 6 倍左右；（2）桩头可实现整体破除，破除后的桩头可采用汽车吊等起重机设备从基坑吊装运走，降低了桩头清运成本；（3）整体提升桩头破除工艺不会损坏钢筋，能确保桩身与承台连接的完整性，避免对桩头的破损，保证工程质量；（4）传统的破桩头施工工艺需在混凝土强度达到70%方可施工，采用"蜂窝煤式"破桩头施工方法不需等待桩身混凝土强度达到70%，桩头可以在早期切除且不会破坏桩身完整性，缩短工序时间，节省工期；（5）施工工艺简单，避免了使用风镐、"啄木鸟"等混凝土破除工具，施工过程中灰尘、噪声大大降低，保证了工人的健康和安全。

13.2.2 缺点

　　此施工工艺缺点是：（1）需要投入能够满足整体提升桩头的起吊设备；（2）需要在钢筋笼安装时，对钢筋笼端部钢筋采取隔离措施。

13.3　施工准备

13.3.1　人员准备

每组可由下列人员组成：技术负责人 1 名、现场管理人员 1 名、技术员 1 名、起吊司机 1 名、修理工 1 名、电工 1 人、工人 3 人。

13.3.2　技术准备

对现场操作人员进行安全、技术交底，考核合格后方可上岗。

13.3.3　材料准备

主要应用材料为松解泡棉、空心竹竿。

13.3.4　设备准备

桩头破除所需机具设备详见表 13-1 所列。

破桩头施工所需机具设备　　　　　　　　表 13-1

序　号	名　　称	单　位	数　量	用　途
1	电钻	台	2	钻孔
2	楔子	根	4	起吊
3	自卸车	台	2	桩头外运
4	汽车吊	台	1	桩头起吊，能够满足起吊桩头

13.3.5　作业条件准备

（1）承台基坑已开挖至设计桩顶标高，且桩基四周具有足够作业空间。

（2）基坑内有良好的排水设施，保证基坑内没有积水。

（3）基坑四周场地稳定，能够满足设备的起吊作业。

13.4　施工工艺

13.4.1　工艺流程

钢筋混凝土灌注桩整体提升法桩头破除施工工艺流程如图 13-1 所示。

13.4.2　操作要点

1. 桩基钢筋笼主筋顶端处理

桩基钢筋笼顶部应安装松解泡棉或竹竿，松解泡棉和竹竿的主要用途是解除桩头混凝土与钢筋之间的粘结，因此安装高度为钢筋笼顶到桩头切割高度，上下端做好封闭，如图 13-2 所示。

2. 桩头破除标高测量

承台土方开挖至设计高程，再进行破桩头施工。首先应确定桩头破除标高，根据现场水准点，将其用水准仪引入到基坑，测出桩头位置，根据设计要求，计算测量桩顶标高；找准桩顶标高后，在桩身上用红色铅笔划上醒目标记作为破桩头的控制点。

3. 桩头破除

（1）在测量标记的位置沿桩周手工钻出 4～6 个孔，钻孔方向垂直于桩径，再采用人工将该部位桩基主筋与混凝土剥离、形成断裂面，如图 13-3 所示。

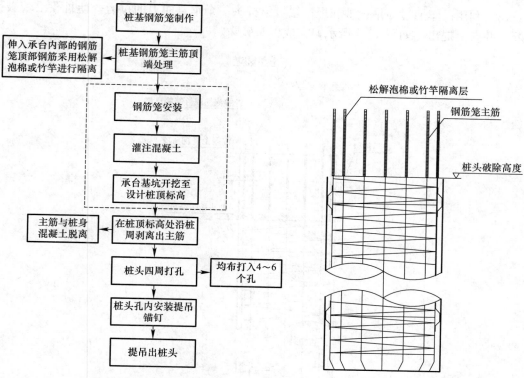

图 13-1　钢筋混凝土灌注桩整体提升法
桩头破除施工工艺流程图

图 13-2　松解泡棉或竹竿隔离层
安装示意图

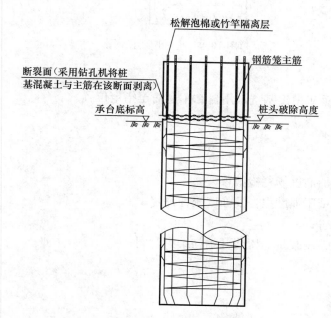

图 13-3　桩头破除断裂面示意图

（2）在桩基顶面下 30～50cm 位置沿垂直桩径方向对称打入四个提吊锁链，打入深度20cm 左右。

（3）利用吊车通过提吊锁链和提吊锚钉给桩头一个垂直向上的拉力，使桩头沿着破裂面断开并向上提出，如图 13-4 所示，完成桩头破除。

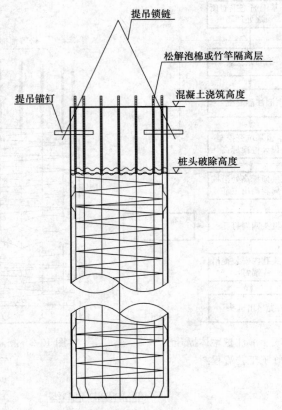

图 13-4 桩头破除示意图

4. 桩头清运

破除的桩头用吊车吊出基坑，用自卸车运输至指定位置。

13.5 施工记录

（1）水泥、外加剂进场复检报告；

（2）水泥净浆试压强度报告及强度统计评定；

（3）桩检测报告；

（4）压浆压力、压浆量、压浆开始与结束时间；

（5）竣工验收记录。

13.6 质量控制

（1）桩头顶面达到设计标高，其顶面无松散层及松散残余，桩身无破损，保持完整。

（2）钢筋无损伤，弯折小于规范规定值，外露长度与设计长度比在±50mm 范围内。

13.7　成品保护

（1）在桩头破除过程中，不应将桩头主筋弯曲、损坏。

（2）如桩头钢筋需要调直，则必须采用冷弯调直法。

（3）在未进行桩基完整性测试之前，不得损坏、堵塞声测管。

13.8　安全与环保措施

13.8.1　施工安全

（1）破桩作业人员必须戴好安全帽。

（2）所有用电设备均应接零接地，并应装置漏电保护器，防止漏电触电事故，电线必须绝缘。拉动电线时禁止与一切硬物产生摩擦。一旦发现漏电，必须迅速拉闸断电。值班电工必须对所有电器设备及线路加强检查维修，及时发现问题，妥善处理。

（3）安排专人统一指导桩头起吊，参与吊装的人员明确分工。

（4）严格按安全技术操作规程进行施工。

（5）现场施工用电必须遵守《施工现场临时用电安全技术规范》JGJ46 的规定。

（6）施工机械的使用应符合现行行业标准《建筑机械使用安全技术规程》JGJ33—2012 的规定。

（7）施工过程的安全检查应符合现行行业标准《建筑施工安全检查标准》JGJ59—2011 的有关规定。

13.8.2　环保措施

（1）在施工过程中应遵守国家标准《环境管理体系　要求及使用指南》GB/T24001—2004 和地方有关施工现场环境保护管理规定。

（2）根据工程特点编制环境保护操作手册及注意事项，并做好对现场操作人员及管理人员的环保措施交底工作。

（3）破除的桩头及时清运至指定位置。

第 14 章　静力压桩施工工艺

14.1　工艺原理及适用范围

14.1.1　工艺原理

静压预制桩即借助专用桩架自重和配重或结构物自重，通过压梁或压柱将整个桩架自重和配重或结构物重量作为反力，施加在桩顶或桩身上，当施加给桩的静压力与桩的入土阻力达到动态平衡时，桩在自重和静压力作用下逐渐压入地基土中。

14.1.2　适用范围

通常应用于高压缩性黏土层或砂性较轻的软黏土层。当桩需贯穿有一定厚度的砂性土夹层时，必须根据桩机的压桩力与终压力及土层的性状、厚度、密度、组合变化特点与上下土层的力学指标，桩型、桩的构造、强度、桩截面规格大小与布桩形式，地下水位高低，以及终压前的稳压时间与稳压次数等综合考虑其适用性。

压桩力大于 4000kN 的压桩机，可压穿 5～6m 厚的中密～密实砂层。中型压桩机（压桩力≤2400kN），穿越砂层的能力较有限。所以根据其情况，需进行压桩可行性判断。

静力压桩也适用于覆土层不厚的岩溶地区。在这些地区采用钻孔桩很难钻进；采用冲孔桩容易卡锤；采用打入式桩容易打碎；只有采用静力压桩可慢慢压入，并能显示出压桩阻力。但在溶洞、溶沟发育的岩溶地区，静压桩宜慎用，在地层中有较多孤石、障碍物的地区，静压桩亦宜慎用。

小型压桩机（压桩力≤600kN）用于压入预制小桩，适用于在 10m 以内存在硬土持力层（如硬塑粉质黏土层、粉土层及中密粉细砂层等），适用于 10 层以下的建筑桩基础。

14.2　工艺特点

14.2.1　优点

此施工工艺优点是：（1）静力压桩具有无噪声、无振动、无冲击力、施工应力小等特点，可减少打桩振动对地基和邻近建筑物的影响；（2）桩顶不易损坏、不易产生偏心沉桩、沉桩精度较高、节省制桩材料、施工速度快和降低工程成本；（3）能在沉桩施工中测定沉桩阻力为设计施工提供参数，并预估和验证桩的承载能力；（4）对长桩可通过接桩，分节压入；（5）无泥浆排放，施工文明，场地整洁。

14.2.2　缺点

此施工工艺缺点是：（1）压桩设备（包括配重）较笨重，由于专用桩架设备的高度和压桩能力受到一定限制，较难压入 30m 以上的长桩；（2）当地基持力层起伏较大或地基中存在中间硬夹层时，桩的入土深度较难调节；（3）存在对地基的挤土影响，需视不同工程情况采取措施减少公害；（4）对场地的地耐力要求较高。

14.3　施工准备

14.3.1　人员准备

（1）施工作业人员必须在上岗前进行岗位培训考核合格，持证上岗。

（2）施工作业人员施工前，必须充分了解地质资料、施工图纸和设计说明以及有关资料，必须熟知桩规范、质量评定标准、施工程序、验收标准以及组织分工等。

（3）施工作业人员应按国家规定的时间、内容进行体格检查，必须持有健康检查合格证。

14.3.2　技术准备

（1）对桩基施工图进行图纸会审。

（2）了解施工场地工程地质及水文资料。

（3）根据现场地质条件、施工环境、设计图纸编制实施性方案及其特殊工程条件处理方案。

（4）进行试桩，根据试桩确定正式施工有关静力压桩施工工艺及设备控制参数。

（5）对现场管理人员及操作工人进行安全、技术交底。

14.3.3　材料准备

（1）桩的材料（含其他半成品）进场后，应按规格、品种、牌号堆放，抽样检验，检验结果与合格证相符者方可使用，未经进货检验或未经检验合格的物资不得投入使用。桩的混凝土强度必须大于设计强度。

（2）静压管桩外观质量要求见表 14-1 所列。

静压管桩外观质量要求　　　　　　　　　　　　　　　　表 14-1

序号	项　目		质量要求
1	粘皮和麻面		局部粘皮和麻面累计面积不大于桩身总表面面积的 0.5%，其深度不大于 10mm，允许做有效的修补
2	桩身合缝漏浆		合缝漏浆深度小于主筋保护层厚度，每处漏浆长度不大于 300mm，累计长度不大于管桩长度的 10%，或对称漏浆的搭接长度不大于 100mm，允许做有效的修补
3	局部磕损		磕损深度不大于 10mm，每处面积不大于 50cm² ，允许做有效的修补
4	内外表面露筋		不允许
5	表面裂缝		不允许出现环向或纵向裂缝，但龟裂、水纹及浮浆层裂纹不在此限制
6	端面平整度		管桩端面混凝土及主筋墩头不得高出端头板平面
7	端筋、脱头		不允许。但当预应力主筋采用钢丝且其断丝数量不大于钢丝总数量的 3% 时除外
8	桩套箍（钢群板）凹陷		凹陷深度不大于 10mm，每处面积不大于 25cm²
9	内表面混凝土坍落		不允许
10	桩接头及桩套箍（钢群板）与混凝土结合处	漏浆	漏浆深度小于主筋保护层厚度，漏浆长度不大于周长的 1/4，允许做有效的修补
		空洞和蜂窝	不允许
11	其他		离心成桩后废浆液应倒清

（3）静压管桩各部位的尺寸验收应符合表 14-2 的规定。

静压管桩各部位尺寸验收要求 表 14-2

序号	项 目		允许偏差值（mm）	验收方法
1	长度		$+0.7\%L$，$-0.5\%L$	采用钢卷尺
2	端部倾斜		$\leqslant0.5\%d$	将直角靠尺的一边紧靠桩身，另一边紧靠端面，测其最大间隙
3	外径	$\leqslant600mm$	$+5$，-4	用卡尺或钢尺在同一断面测定相互垂直的两直径，测其最大间隙
		$>600mm$	$+7$，-4	
4	壁厚		正偏差不限，-5	用钢直尺在同一断面相互垂直的两直径上测定四处壁厚，取其平均值
5	保护层厚度		$+10$，-5	用钢尺，在管桩断面处测量
6	桩身弯曲度		$L/1000$	将拉线紧靠端头板，测量间隙处距离
7	端头板	平整度	2	用钢卷尺或钢直尺
		外径	$0\sim1$	
		内径	±2	
8	厚度		正偏差不限，0	

注：1. 表内尺寸以管桩设计图纸为基准；
2. 预应力和螺旋箍筋的混凝土保护层应分别不小于 25mm 和 20mm；
3. L 为桩长。

（4）用箍压式压桩机施工的静压管桩尺寸允许偏差除应符合表 14-2 的规定外，其横截面的椭圆度及沿桩身长度方向上的表面平整度应符合下列规定：

1）桩身合缝处的直径与其相垂直方向的直径之差不宜大于 5mm。

2）钢模板环向连接处的桩身混凝土应平整，不得有明显的竹节状。

14.3.4 设备准备

（1）静力压桩机宜选择液压式或绳索式压桩工艺；宜根据单节桩的长度选用顶压式液压压桩机和抱压式液压压桩机。选择压桩机的参数应包括下列内容：

1）压桩机型号、桩机重量（不含配重）、最大压桩力等；

2）压桩机的外形尺寸及拖运尺寸；

3）压桩机的最小边桩距及最大压桩力；

4）长、短船形履靴的接地压强；

5）夹持机构的型式；

6）液压油缸的数量、直径，率定后的压力表读数与压桩力的对应关系；

7）吊桩机构的性能及吊桩能力。

（2）压桩机的每件配重必须用量具核实，并将其质量标记在该件配重的外露表面；液压式压桩机的最大压桩力应取压桩机的机架重量和配重之和乘以 0.9。

14.3.5 作业条件准备

（1）静压桩施工现场三通一平，处理静压桩地基场地上面障碍物，整平时要有雨水排出沟渠，附近有建筑物的要挖隔震沟，预先充分了解桩场地，清理高空及地下障碍物。

（2）静压桩场地整平用压路机碾压平整，场地地基承载力不应小于压桩机接地压强的 1.2 倍，且场地应平整。

（3）控制点的设置应尽可能远离施工现场，以减少施工土体扰动对基准点的影响。

（4）施工现场的轴线、水准控制点、桩基布点必须经常检查，妥善保护，设控制点和水准点的数量不应少于 2 个。

（5）测量放线使用的全站仪、经纬仪、水准仪、钢盘尺、线锤应计量检查合格，多次使用应为同一计量器具。

（6）桩位布点与验收：按基础纵横交点和设计图的尺寸确定桩位，用小方木桩打入地面，并在上面用小圆钉做中心套样桩箍，然后在样箍的外侧撒石灰，以示桩位标记，测量误差±10mm。

（7）按总图设置的水、电、汽管线不应与桩相互影响，特别是供水、汽管线和地下电缆要防止桩土体隆起的破坏作用。

14.4　施工工艺

14.4.1　工艺流程

静力压桩施工工艺流程如图 14-1 所示。

14.4.2　操作要点

1. 静力压桩机及机具的选型

（1）根据设计文件、地质勘查报告、现场施工环境，选择适宜的沉桩机械。

（2）静压桩机宜选用液压式桩机，可选用顶压式或箍压式，桩机型号、最大压桩力必须满足桩身力学参数和设计要求，桩机总重不小于最大压桩力的 1.2 倍（不含静压桩机大履带和小履带的重量）。

（3）采用顶压式桩机时，桩帽或送桩器与桩之间应加设弹性衬垫；采用箍压式桩机时，夹持机构中夹具应避开桩身两侧合缝的位置，PTC 桩（预应力桩）不宜采用箍压式沉桩。

（4）送桩器应符合下列要求：

送桩器应加工成与管桩匹配的形状，并有足够的强度、刚度，长度应满足送桩深度的要求。

1）送桩器下端面宜封闭，端面应与送桩器中心轴线向垂直。

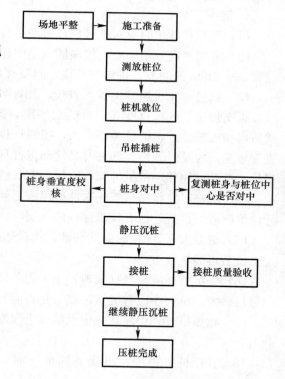

图 14-1　静力压桩施工工艺流程图

2）送桩作业时，送桩器与管桩桩头之间应设置 1～2 层硬纸板等作衬垫。

（5）施工现场应配备电焊机、气割工具、索具、撬棍、钢丝刷、锯桩器等施工用具；每台桩机尚应配备必要的测量器具，可随时量测桩身的垂直度；截桩应采用专用截桩工具，严禁使用大锤敲击截桩。

2. 压桩顺序的确定

（1）若桩较密集且距周围建筑物较远、施工场地较宽阔时，宜从中间向四周进行沉桩。

（2）若桩较密集且一侧靠近建筑物时，宜从毗邻建筑物的一侧开始由近及远进行沉桩。

（3）对临近湖、塘的场地，宜从远离湖、塘一侧由远及近进行。

（4）按桩的入土深度，宜先深后浅。

（5）按高层建筑物与低层建筑物的关系，宜先高后低。

（6）应考虑桩机行走及工作时，桩机重量对邻近桩的影响，并采取相应的措施。

（7）若场地较大且部分区域的上覆土层中含砂（碎石、卵石）时，宜先在含砂（碎石、卵石）区域内施工。

（8）当场地内桩的规格不同时，宜先施压大桩后施压小桩。

3. 测量放线

施工前，样桩的控制应按设计图纸进行测放，以轴线为基准对样桩逐根复核，做好测量记录，复核无误后方可压桩施工。

4. 沉桩

（1）压桩机就位时应对准桩位，启动平台支腿油缸，校正平台处于水平状态。

（2）桩尖对准桩位中心，缓慢插入土中，提升门架在桩顶上扣好桩帽，桩帽与桩周围应有 5～10mm 的间隙，桩帽与桩顶之间要有相应的硬木衬垫，厚度 10cm 左右。

（3）稳桩和压桩当桩尖插入桩位，扣好桩帽后，微微启动压桩油缸，当桩入土 50cm 时，再次校正桩的垂直度和平台的水平度，保证桩的纵横双向垂直偏差不得超过 0.5%。然后启动压桩油缸，把桩缓慢下压，控制压桩速度，一般不宜大于 2m/min。如果桩的垂直度超差，应及时调整，调整时必须确保桩身不裂，必要时应拔出重插；当桩尖进入硬土层后，严禁采用移动桩机等强行回板的方法纠偏。

（4）沉桩时宜将每根桩一次性连续施工到底，尽量减少中间间歇时间，避免在接近设计深度时进行接桩；遇有较难穿透的土层时，接桩宜在穿透该层土后进行。

（5）桩数大于 30 根的群桩基础，承台边缘的桩宜待承台内其他桩施工完毕并重新测定桩位后再插桩施工。

（6）停沉桩标准应根据场地岩土工程条件、设计桩长、压桩力等因素并综合考虑试桩参数后确定。沉桩中应有确认压桩力是否满足设计要求的措施。

（7）在压桩过程中应认真记录桩入土深度和压力表读数的关系，以判断桩的质量及承载力。

（8）在压桩过程中，出现下列情况时，应暂停压桩作业，并分析原因，采取相应措施：

1）压力表读数显示情况与勘察报告中的土层性质明显不符；

2）桩难以穿越具有软弱下卧层的硬夹层；

3）实际桩长与设计桩长相差较大；

4）出现异常响声，压桩机械工作状态出现异常；

5）桩身出现纵向裂缝和桩头混凝土出现剥落等异常现象；

6）夹持机构打滑；

7）压桩机下陷。

5. 接桩

（1）接桩一般在距地面 1m 左右进行。上下桩的中心线偏差应小于 10mm，节点弯曲矢高不得大于 0.1％桩长，且不得大于 20mm。

（2）钢筋混凝土预制方桩可采用浆锚法接桩，接桩时吊起上节桩，矫直外露锚固钢筋，对准下节桩缓慢下放，使上节桩的外露钢筋全部插入下节桩的预留孔中保持垂直和接触面吻合。微提上桩保持上下桩间有 20～25mm 的间隙，装上特制的箍，灌入熔融的硫磺水泥砂浆，灌入时间不得超过 2min，冷却时间不得超过 5～10min，拆除箍继续压桩。

（3）钢筋混凝土预应力管桩宜采用焊接接桩，接桩采用的焊接材料按设计要求。焊接接桩除应符合现行标准《钢结构工程施工质量验收规范》GB50205 中二级焊缝要求的有关规定外，还应符合下列要求：

1）管桩对接前，上下端板表面应用铁刷子清刷干净，坡口处应刷至露出金属光泽；上下节桩间的缝隙应用铁垫垫实焊牢。

2）焊接时宜先在坡口周围对称点焊 4～6 点，待上下节桩固定后拆除导向箍再分层施焊，施焊宜由两个焊工对称进行。

3）焊接层数不得少于两层，内层焊渣必须清理干净后方可施焊外层，焊缝饱满连续。

4）手工电弧焊接时，应先对点焊，第一层宜用直径 3.2mm 点焊条打底，确保根部焊透，第二层方可用粗焊条（直径 4mm 或 5mm），可采用 E43XX 型焊条，其质量应符合《非合金钢及细晶粒钢焊条》GB/T5117—2012 的规定。采用气体保护焊时，焊接工艺及焊接质量应符合相关标准的规定。

5）焊好的桩接头应自然冷却后才可继续施工，自然冷却时间不应小于 3min；不得用水冷却或焊完即施工。

6. 送桩

（1）当桩顶压至接近地面需要送桩时，应测出桩的垂直度并检查桩头质量，合格后应立即送桩，压、送桩作业应连续进行。

（2）不得用工程桩作为送桩器。

（3）当场地上多数桩较短（$L \leqslant 15m$）或桩端持力层为风化软质岩可能需要复压时，送桩深度不宜超过 1.5m；当桩的垂直度小于 1％且有效桩长不大于 15m 时，静压管桩送桩深度可根据需要适当加深，但不宜超过 8m。

（4）采用箍压时，送桩的最大压桩力一般不宜超过桩身允许抱箍压力的 1.1 倍。采用顶压时，静压沉桩到达预定油压值后的稳压时间不少于 3min，稳压时如油压值上升，可以停止沉桩。

7. 终止压桩

（1）应根据现场试桩的试验结果确定终压力标准。

（2）终压连续复压次数应根据桩长及地质条件等因素确定。对于入土深度大于或等于 8m 的桩，复压次数可为 2～3 次；对于入土深度小于 8m 的桩，复压次数可为 3～5 次。

（3）稳压压桩力不得小于终压力，稳定压桩的时间宜为 5～10s。

14.5 施工记录

（1）原材料、半成品出厂合格证、产品质量检验报告、试验报告；

（2）桩位测量放线记录；

（3）分项工程质量验收记录；

（4）隐蔽工程检查验收记录；

（5）试配及施工配合比、硫磺胶泥抗压、试验报告；

（6）焊接工艺评定、焊接试验报告；

（7）接桩焊接 X 射线探伤报告；

（8）抽样质量检验报告；

（9）沉桩质量检查报告。

14.6 质量控制

14.6.1 压桩质量控制

（1）管桩运至现场后，应对进入工地的所有管桩的规格、型号、尺寸、外观质量、尺寸偏差、管桩堆放及桩身破损情况等进行全面检查，不符合要求的桩禁止使用。

（2）应由有资质的检测单位对进入施工场地的管桩进行随机见证抽样检测，检测应符合下列要求：

1）沉桩前，对每个厂家的每种桩型抽取一节桩节进行机械性能破坏性检测，主要检测：预应力钢筋的抗拉强度、钢筋数量、钢筋直径（可检查每延米重量）、钢筋布置、端板材质及厚度、尺寸偏差、外观质量、钢筋保护层厚度等。未经抽检合格不得施工工程桩。

2）沉桩过程中每栋建筑物应随机抽查已截下的桩头，进行钢筋数量、钢筋直径、预应力钢筋抗拉强度、钢筋布置、端板尺寸及钢筋保护层厚度的检测，检测数量每单体工程不应少于总管桩数的 1%，且不得少于 3 根。

3）应对闭口桩尖的钢板厚度、桩尖尺寸、焊缝质量等进行检测，检测数量每栋建筑物不应少于总桩数的 1%，且不应少于 1 个桩尖。

（3）所有工程桩应逐根对桩孔内壁进行灯光照射目测或孔内摄影检查，观察孔内是否进土、渗水，有无明显破损、错位、挠曲现象，并做出详细记录，注明发现缺陷的位置以及进土、进水的深度。

（4）工程桩应进行桩位的验收检测，桩位偏差应符合表 14-3 的规定。

桩顶平面位置的允许偏差 表 14-3

序　号	项　目		允许偏差（mm）
1	基础梁下单排或双排桩	垂直基础梁中心线	100
		沿基础梁中心线	150
2	一个承台下桩数为 1～3 根的桩基		100
3	一个承台下桩数为 4～16 根的桩基		边桩 100，其他 1/3 桩径

续表

序　号	项　目		允许偏差（mm）
4	一个承台下桩数多于 16 根的桩基	角桩机边桩	1/3 桩径或 150 中较大者
		中间桩	1/2 桩径

注：对基础梁下的排桩沿梁轴线允许偏差，一个承台下多于 9 根桩以及筏板下的群桩其桩位允许偏差可由设计人员根据工程实际情况考虑增加 0.01H。H 为施工场地地面标高与桩顶设计标高的距离。

（5）工程桩的桩顶标高应进行检验，其偏差不应超过＋20mm，−50mm。

（6）开挖基坑中应对工程桩的外露桩头或在桩孔内进行桩身垂直度检测，抽检数量不应少于总桩数的 5%，在基坑开挖中如发现土体位移或机械运行影响桩身垂直度时，应加大检测数量。对倾斜率大于 3% 的桩不应使用；对倾斜率为 1%～2%（含 2%）及 2%～3% 的桩宜分别进行各不少于 2 很的单桩竖向抗压静载荷试验，并将试验得出的单桩抗压承载力乘以折减系数，作为该批桩的使用依据。

（7）永久结构的抗拔桩，应按设计及规范的要求对工程桩的接头焊缝机械性能进行质量检测，检验数量不少于 6 根（每根桩一个接头），且不少于总抗拔桩数的 1%。检验方法应符合《建筑地基基础工程施工质量验收规范》GB50202—2002 的有关规定。

（8）当采用焊接法接桩时，应检查接桩用焊条的质量，电焊接桩焊缝检验标准应符合表 14-4 的要求。当采用机械快速接头时，接头质量应满足国标图集《预应力混凝土管桩》03SG409 的要求。

电焊接桩焊缝检验标准要求　　　　　　　　　　　　　　　表 14-4

序号	项　目		允许偏差	检查方法
1	上下节端部错口	外径≥700mm	≤3mm	用钢尺量
		外径<700mm	≤2mm	
2	焊缝咬边深度		≤0.5mm	焊缝检查仪
3	焊缝加强层高度		≥2mm	焊缝检查仪
4	焊缝加强层宽度		≥2mm	焊缝检查仪
5	焊缝电焊质量外观		无气孔、无焊瘤、无裂缝	直观
6	焊缝探伤检验		满足设计要求	按设计要求

（9）除设计明确规定以桩端标高控制的摩擦桩应保证设计桩长外，其他静压桩应按设计、监理、施工等单位共同确认的终压标准或共同确认的最终压力值停止压桩。

14.6.2　单桩承载力及桩身完整性检测

（1）单桩承载力及桩身质量检测应符合《建筑基桩检测技术规范》JGJ106—2014 及国家现行有关基桩检测技术规定。

（2）工程桩不宜用做静载试验时的锚拉桩。

（3）试桩顶部应采用有效措施加固。严禁截桩后在桩头未做处理的情况下做试桩。

14.6.3　特殊工艺或关键控制点的控制

特殊工艺或关键控制点的控制见表 14-5 所列。

特殊工艺或关键控制点的控制　　　　　　　　　　　　　　表 14-5

序号	关键控制点	主要控制方法
1	桩位定点	用经纬仪两点导入，控制桩位投点的桩位放线定位精确度
2	桩架垂直度	安装组对过程中检查桩架与底盘的垂直度，在两个方向用经纬仪对桩架进行校正

续表

序号	关键控制点	主要控制方法
3	桩垂直度	根据地质资料，详细了解桩位土体情况，清理地下的障碍物
4	接桩	接桩施工过程中应通过试验合理控制硫磺水泥的配合比、灌注温度、焊接接头的焊材选用及焊接工艺和焊后停歇时间

14.7　成品保护

（1）压沉桩至设计桩顶标高后，桩头高出地面的部分应小心保护，严禁施工机械碰撞桩头；严禁将桩头用做拉锚点；送桩遗留的孔洞，应立即回填或做好覆盖。

（2）对桩后的休止期实施定期观测，特别是超静孔隙水压力对深层土体位移的影响，应制定有效的预控措施，桩身出现 3cm 位移时，应会同设计采取有效治理措施。

（3）基坑开挖，应制定合理的开挖顺序和采取一定的技术措施，防止桩倾斜或位移。

（4）在凿出高于设计标高的桩顶混凝土时，要自上而下进行，不横向凿打，以免桩受水平冲击而破坏或松动。

14.8　安全与环保措施

14.8.1　安全保护措施

（1）安全危害辨识及控制措施见表 14-6 所列。

安全危害辨识及控制措施　　　　　　　　　　　表 14-6

序号	作业活动	危险源	控制措施
1	吊桩喂桩	高空坠落物体撞击	对桩帽及垫木、焊接物体加固检查，高空作业必须带安全带、安全帽，钢丝绳、扣件使用前必须经过检查，并定期保养
2	桩机行走	地面桩坑、井、孔洞和沟槽	均应铺设与地面平齐的固定盖板或设围栏、警告标志牌。危险处夜间设置警示红灯
3	机械传动部分检修	施工机具裸露部分（轴、风扇、传动部分、滑动机构等）	应装设安全保护罩
4	运输、喂桩	起重机吊桩时绳索的松脱	钢丝绳必须绑牢，起吊离地面 100mm，停止起吊进行全面检查，确认良好后，方可起吊
5	压桩过程	液压接头松脱，高压胶管破裂	经常检查及时更换
6	电气设备检修	施工用电、电源线及电气设备	电气设备要经常检查，机械检修要拉闸断电挂警告牌，电气作业要有监护人，有漏电保护器，接地线及二次接地必须牢固可靠（三相五线制），接地电阻应小于 4Ω
7	桩吊装、搬运过程	堆放桩倒塌	应设置木楔挡块防止滚落和倒塌，应从上部逐根进行设置以防止发生事故
8	接桩焊接	易燃物品火灾	氧气、乙炔气瓶、电焊机、消防器材及安全防护设施不得随意搬动，现场动火必须有动火证，操作时有人监护

注：表中内容仅供参考，现场应根据实际情况重新辨识。

（2）遵守的相关规定

1）现场施工机械的操作应符合现行行业标准《建筑机械使用安全技术规程》JGJ33—2012 的规定。

2）现场施工用电应按现行行业标准《施工现场临时用电安全技术规范》JGJ46 的有关规定执行。

3）施工过程的安全检查应符合现行行业标准《建筑施工安全检查标准》JGJ59—2011 的有关规定。

14.8.2　环境因素辨识及控制措施

（1）环境因素辨识及防范措施见表 14-7 所列。

环境因素辨识及控制措施

表 14-7

序号	作业活动	环境因素	控制措施
1	压桩过程	施工噪声和对周围居民生活的影响	在居民住宅区附近施工，早 7：30 前、晚 10 时后不得作业
2	机械检修	污水、废油排放对周围环境的影响	对污水进行处理，对废油进行回收
3	现场整平	弃土及废弃物对周围环境的影响	弃土按甲方指定路线运至弃土场，并不得沿路抛洒。现场不得丢弃快餐盒、饮料瓶等垃圾

注：表中内容仅供参考，现场应根据实际情况重新辨识。

（2）遵守的相关规定

施工现场环境应符合现行行业标准《建设工程施工现场环境与卫生标准》JGJ146—2013 的有关规定。

第 15 章　锤击法沉桩施工工艺

15.1　工艺原理及适用范围

15.1.1　工艺原理

冲击沉桩工作原理是利用桩锤自由下落时的瞬时冲击力锤击桩头所产生的冲击机械能，克服土体对桩的阻力，其静力平衡状态遭到破坏，导致桩体下沉，达到新的静力平衡状态。如是反复地锤击桩头，桩身也就不断地下沉。

15.1.2　适用范围

适用于一般黏性土以及砂土含有少量砾石土均可使用，不适宜在过软或过硬的土层中沉桩。

15.2　工艺特点

15.2.1　优点

此施工工艺优点是：（1）设备简单，使用方便；（2）冲击力大，能随意调整落距；（3）燃料消耗少；（4）附有桩架动力等设备，机架轻，移动方便，沉桩快。

15.2.2　缺点

此施工工艺缺点是：（1）振动大，噪声大；（2）对土体挤压影响大。

15.3　施工准备

15.3.1　人员准备

现场作业人员进场之前，必须接受岗前培训及安全技术交底，特种作业人员必须持有职业资格证。锤击沉桩需要的主要作业人员见表 15-1 所列。

锤击沉桩主要作业人员配置　　　　　　　　　　　　　　表 15-1

序　号	工　种	人　员	工作职责
1	现场施工负责人	1	负责现场施工组织
2	现场技术负责人	1	负责现场的施工技术工作
3	桩机操作手	2	负责桩机操作
4	吊车司机	1	负责现场倒运管桩
5	安全员	1	全面负责施工中的安全
6	质检员	1	全面负责施工中的质量
7	试验人员	2	负责现场的试验工作

续表

序 号	工 种	人 员	工作职责
8	测量员	2	全面负责施工中的量测工作
9	现场施工旁站人员	1	负责对施工现场的记录工作
10	修理工	1	负责机械维护和修理
11	电工	1	负责施工用电
12	普工	6	负责现场的其他辅助施工
	合计	20	

15.3.2 技术准备

（1）根据桩基设计图、现场地质、水文资料施工环境以及试桩结果编制施工组织设计及施工方案。

（2）根据试桩确定正式施工锤击沉桩的施工工艺及设备控制参数。

（3）选择和确定打桩机进出路线和打桩顺序，制定施工方案，做好技术交底。

（4）对现场管理人员及操作工人进行安全、技术交底。

15.3.3 材料准备

锤击沉桩所需的材料主要有管桩及焊条。管桩必须满足相应规范及设计要求，焊条必须满足焊接功能的要求及《钢结构焊接规范》GB50661—2011 的有关规定。

15.3.4 设备准备

（1）打桩设备应根据不同的场地条件、工程特点及试桩结果选用三点支撑履带自行式打桩机、步履式打桩机或滚管式打桩机等；打桩锤宜选用液压打桩锤或柴油打桩锤，不宜采用自由落锤。打桩机的桩架和底盘必须具有足够的强度、刚度和稳定性，并应与所挂打桩锤相匹配。

（2）桩帽及垫层的设置要求：

1）桩帽应有足够的强度、刚度和耐打性。

2）桩帽下部套桩头用的套管应做成圆筒形，圆筒形中心应与锤垫中心重合，筒体深度应为 350～400mm，内径应比外管桩外径大 20～30mm。

3）桩帽套筒应与施打的管桩直径相匹配，严禁使用过渡性钢套用大桩帽打小直径管桩。

4）打桩的桩帽套筒底面与桩头之间应设置弹性衬垫（桩垫）。桩垫可采用纸板、胶合板等材料制作，厚度应均匀一致。桩垫经锤击压实后的厚度应为 120～150mm，且应在打桩期间经常检查，及时更换或补充。

5）桩帽上部直接接触打桩锤的部位应设置"锤垫"，锤垫应用坚纹硬木或盘绕叠层的钢丝绳制作，其厚度应为 150～200mm，打桩前应进行检查、校正或更换。

（3）送桩器及其衬垫设置应符合下列要求：

1）送桩器器身宜做成圆筒形，并应有足够的强度、刚度和耐打性，上下两端面应平整，且与送桩器中心轴线相垂直。送桩器长度应满足送桩深度的要求，器身弯曲不得大于 1/1000。

2）送桩器下端应设置套筒，套筒深度应为 300～350mm，内径应比管桩外径大 20～30mm。

3）不得使用只在送桩器下端面中间设置小圆柱体的插销式送桩器；也不得使用下端

面不设任何限位装置的圆柱形送桩器。

4）送桩作业时，送桩器套筒内应设置硬纸板或废旧夹板等衬垫，衬垫经锤击压实后的厚度不宜小于 60mm。

（4）每台打桩机宜配备一台打桩自动记录仪。

（5）施工现场应根据工作需要配备电焊机、气割工具、索具、撬杠、钢丝刷、锯桩器、经纬仪及水准仪、长条水准尺、线锤和吊架、尼龙绳和吊锤、带钢丝罩的 24V 低压灯泡、孔内摄像仪等施工机具。

15.3.5　作业条件准备

（1）桩基的轴线和标高均已测定完毕，并经过检查办理了预检手续。桩基的轴线和高程的控制桩，应设置在不受打桩影响的地点，并应妥善加以保护。

（2）处理完高空和地下的障碍物。如影响邻近建筑物或构筑物的使用或安全时，应会同有关单位采取有效措施，予以处理。

（3）根据轴线放出桩位线，用木楔或钢筋头钉好桩位，并用白灰做好标志，以便施打。

（4）场地应碾压平整，排水畅通，保证桩机的移动和稳定垂直。

（5）打试验桩。施工前必须打试桩，其数量不少于 2 根。确定贯入度并校验打桩设备、施工工艺以及技术措施是否适宜。

15.4　施工工艺

15.4.1　工艺流程

锤击法沉桩施工工艺流程见图 15-1 所列。

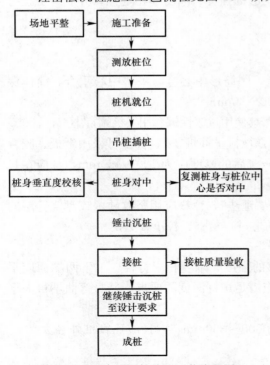

图 15-1　锤击法沉桩施工工艺流程图

15.4.2　操作要点

1. 测量放线

（1）在打桩现场或附近需要设置水准点，数量不少于 2 个；水准点的设置地点应在受打桩作业影响的范围之外。

（2）对施工现场的轴线控制点及水准点应经常检查，避免发生误差，平面控制桩的精度应符合二级导线的精度要求，高程控制桩的精度应符合三等水准的要求，根据轴线控制桩对轴线进行放线，然后再定出桩位。

（3）桩轴线放线应满足：双排及以上桩，偏移应小于 20mm；对单排桩，偏移应小于 10mm。

2. 打桩顺序的确定

（1）根据桩的密集程度及桩基础与周边建（构）筑物的关系：若桩较密集且距周边建（构）筑物较远、施工场地较开阔时，宜从中间开始向四周进行；若桩较密集、场地狭长、两端距建（构）筑物较远时，宜从中间开始向两端进行；若桩较密集且一侧靠近建（构）筑物时，宜从毗邻建（构）筑物的一侧开始由近及远进行。

（2）根据各区域桩的入土深度：若各区域间差别较大时，宜先长后短。

（3）根据工地上所有管桩的规格：若直径不同时，宜先大后小。

（4）根据高层建筑塔楼（高层）与裙房（低层）的关系：若裙房面积较大时，宜先高后低。

（5）根据整个工地布桩的疏密程度：若相差较大时，宜先密后疏。

3. 桩机就位

打桩机就位时，应对准桩位，保证垂直稳定，在施工中不发生倾斜、移动。在打桩前，应用 2 台经纬仪对打桩机进行垂直度校正，使导杆垂直。并应在打桩期间经常校核检查，随时保持导杆的垂直度或设计角度。

4. 吊、插桩

先将桩锤提至超过管桩长度 1m 左右范围内，桩机配备动力将管桩吊起，在桩帽、桩顶垫上衬垫，即可将桩锤缓慢落到桩顶上面，再将管桩下端的桩尖准确对准桩位，在桩的自重和锤重作用下，桩向土中沉入一定深度而达到稳定的位置。

5. 锤击沉桩

（1）第一节管桩起吊就位插入地面后应认真检查桩位及桩身垂直度。桩位偏差不得大于 20mm。桩身垂直度偏差宜先用长条水准尺粗校，然后用两台经纬仪或两个吊线锤在互为 90°的方向上进行检测，校正后的垂直度偏差不得大于 0.5%。必要时，宜拔起管桩并在孔洞内填砂后重插。

（2）当管桩一插入地表土后就遇上厚度较大的淤泥层或松软的回填土时，柴油锤应采用不点火（空锤）的方式施打；液压锤应采用落距为 20～30cm 的方式施打。

（3）管桩施打过程中，宜重锤低打，应保持桩锤、桩帽和桩身的中心线在同一条直线上，并随时检查桩身的垂直度。当桩身垂直度偏差超过 0.8% 时，应找出原因设法纠正；在桩尖进入硬土层后，严禁用移动桩架等强行回板的方法纠偏。

（4）在较厚的黏土、粉质黏土层中施打管桩，不宜采用大流水打桩施工法，宜将每根桩一次性连续打到底，尽量减少中间休歇时间，且尽可能避免在接近设计深度时进行接桩。

（5）桩数多于 30 根的群桩基础应从中心位置向外施打。桩的接头标高位置宜适当错开。承台四周边缘的桩宜在承台内其他桩全部打完后重新测定桩位再插桩施打。

（6）当需要送桩或复打时，应事先检查管桩内孔的水量，若管桩内孔充满水时，应抽去部分水以后才能施打。

（7）锤击沉桩每根桩的总锤数不宜大于 2500 击（PHC 桩）、2000 击（PC 桩）、1500击（PTC 桩），最后 1m 锤击数不宜超过 300 击（PHC 桩）、250 击（PC 桩）、200 击（PTC 桩）。不得使用方桩送桩器送管桩，沉桩中桩破损率应小于 3%。

（8）每一作业班应配备一名专职计量员，打桩时应及时如实地填写打桩施工记录表，不得随意填写，不得事后补填，应经当班监理人员验证签名后方可作为有效的施工记录。

6. 接桩

（1）接桩时，其入土部分桩段的桩头宜高出地面 0.5～1.0m，上下节桩段应保持顺直，错位偏差不宜大于 2mm。

（2）管桩对接前，上下端板表面应用铁刷清刷干净，坡口处应刷至露出金属光泽，焊接时宜先在坡口圆周上对称点焊 4～6 点，施焊宜由两个焊工对称进行。

（3）焊接层数不得少于两层，焊缝应饱满连续，焊好后的桩接头自然冷却 8min 后方可继续锤击。

7. 送桩

（1）当地表以下有较厚的淤泥土层时，送桩深度不宜大于 2.0m。当准备复打时，送桩深度不宜大于 1.0m。

（2）当桩顶打至接近地面需要送桩时，应测出桩的垂直度并检查桩头质量，合格后应立即送桩。

（3）送桩的最后贯入度应参考同一条件的桩不送桩时的最后贯入度。

（4）当地表以下没有淤泥土层，同时桩端持力层顶面埋深标高基本一致，且持力层厚度不小于 4m，或持力层上面有较厚的全风化岩层、硬塑～坚硬黏土层或中密～密实砂土层时，送桩深度可适当加大，但不宜大于 6.0m。

8. 收锤压桩

（1）当一根管桩被施打到设计要求并达到收锤标准后即可收锤，终止施打。

（2）除设计明确规定的桩端标高控制的摩擦型基桩应保证设计桩长外，其他凡指定桩端持力层的基桩应按设计、监理、施工等单位共同确认的收锤标准收锤。

（3）收锤标准原则上应结合工程地质条件、桩的承载性状、单桩承载力特征值、桩规格及入土深度、打桩锤性能规格及冲击能量、桩端持力层性状及桩尖进入持力层深度等因素综合考虑确定。收锤标准应以达到的桩端持力层（定性）和最后贯入度或最后 1～3m 的每米沉桩锤击数（定量）作为主要的收锤控制指标。

（4）收锤标准应通过静载试验桩或试打桩确定。最后贯入度控制值可利用 Hilley（海利）打桩公式的计算结果，结合邻近工程或相近桩基条件的打桩经验并经试打桩验证后确定。

（5）打桩的最后贯入度量测应在下列条件下进行：

1）桩头和桩身完好。

2）柴油锤油门设在 1～2 档且跳动正常；液压锤落距约为 80cm 且跳动正常。

3）桩锤、桩帽、桩身及送桩器中心线重合。

4）桩帽及送桩器套筒内衬垫厚度正常。

5）打桩结束前即完成测定，不得间隔较长时间后才量测。

（6）打桩自动记录仪可自动量测并记录最后贯入度；人工测量最后贯入度时，宜用一段长约 40cm 的钢卷尺片段沿桩长用胶布粘贴在管桩桩身或送桩器器身上，再用经纬仪测出每 10 击的沉桩量即为每一阵贯入度。同时应按 5%～10% 的工程桩数量测绘收锤回弹曲线。

（7）最后贯入度不宜小于 20mm/10 击。最后贯入度宜连续测量 3 次，当每一阵贯入度逐次递减并达到收锤标准时就可收锤。当持力层为较薄的强风化岩层且下卧层为中、微风化岩层时，最后贯入度可适当减少，但不宜小于 15mm/10 击，此时宜量测一阵锤的贯入度，若达到收锤标准即可收锤。

15.5　施工记录

（1）原材料、半成品出厂合格证、产品质量检验报告、试验报告；

（2）桩位测量放线记录；

（3）分项工程质量验收记录；

（4）隐蔽工程检查验收记录；

（5）焊接工艺评定、焊接试验报告；

（6）接桩焊接 X 射线探伤报告；

（7）打桩施工记录；

（8）打桩对周边环境影响的检测记录；

（9）打桩质量检查报告；

（10）收锤记录。

15.6　质量控制

15.6.1　桩身质量控制

（1）管桩运至现场后，应组织相关单位对管桩规格、型号、尺寸、外观质量、管桩端板进行检验；同时还需对管桩结构的钢筋进行抽检。

（2）当基桩接长采用焊接接头时，焊接质量应符合现行标准《钢结构焊接规范》GB 50661—2011 和《先张法预应力混凝土管桩用端板》JC/T 947—2005 的有关要求。

（3）桩身混凝土强度等级的检查可核查生产厂家提供的产品合格证书，当对桩身混凝土强度等级有争议时，可采用钻芯法检测。钻芯不得在施打过的管桩上钻取，钻芯检测应符合《钻芯检测离心高强混凝土抗压强度试验方法》GB/T19496 的有关规定。

15.6.2　施工过程中质量控制

（1）打桩过程中的质量控制应主要涉及：桩位的复测、打桩机具的检查、桩身垂直度检测、桩接头质量控制、收锤记录、打桩记录、打桩对周边环境的影响监测、基坑开挖和截桩头的监控等内容。

（2）在打桩前，首先应检查第一节桩定位的垂直度；当垂直度偏差不大于 0.5％时，方可开锤施打；在施打过程中，要随时注意保持桩锤、桩帽和桩身的中心线在同一直线上。测量桩身垂直度可用吊线锤法，需送桩的管桩桩身垂直度可利用送桩前桩头露出自然地面 1.0～1.5m 时测得的桩身垂直度作为成桩的垂直度，但深基坑内的基桩，应待深基坑土方开挖后再次测量桩身垂直度作为该桩的桩身垂直度。

15.6.3　成桩质量检测

（1）成桩质量检测主要包括：桩身垂直度、截桩后的桩顶标高、桩顶平面位置、桩身完整性以及单桩承载力等。

（2）成桩桩身垂直度应逐根检查，桩身垂直度允许偏差为 1％。

（3）截桩后桩顶的实际标高与设计标高的允许偏差为±10mm。桩顶标高可用经纬仪检测。

（4）设计标高处桩顶平面位置的允许偏差见表 15-2 所列，可用经纬仪进行检测。

管桩桩顶平面位置的允许偏差 表 15-2

序　号	项　目		允许偏差（mm）
1	单排或双排桩 条形桩基	垂直于条形桩基纵向轴线的桩	100
		平行于条形桩基纵向轴线的桩	150
2	一个承台下桩数为 1～3 根的桩基		100
3	一个承台下桩数为 4～16 根的桩基	周边桩	100
		中间桩	1/3 桩径或 150 中较大者
4	一个承台下桩数多 于 16 根的桩基	周边桩	1/3 桩径或 150 中较大者
		中间桩	1/2 桩径

（5）桩身完整性可采用低应变动测法进行检测，单桩竖向抗压承载力可采用静载试验进行检测。

15.6.4　锤击沉桩常见问题及处理措施

（1）沉桩困难，达不到预定埋入深度。

沉桩困难，甚至无法继续下沉的主要原因如下：

1）桩型设计和施工工艺不合理，锤型选用不当。

2）桩帽、缓冲垫、送桩的选定与使用有误，锤击能力损失过大。

3）桩锤性能故障，限制了桩锤能力的发挥。

4）地基调查不充分，忽略了地面到持力层层间的孤块石、回填土层中的障碍物及中间硬夹层的存在等情况。

5）忽略地基特性，桩距过密或沉桩顺序不当，使地基的密度增大过高。

6）桩身设计或施工不当，沉桩过程中桩顶、桩身或桩尖破损，被迫停打。

7）桩就位插入倾斜从而产生偏打，桩产生较大的横向振动，引起沉桩困难，甚至与邻桩相撞。

8）桩的接头较多且连续质量不好，引起桩锤能量损失过大。

9）长桩的设计细长比过大，引起桩的纵向失稳。

10）桩下沉过程中存在长时间中断停歇或桩尖停在硬夹层中进行接桩。

为避免上述情况的发生，首先应完善设计和施工工艺，保证桩的制作质量和接桩质量，提高施工技术管理水平。完好的桩不能下沉时，施工控制可考虑为柴油锤一次冲击下桩的贯入量小于 0.5～1.0mm，气动锤小于 1～2mm，振动锤每一分钟的贯入量小于25mm 或者振幅衰减到额定的 1/5～1/3 以下，沉桩时应详细做好下沉记录以便分析原因。

当遇到难以打入的硬土层时，首先应检验桩锤和缓冲垫。柴油锤的落高若小于 2m，说明柴油锤装备不良或缓冲垫过甚。蒸汽锤的落高若小于 0.8m，说明进气压力不足或气门调节阀不当，造成半空打状况或缓冲垫过甚所致。若桩锤、桩帽和送桩与桩体不在同一轴线或缓冲垫厚薄不均，且桩的就位偏斜较大时，偏打将产生较大的横向振动，使打桩能量损耗过大。如无以上情况而沉桩困难，可能是锤型或桩锤的容量选用不当。如果经过验算表明桩锤的配备与桩型相符合时，说明主要是桩型的设计或施工工艺不合理。

当桩的打入记录与其他桩的差异很大时，首先应分析地基土质和工程环境，考虑地下障碍物影响的可能性，可从打桩记录获得证实。此时若地基土质无突然变化且贯入量无逐渐减小的趋势，贯入量突然显著减小而回弹量急剧增大，当桩就位偏斜较大且桩距较密时，随着桩锤的冲击某根邻桩也做相应的急剧晃动，说明桩尖与邻桩相撞。若打桩记录反映击沉至某埋入深度后，贯入量逐渐小于邻近桩的相应值，对开口桩其土芯量也随之相应减小时，则可能是桩尖破损。当桩的贯入量都小于其他桩的相应值时，说明是打桩顺序不合理，引起桩周摩阻增大。有时桩锤配备不良或存在故障也会发生这一现象。但对细长比较大的多节长桩，不仅应考虑纵向失稳的可能，还需考虑接头质量所引起的松动而使打桩能力损失过大。最后尚应注意，当桩在打入中途长时间停歇后再施打或桩尖停在硬层中进行接桩后再施打，也可能是沉桩困难的主要原因。

在上述情况下，可采用相应措施如下：

1）检修桩锤及打桩辅助设备。

2）更换缓冲垫。

3）加强施工技术管理，提高就位精度。

4）采用合适的锤型和锤级。

5）制定合理的打桩顺序。

6）保证桩的接头质量。

7）对砂性土地基考虑间断停打。

8）改变桩尖与桩断面设计或改闭口桩为开口桩以减少沉桩阻力。

9）保证桩的制作质量或变更设计提高桩体的强度。

10）变更设计，改善桩的细长比。

11）改进施工工艺，增加辅助沉桩法。

（2）桩偏移和倾斜过大

该问题大都由于施工管理不善所致，严重时将会造成桩基报废的重大质量事故，其产生原因如下：

1）打桩机的导杆倾斜。

2）桩锤能量不足。

3）就位精度不足。

4）相邻送桩孔的影响。

5）斜坡打桩施工。

6）地下障碍物或软弱暗浜。

7）桩锤、桩帽、桩不在同一轴线上，缓冲垫厚薄不均，桩顶不平整所造成的施工偏打。

8）桩尖偏斜或桩体弯曲。

9）桩帽或送桩选用和使用不当。

10）接桩质量不良，接头松动或上下节桩不在同一轴线上。

11）桩的设计细长比过大引起桩的纵向失稳。

12）桩体压曲破损。

13）桩入土时的挤土影响。

14）打桩区邻近基坑开挖。

15）打桩顺序不合理。

通常可按下述来判定其主要原因：

1）当桩的偏位或倾斜随着桩的打入渐渐增加且打桩记录并无异常时，首先应检验打桩机导杆的垂直度，桩锤、桩帽和桩是否同轴，桩帽有无歪斜及缓冲垫是否厚薄均匀。此种情况也可能由于桩的就位偏差较大，桩体制作歪曲矢高过大，以及桩尖中心偏斜过大所致。

2）当桩的偏位或倾斜在沉桩开始就迅速增加时，应考虑邻近送桩孔、暗浜和地下障碍物影响的可能性。此外，斜坡上直接打桩时，往往也会发生这种现象。

3）当桩打入至持力层处其偏位或倾斜迅速增加时，往往是桩锤能量不足，或是送桩选用和使用不当及缓冲垫厚薄不均所致。

4）当桩的偏位或倾斜在打入过程开始渐渐增加时，一般是由于桩体弯曲或接桩质量不好，造成接头松动和弯曲较大，桩锤能量不足以及因地面变位使打桩机导杆倾斜等原因造成施工偏打所致。对长桩应考虑细长比过大引起桩的纵向失稳的可能性。当锤击应力较大且打桩记录产生异常情况时，往往是因桩体压曲破损所致。有时在沉桩过程中打桩机的移位也会引起桩的偏斜。

为避免桩的倾斜，对上述情况宜采取相应措施如下：

1）施工前详细调查掌握工程环境、场地建筑历史和地层土性、暗浜的分布和填土层的特性及其分布状况，预先清除地下障碍物。

2）施工前认真检验打桩机导杆的垂直度，并在沉桩过程中随时校验和校正。

3）加强施工管理，提高桩的就位精度。

4）及时填实相邻的送桩孔。

5）提高桩的制作质量，防止桩顶和接头面的歪斜及桩尖偏心和桩体弯曲等不良现象发生。

6）提高施工接桩质量，保证上下节桩同轴。

7）桩锤等设备配置正常，桩锤、桩帽、桩体应在同一轴线上，并经常保持缓冲垫的厚薄均匀，避免施工偏打。

8）采用大一级能量的桩锤。

9）斜坡打桩施工时，采用导框或围图配合施工。

10）设计较长桩时注意改善桩的细长比特性。

11）提高桩体强度，增厚缓冲垫，减小施工应力，尽可能缩短桩的长度和增大桩径，防止发生桩体压曲。

12）制定合理的打桩顺序，减小挤土影响。

13）打桩区及其邻近地区在打桩期间禁止基坑开挖。

14）当桩入土较浅时，可停止打桩，拔起桩体并填实桩孔，将桩扶正插直后重新进行打桩作业。当桩入土较深且偏斜严重时，应考虑重新补打新桩。

（3）桩达到预定设计埋入深度，但桩的承载能力不足。

通常通过土质资料和桩的贯入度记录及经验判断，有时会出现桩的承载能力不足的现象。这往往发生在土层变化复杂、硬持力层的层面起伏较大，地质调查不充分时，造成设计桩长不足，桩尖未能进入持力层足够的深度。

在这种情况下，可采用相应的措施：

1）当桩的长度不大且埋入深度相差较大时，可先将桩打至与原地面平，再凿开桩顶将钢筋接长，浇筑早强高强度等级的混凝土，待强度达到设计要求后继续复打，将桩尖打入持力层足够深度，直至满足设计承载力为止。

2）当桩的长度较大，且桩的埋入深度相差不大时，可采用送桩将桩尖打入持力层足够深度，直至达到设计承载力为止，待桩基施工完毕后进行基础开挖时，再将桩接长至设计标高。

3）当打桩机高度足够时，可根据地层土质分布情况预先将各桩接长至相应长度，待桩强度达到设计要求后再进行打桩作业。

4）变更设计改变布桩和增加桩数来满足设计承载力的要求。

5）按桩的实际承载力减小上部结构荷载。

6）对开口桩，可考虑在桩尖端设置十字加强劲或其他半闭口桩尖等形式，以增加尖端闭塞效应的方法，来提高桩的承载能力。

（4）桩的下沉状况与土质调查资料或试桩的下沉记录相比有异常现象。

造成上述现象通常有如下原因：

1）持力层层面起伏较大。

2）地面至持力层层间存在硬透镜体或暗浜。

3）地下有障碍物未清除掉。

4）打桩顺序和进桩进度安排不合理。

上述情况可采取的措施如下：

1）按照持力层的起伏变化减小或增大桩的埋入深度。

2）控制桩锤落高，提高打桩精度，防止桩体破损。

3）采用钢钎进行桩位探测，查清并清除遗漏的地下障碍物。

4）确定合理的打桩顺序。对砂性土地基可放慢施工进度采用短期休止的间断施工法，利用砂土松弛效应以减小桩的贯入总阻力。对黏性土地基也应放慢施工进度，打桩顺序采用中心开花的施工方法以减小超静孔隙水压力。

（5）桩体破损，影响桩的继续下沉。

桩体破损情况比较复杂，通常主要原因有以下几种：

1）由于制桩质量不良或运输堆放过程中支点位置不准确。

2）吊桩时，吊点位置不准确、吊索过短以及吊桩操作不当。

3）沉桩时，桩头强度不足或桩头不平整、垫材厚薄不均、桩锤偏心等所引起的施工偏打，造成局部应力集中。

4）终打阶段锤击力过大超过桩头强度，送桩尺寸过大或倾斜所引起的施工偏打。

5）桩尖强度不足，地下障碍物或孤块石冲撞等。

6）打桩时桩体强度不足，桩自由长度较长且桩尖进入硬夹层，桩顶冲击力过大，桩突然下沉，施工偏打，强力进行偏位矫正，桩的细长比过大，接桩质量不良，桩距较小且桩布较密桩受到较大挤压等均可能造成桩体破损。

对桩体破损可采用以下预防和处理措施：

1）运桩时，桩体强度应满足设计施工要求，支点位置正确。采用密肋形制桩时，认真做好隔离层。

2）吊桩时，桩体强度应满足设计施工要求，支点位置正确，起吊均匀平稳，禁止单头先起吊。起吊过程中应防止桩体晃动或其他物体碰撞。

3）在吊运过程中产生桩体破损时，应予以更换。若破损程度较小，也可采用环氧砂浆补强和角钢套箍补强。

4）选用能量适当的桩锤并控制落高。保证缓冲垫均匀和厚薄适当并随时更换，以降低冲击应力。

5）使用符合桩径的桩帽和送桩，送桩不宜太长，保持桩锤、桩帽、桩体在同一轴线上，避免施工偏打。

6）提高桩体强度，增大桩的截面积。

7）桩头设置钢帽、加固环或局部扩大头部截面积，桩尖设置钢桩靴或加固环。

8）缩短桩长，改变桩的布置、增加桩数、减小桩的细长比。

9）根据地基土性和工程环境资料，确定合理的打桩顺序。

10）对砂性土地基可采用间歇停打或分区轮换施工法。对黏性土地基可采取放慢进桩速度或多流水打桩顺序施工法。

11）采用预钻孔打桩，先钻透中间硬夹层，或采用钢冲桩冲透中间硬夹层，以减小桩的贯入阻力。

12）保证接头质量，填实接头间歇。

13）提高桩的就位和打入精度，避免强力矫正。

14）终沉时桩头发现破损，如只限于头部 1m 左右处时，对钢筋混凝土桩可停止锤击，清除露筋并凿平桩头，再将桩继续打入至设计标高，然后清理桩的头部加入补强筋，补浇混凝土至设计施工要求后再进行复打，如破损严重，宜补打新桩。

15）接桩时，如下节桩的头部严重破损，一般应补打桩。

16）在打桩开始时发现桩尖破损，可将桩拔出对桩尖装置钢桩靴或加固环等补强措施后，再继续打入土中。

17）在打桩中途桩体发生严重破损时，原则上必须补打新桩。如破损部位尚未入土且破损程度轻微，经设计部门同意可采用环氧砂浆或角钢套箍补强，随后继续将桩打入至设计标高。

18）采用钢钎在桩位处进行探查，彻底清除遗漏的地下障碍物。

19）增大桩距，以减小桩体受挤压时的弯曲应力或增大桩体的抗弯强度。

20）打桩作业中应避免长时间中断，防止产生过大的冲击应力。

（6）已沉好的桩发生较大上浮

在黏性土地基中，由于桩贯入过程中所产生的挤土效应，使地基土体发生隆起和位移，已打入的桩由于邻桩的打入而在土体挤压作用下随着上浮和位移。当持力层为砂性土时，桩的上浮量较大，一般超过 10cm 时，原则上应进行复打施工作业，将桩重新打入到设计标高。但当持力层为黏性土时，桩是与桩周及桩尖处的土体一起上浮的，随着土体内的超静孔隙水压力的消散，土体重新固结下沉时，上浮的桩会相应地下沉，故一般不必复打。

（7）桩下沉过程的长时间中断

打桩过程应避免长时间的中断，但由于各种施工因素及工程环境的影响，这种不得已的中断也会发生。中断所产生的影响程度根据地基土质形状的不同会有所差异，但随着中断时间的增加，桩周摩阻力随着由动变静而增大，使桩的继续打入变得困难，甚至造成桩体破损或无法打入。当采用送桩施工工艺时，还可能造成送桩难以拔出。

桩下沉过程中长时间中断原因如下：

1）对桩的贯入阻力估计不足，选锤能量过小。

2）打桩设备准备不充分而发生故障，或工程现场突然停电。

3）地基土质调查不全面，中间硬夹层厚薄不均匀。在桩打入时，发生中间硬夹层的穿透困难。

4）桩头尺寸误差过大又疏于检验，造成桩头卡住桩帽的故障。

5）桩头锤击破损，进行修整补强。

6）地面以上部分桩体破损，进行修整补强。

7）打桩过程中，桩锤能量不足，调换大能量桩锤。

8）接桩和送桩停歇时间过长。

9）因打桩受外界干扰，被迫停打。

10）送桩拔出困难。

11）桩接头损坏进行修整。

12）发生重大安全事故。

13）遭受大风暴雨袭击及特殊气象影响。

14）邻近构筑物和地下埋设物发生破损危险。

15）打桩区现场地面发生突然塌陷。

在上述情况下被迫停止打桩，应及时采取相应措施，尽可能缩短中断时间。其预防和处理措施如下：

1）预先正确地估算桩的贯入阻力。

2）选用适当的桩锤，桩锤的能量应留有富余。

3）当地基土质调查资料不全面时，应进行补充调查。

4）打桩前，对施工设备和动力源进行检查、调试和检修。

5）打桩前应检验桩的制作质量和尺寸规格。

6）打桩前应制定桩体破损修补计划和实施方案，准备好补强所需的工具和材料。

7）采用送桩工艺时，应选用适宜的送桩并在送桩完毕后及时拔出。

8）采用接桩工艺时，应制定提高施工效率缩短接桩时间的施工措施。

9）设计上应尽可能避免和减小接桩或送桩施工方法。

10）防止施工偏打使桩体受损。

11）控制桩锤冲击力，减小桩的施工应力，避免桩体受损。

12）桩头采用补强钢帽、加固环或增大截面积，防止桩头受损。

13）施工中应防止桩发生压曲。

14）严格遵守安全操作规程，防止发生安全事故。

15）注意天气预报，合理安排施工作业，提前做好防止风雨影响的安全措施。

16）采用低公害施工法。

17）在采用接桩施工工艺时，为了遵守作业时间，对下节桩、中节桩的停打深度应从地基的状态和桩的长度，及桩锤能量等方面进行判断决定，以保证中断后仍有可能继续打桩。

18）打桩期间对打桩区地面沉降进行监测。

19）打桩前对邻近构筑物进行调查，除对受沉桩影响的构筑物采取防护加固措施外，还应在打桩期间进行监测。

（8）沉桩引起地基变位造成桩区整体滑移。

在岸坡或山坡上进行打桩作业时，如设计施工不善，有时会造成工程现场整体滑移，导致场址报废的重大事故。其主要原因如下：

1）地基体质调查资料不详细或有差错，造成设计施工中对岸坡的稳定设计验算失误。

2）地基土质调查资料表明了岸坡失稳的可能性，而设计中未能重视。

3）施工工艺和施工方法不妥，产生较大的超静孔隙水压力，引起挤土、振动等影响导致土坡失稳。

4）打桩顺序流向不合理。

5）未采取措施控制进桩速度。

6）现场堆桩位置不妥造成超载。

7）打桩期间从坡脚开挖土方。

8）打桩期间河流水位突然大幅度下降。

9）打桩期间邻近深基坑开挖。

对上述情况相应的预防和处理措施如下：

1）应对地基土质状况进行周密调查，并加密勘察孔的间距。

2）设计施工中必须对在岸坡或斜坡上的稳定性进行验算。当安全系数不足时，应及时在打桩前采用相应的技术措施，提高稳定性。

3）尽可能采用低振动、少挤土或无振动、无挤土的施工工艺和方法，有效地减小超静孔隙水压力、挤土、振动对岸坡或斜坡稳定的影响。也可采用预钻孔打入或压入施工法进行沉桩。

4）采取由近向远进行打桩作业的打桩顺序。

5）尽可能放慢打桩施工进度。

6）岸坡或斜坡稳定性影响区内尽可能减小施工荷载，并禁止堆载。

7）重视工程环境、河流海洋水文、气象等调查资料，注意水位变化，采取防止水位突然下降的相应技术措施。

8）打桩作业地区，在打桩前或打桩时严禁在坡脚处挖泥和开挖基坑，而在打桩作业结束后需挖泥或开挖基坑时，应先验算岸坡或斜坡的整体稳定性。

9）打桩期间对打桩区的超静孔隙水压力和地基水位的变化状况进行监测，为检验打桩顺序的合理性和控制打桩进度提供依据。并可预先发现地基有失稳的趋势，以便及时采取相应措施。

（9）漏桩及桩位差错

主要原因是打桩前测量放线差错以及打桩时插桩失误所致。如采用送桩工艺，有时会在基坑开挖后才能发现，此时补桩已相当困难。因此，应加强施工管理采取预防措施，对桩位放样桩应建立多级复核制，对定位插桩实行逐根检查制，防止漏桩。在打桩完毕后，对现场进行一次全面复核，确认无漏桩后桩机方可撤离。

15.7 成品保护

（1）桩应达到设计强度的 70％方可起吊，达到 100％才能运输。

（2）桩在起吊和搬运时，必须做到吊点符合设计要求，应平稳并不得损坏。

（3）桩的堆放场地应平整、坚实，不得产生不均匀沉降；垫木与吊点的位置相同，并应保持在同一平面内；同桩号的桩应堆放在一起，而桩尖应向一端；多层垫木应上下对齐，最下层的垫木应适当加宽。堆放层数一般不宜超过 4 层。

（4）妥善保护好桩基的轴线和标高控制桩，不得由于碰撞和振动而位移。

（5）打桩时如发现地质资料与提供的数据不符时，应停止施工，并与有关单位共同研究处理。

（6）在邻近有建筑物或岸边、斜坡上打桩时，应会同有关单位采取有效的加固措施。施工时应随时进行观测，确保避免因打桩振动而发生安全事故。

（7）打桩完毕进行基坑开挖时，应制定合理的施工顺序和及时措施，防止桩的位移和倾斜。

15.8 安全与环保措施

15.8.1 安全保护措施

（1）安全危害辨识及控制措施见表 15-3 所列。

安全危害辨识及控制措施 表 15-3

序号	作业活动	危险源	控制措施
1	桩机行走	场地不平整，索具滑轮不符合要求	检查桩机性能符合安全使用要求，场地平整，设专人指挥、监护
2	起落桩架	机械设备故障后底盘配重不足	起落前，严格检查机械设备和底盘配重符合安全使用要求
3	施工用电	用电管理不到位，施工用电保护装置不完善，电源线路老化、破损	制定用电管理制度，使用三相五线制，实行三级用电保护，使用标准电源箱。多机作业用电必须一机一闸，严禁一闸多机
4	焊接接桩	劳保用品不齐，作业人员违章作业，焊接用品不符合要求	按标准配备劳动保护用品，选用合格的焊接用品

注：表中内容仅供参考，现场应根据实际情况重新辨识。

（2）遵守的相关规定

1）现场施工机械的操作应符合现行行业标准《建筑机械使用安全技术规程》JGJ33—2012 的规定。

2）现场施工用电应按现行行业标准《施工现场临时用电安全技术规范》JGJ46 的有关规定执行。

3）施工过程的安全检查应符合现行行业标准《建筑施工安全检查标准》JGJ59—2011的有关规定。

15.8.2 环境因素辨识及控制措施

（1）环境因素辨识及控制措施见表 15-4 所列。

环境因素辨识及控制措施 表 15-4

序　号	作业活动	环境因素	控制措施
1	锤击沉管	噪声	午休、夜间停止施工
2	柴油锤补充油料	油料滴漏	选用有效加料方式和防护办法
3	机械设备维修	废油泄露	检修车间配备油盆等容器。加强废油回收管理，禁止直接排放
4	运输	粉尘飞扬	场内运输道路洒水防尘

注：表中内容仅供参考，现场应根据实际情况重新辨识。

（2）遵守的相关规定

施工现场环境应符合现行行业标准《建设工程施工现场环境与卫生标准》JGJ146—2013 的有关规定。

第 16 章　振动法沉桩施工工艺

16.1　工艺原理及适用范围

16.1.1　工艺原理

　　振动法沉桩即采用振动锤进行沉桩的施工方法。在桩上设置以电、气、水或液压驱动的振动锤，使振动锤中的偏心重锤相互逆旋转，其横向偏心力相互抵消，而垂直离心力则叠加，使桩产生垂直的上下振动，造成桩及桩周土体处于强迫振动状态，从而使桩周土体强度显著降低和桩尖处土体挤开，破坏了桩与土体间的粘结力和弹性力，桩周土体对桩的摩阻力和桩尖土体抗力大大减小，桩在自重和振动力的作用下克服惯性阻力而逐渐沉入土中。

16.1.2　适用范围

　　通常可应用于松软地基中的木桩、钢筋混凝土桩、钢桩、组合桩的陆上、水上、平台上的直桩施工及拔桩施工，一般不适用于硬黏土和砂砾土地基。振动沉桩的施工工艺可分为干振施工法、振动扭转施工法、振动冲击施工法、振动加压施工法、附加弹簧振动施工法、附加配重振动施工法、附加配重振动加压施工法等。

　　(1) 干振施工法，是采用只有振动作用的振动锤沉桩，沉桩效率较低。轻型振动锤主要应用于软黏土地基中，桩长小于 10m、桩径小于 40cm 的短桩基础。重型振动锤可应用于软黏土和松砂土地基中，桩长小于 30m、桩径小于 50cm 的桩基础施工。

　　(2) 振动扭转施工法，下沉桩体不仅受到振动作用，同时也受到力偶的作用产生扭转。在下沉大型管桩时适合采用低转速重偏心块的振动锤。下沉小型管桩时适合采用高转速轻偏心块的振动锤。此法可适用于各类较硬土质的地基中。

　　(3) 振动冲击施工法，是采用振动与冲击联合作用进行沉桩。振动作用有利于克服土体对桩体下沉时的桩周摩阻力，冲击作用有利于克服桩尖处的正面阻力。所以，振动冲击施工法具有较强的沉桩能力，穿透性能较好、消耗的功率较小，但桩下沉的速度常低于冲击施工法。此法适用于各类土质的地基，常应用于有中间硬土层的地基。

　　(4) 振动加压施工法，是采用静压力与振动锤联合作用进行沉桩。沉桩能力强，穿透性能好，常应用于有中间硬土层或进入持力层一定深度的桩长 30m 左右的桩基础施工。

　　(5) 附加弹簧振动施工法，是采用振动和附加弹簧压力共同作用的振动锤进行沉桩。其特点在于振动锤与附加荷重板不是刚性相连，而是利用弹簧使振动机工作时附加荷重板处于静止状态不参与振动，因而不会使振动体系的振幅减小。此法适用于软黏土和松砂土地基中，桩长小于 30m、桩径小于 50cm 的桩基础施工。

　　(6) 附加配重振动施工法，是采用配重桩帽进行振动沉桩。一般只用于软黏土和松砂土地基中，桩径小于 40cm、桩长小于 30m 的桩基础施工。

　　(7) 附加配重振动加压施工法，是附加配重振动施工法和振动加压施工法的并用。其适用效果基本上略优于振动加压施工法，一般应用较少。

（8）振动沉桩也可按现场施工条件与预钻孔施工法和掘削施工法并用，以提高桩的穿透硬土层的能力和增加桩的贯入深度。

16.2 工艺特点

16.2.1 优点

此施工工艺优点是：（1）操作简便，沉桩效率高、工期短、费用省；（2）沉桩时桩的横向位移和变形均较小，不易损坏桩体；（3）电动振动锤的噪声与振动比筒式柴油锤小得多，而液压振动锤噪声低，振动小；（4）管理方便，施工适应性强；（5）软弱地基中沉桩迅速。

16.2.2 缺点

此施工工艺缺点是：（1）振动锤构造较复杂，维修较困难；（2）电动振动锤耗电量大，设备使用寿命较短，需要大型供电设备；（3）液压振动锤费用高；（4）地基受振动影响大，遇到硬夹层时穿透困难，仍有沉降挤土公害；（5）当桩基持力层的起伏较大时，桩的长度较难调节；（6）受振动锤效率限制，较难沉入 30m 以上的长桩。

16.3 施工准备

16.3.1 人员准备

人员准备可参考第 15 章相关内容。

16.3.2 技术准备

技术准备可参考第 15 章相关内容。

16.3.3 材料准备

材料准备可参考第 15 章相关内容。

16.3.4 设备准备

振动沉桩主要设备为振动锤、夹具以及用于安装振动锤的专用桩架或履带式吊车等。

1. 振动锤的选取

在选用振动锤时，不仅应考虑锤和桩的自重破坏桩端处土层的压力强度，还要考虑振动时尽可能产生大的冲击力使桩端处土层破碎。在振动锤的选取时一般应考虑以下要求：

（1）振动锤应具有必要的起振力。为了保证使桩能顺利下沉至设计标高，起振力必须大于桩土之间的摩阻力。

（2）振动体系应具有必要的振幅。振动沉桩时，当振动锤使桩发生振动的必要振幅使振动力大于桩周土体的瞬间全部弹性压力，并使桩端处产生大于桩端地基土的某种破坏力时，桩才能下沉。

（3）振动锤应具有必要的频率。振动沉桩时，只有当振动锤的频率大于自重作用下桩能够自由下沉时的振动频率时，桩才能沉入至预定设计标高。

（4）振动锤应具有必要的偏心力矩。振动锤的偏心力矩相当于冲击锤的锤重参数，因此，偏心力矩越大就越能将更重的桩沉入至更硬的土层中去。当振动锤的必要振幅确定后，便可根据已知的振动锤重量和桩的重量计算出必要的偏心力矩。

（5）振动体系应具有必要的重量。振动沉桩时，振动体系必须具有克服桩尖处土层阻力的必要重量。实践表明，在振动体系总重量达到某种大的量以前，桩的沉入速度是随着振动体系总重量的增加而增大的，并使得桩可以贯入更为坚硬的土层。一般桩的断面积越大，振动锤的动量越大，则要求振动体系的重量也越大。

（6）在选用振动锤时，尚应根据桩径与长度，考虑以 5min 左右完成桩的打入为宜。若明显超过 5min 时，将会使打桩作业效率降低，容易加快机械磨耗。若达到 15min 以上时，可能会使振动锤的动力装置发热以致烧坏，造成打桩作业效率的急剧低落。此时应考虑选用更大功率的振动锤。

2. 夹具要求

（1）夹得紧。和桩接触的夹板面设有两个方向的齿，可产生两个方向的摩擦，使摩擦系数增加。

（2）桩身材料要承受得了夹持应力，为此要控制夹板的面压。对于混凝土桩的夹头，面压控制在 1.3MPa 以下；对于钢桩，面压控制在 40~150MPa 以下。根据控制的面压和起振力可以确定夹板的面积。

（3）夹板的材料要有一定的硬度和耐磨性能。

16.3.5　作业条件准备

作业条件准备可参照第 15 章相关内容。

16.4　施工工艺

16.4.1　工艺流程

振动法沉桩施工工艺流程如图 16-1 所示。

16.4.2　操作要点

振动沉桩与锤击沉桩基本相同，除以振动锤代替冲击锤外，可参照锤击沉桩法施工。

（1）桩基设备进场、安装调试并就位后，可吊桩和插入桩位土中，然后将桩头套入振动锤桩帽中或被液压夹桩器夹紧，便可启动振动锤进行沉桩直到设计标高。沉桩宜连续进行，以防停歇过久而难以沉入。一般控制最后 3 次振动（加压），每次 5min 或 10min，测出每分钟的平均贯入度，当达到设计规定的数值时，即符合要求。摩擦桩则以沉桩深度符合设计要求深度为止。

（2）振动沉桩过程中，如发现下沉速度突然减小，此时可能遇上硬土层，应停止下沉而将桩略微提升 0.6~1.0m，重新

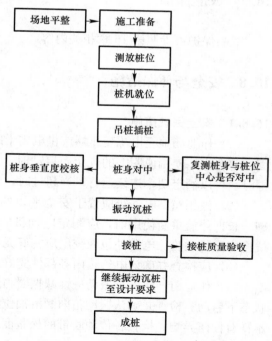

图 16-1　振动法沉桩施工工艺流程图

快速振动冲下，可较易打穿硬土层而顺利下沉。沉桩时如发现有中密以上的细砂、粉砂、重黏砂等硬夹层，且其厚度在 1m 以上时，可能沉入时间过长或难以穿透，继续沉入将易损坏桩头和桩机，并影响施工质量。此时宜会同有关部门共同研究采取措施。

（3）振动沉桩注意事项

1）桩帽或夹桩器必须夹紧桩头，以免滑动而降低沉桩效率，损坏机具或发生安全事故。

2）夹桩器和桩头应有足够的夹紧面积，以免损坏桩头。

3）桩架顶滑轮、振动锤和桩纵轴必须在同一垂直线上。

4）桩架应保持垂直、平正，导向架应保持顺直。

5）沉桩过程中应控制振动锤连续作业时间，以免因时间过长而造成振动锤动力源烧损。

（4）振动法沉桩施工中的常见问题及处理，可参照锤击法沉桩。

16.5 施工记录

施工记录可参照第 15 章相关内容。

16.6 质量控制

质量控制可参照第 15 章相关内容。

16.7 成品保护

成品保护可参照第 15 章相关内容。

16.8 安全与环保措施

16.8.1 安全保护措施

（1）作业场地至电源变压器或供电主干线的距离应在 200m 以内。电源容量与导线截面应符合出厂使用说明书的规定，启动时，当电动机额定电压变动在 -5% ~ +10% 的范围时，可以额定功率连续运行；当超过时，应控制负荷。

（2）液压箱、电气箱应置于安全平坦的地方。电气箱和电动机必须安装保护接地设施。长期停放重新使用前，应测定电动机的绝缘值，且不得小于 0.5MΩ，并应对电缆芯线进行导通试验。电缆外包橡胶层应完好无损。

（3）应检查并确认电气箱内各部件完好，接触无松动，接触器触点无烧毛现象。

（4）作业前，应检查振动桩锤减振器与连接螺栓的紧固性，不得在螺栓松动或缺件的状态下启动。检查并确认振动箱内润滑油位在规定范围内。用手盘转胶带轮时，振动箱内不得有任何异响。检查各传动胶带的松紧度，过松或过紧时应进行调整。胶带防护罩不应有破损。

（5）夹持器与振动器连接处的紧固螺栓不得松动。液压缸根部的接头防护罩应齐全。

（6）应检查夹持片的齿形。当齿形磨损超过 4mm 时，应更换或用堆焊修复。使用前，应在夹持片中间放一块 10～15m 厚的钢板进行试夹。试夹中液压缸应无渗漏，系统压力应正常，不得在夹持片之间无钢板时试夹。

（7）悬挂振动桩锤的起重机，其吊钩上必须有防松脱的保护装置。振动桩锤悬挂钢架的耳环上应加装保险钢丝绳。

（8）当启动振动桩锤困难时，应查明原因，排除故障后，方可继续启动。启动后，应待电流降到正常值时，方可转到运转位置。

（9）振动桩锤启动运转后，应待振幅达到规定值时，方可作业。当振幅正常后仍不能拔桩时，应改用功率较大的振动桩锤。

（10）夹桩时，不得在夹持器和桩的头部之间留有空隙，并应待压力表显示压力达到额定值后，方可指挥起重机起拔。

（11）沉桩前，应以桩的前端定位，调整导轨与桩的垂直度，不应使倾斜度超过 2°。沉桩时，吊桩的钢丝绳应紧跟桩下沉速度而放松。在桩入土 3m 之前，可利用桩机回转或导杆前后移动，校正桩的垂直度；在桩入土超过 3m 时，不得再进行校正。

（12）作业中，当遇液压软管破损、液压操纵箱失灵或停电（包括熔丝烧断）时，应立即停机采取安全措施，不得让桩从夹持器中脱落。作业中，应保持振动桩锤减振装置各摩擦部位具有良好的润滑。

（13）作业后，应将振动桩锤沿导杆放至低处，并采用木块垫实，带桩管的振动桩锤可将桩管插入地下一半。作业后，除应切断操纵箱上的总开关外，尚应切断配电盘上的开关，并应采用防雨布将操纵箱遮盖好。

16.8.2　环保措施

环保措施可参照第 15 章相关内容。

第 17 章　岩溶地区灌注桩施工工艺

17.1　工艺原理及适用范围

17.1.1　工艺原理

在打桩前利用注浆技术或旋喷帷幕施工工艺填充溶洞，使成孔过程及混凝土灌注过程中不发生塌孔、漏浆，从而保证成孔、成桩。

在打桩过程中遇到溶洞时，采取抛弃一定比例的土石头混合物或钢护筒跟进技术，保证成孔、成桩。

17.1.2　适用范围

本工艺适用于灌注桩施工之前或施工过程中对溶洞的处理。

17.2　工艺特点

17.2.1　优点

此施工工艺优点是：（1）能够在有溶洞或土洞的地质条件下成孔、成桩；（2）成孔过程中溶洞处理施工工艺简单、易于操作。

17.2.2　缺点

此施工工艺缺点是：（1）采用预先处理溶洞或土洞时，处理效果不易确定；（2）预先处理溶洞需要投入专用的压浆设备；（3）施工过程中处理溶洞不及时易造成塌孔；（4）施工过程中溶洞处理泥浆用量较大。

17.3　施工准备

17.3.1　人员准备

（1）桩基成孔、成桩人员准备可参考第3章相关内容。

（2）溶洞处理人员需根据溶洞处理方案配备相应的技术人员及操作工人。

17.3.2　技术准备

（1）详细掌握场地岩土工程勘察报告，并根据桩基工程施工图纸进行详细的图纸会审。

（2）根据岩土工程勘察报告，预先确定溶洞处理方案措施。

（3）编制完成桩基工程施工组织设计及溶洞处理方案，并对现场作业人员进行详细的安全、技术交底。

17.3.3　材料准备

（1）泥、砂、石、钢筋等原材料及其制品送检并出具有效的合格报告。

（2）处理溶洞所需的水泥、黏土、钢护筒等。

17.3.4　设备准备

（1）根据岩土工程勘察报告、桩型、钻孔深度、泥浆排放及溶洞处理等因素综合确定钻孔机具。

（2）根据所选定的溶洞处理方案，选择所需的溶洞处理机具。

17.3.5　作业条件准备

（1）桩基施工用的供水、供电、道路、排水、临时房屋等临时设施，必须在开工前准备就绪，施工场地应进行平整处理，保证施工机械正常作业。

（2）基桩轴线的控制点和水准点应设在不受施工影响的地方。开工前，经复核后应妥善保护，施工中应经常复测。

（3）施工平面图：标明桩位、编号、施工顺序、水电线路和临时设施的位置；采用泥浆护壁成孔时，应标明泥浆制备设施及其循环系统。

（4）用于施工质量检验的仪表、器具的性能指标，应符合现行国家相关标准的规定。

17.4　施工工艺

17.4.1　工艺流程

岩溶地区灌注桩施工工艺流程如图 17-1 所示。

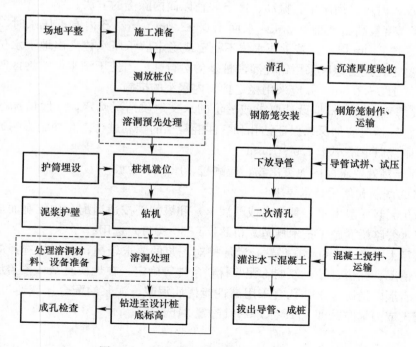

图 17-1　岩溶地区灌注桩施工工艺流程图

17.4.2　操作要点

1. 施工平台与护筒

（1）施工平台

1）场地为浅水时，宜采用筑岛法施工。筑岛的技术要求应符合《公路桥涵施工技术规范》（JTG/TF50—2011）的有关规定。筑岛面积应按钻孔方法、机具大小等要求决定；高度应高于最高施工水位 0.5～1.0m。

2）场地为深水时，可采用钢管桩施工平台、双壁钢围堰平台等固定式平台，也可采用浮式施工平台。平台须牢靠稳定，能承受工作时所有静、动荷载。平台的设计与施工可按本规范的有关规定执行。双壁钢围堰平台，应符合《公路桥涵施工技术规范》（JTG/TF50—2011）的规定，且保证钢管桩施工平台施工质量要求：

① 钢管桩倾斜率在 1% 以内；

② 位置偏差在 300mm 以内；

③ 平台必须平整，各连接处要牢固，并定期测量钢管桩周围河床面标高，冲刷是否超过允许程度；

④ 严禁船只碰撞，夜间开启平台首尾示警灯，设置救生圈以保证人身安全。

（2）护筒设置

1）护筒内径宜比桩径大 200～400mm。

2）护筒中心竖直线应与桩中心线重合，除设计另有规定外，平面允许误差为 50mm，竖直线倾斜不大于 1%，干处可实测定位，水域可依靠导向架定位。

3）旱地、筑岛处护筒可采用挖坑埋设法，护筒底部和四周所填黏质土必须分层夯实。

4）水域护筒设置，应严格注意平面位置、竖向倾斜和两节护筒的连接质量均需符合上述要求。沉入时可采用压重、振动、锤击并辅以筒内除土的方法。

5）护筒高度宜高出地面 0.3m 或水面 1.0～2.0m。当钻孔内有承压水时，应高于稳定后的承压水位 2.0m 以上。若承压水位不稳定或稳定后承压水位高出地下水位很多，应先做试桩，鉴定在此类地区采用钻孔灌注桩基的可行性。当处于潮水影响地区时，应高于最高施工水位 1.5～2.0m，并应采用稳定护筒内水头的措施。

6）护筒埋置深度应根据设计要求或桩位的水文地质情况确定，一般情况埋置深度宜为 2～4m，特殊情况应加深以保证钻孔和灌注混凝土的顺利进行。有冲刷影响的河床，应沉入局部冲刷线以下不小于 1.0～1.5m。

7）护筒连接处要求筒内无突出物，应耐拉、压，不漏水。

2. 泥浆的调制和使用技术要求

（1）钻孔泥浆一般由水、黏土（或膨润土）和添加剂按适当配合比配制而成，其性能指标可参照《公路桥涵施工技术规范》（JTG/TF50-2011）选用。

（2）直径大于 2.5m 的大直径钻孔灌注桩对泥浆的要求较高，泥浆的选择应根据钻孔的工程地质情况、孔位、钻机性能、泥浆材料条件等确定。在地质复杂，覆盖层较厚，护筒下沉不到岩层的情况下，钻孔宜采用高性能优质泥浆，泥浆的配合比应通过实验确定，配置时膨润土或丙烯酰胺即 PHP 水解后宜静置 24h。

3. 钻孔施工

（1）一般要求

1）钻机就位前，应对钻孔各项准备工作进行检查。

2）钻孔时，应按设计资料绘制的地质剖面图，选用适当的钻机和泥浆。

3）钻机安装后的底座和顶端应平稳，在钻进中不应产生位移或沉陷，否则应及时处理。

4）钻孔作业应分班连续进行，填写的钻孔施工记录，交接班时应交待钻进情况及下一班应注意的事项。应经常对钻孔泥浆进行检测和试验，不合要求时，应随时改正。应经常注意地层变化，在地层变化处均应捞取渣样，判明后记入记录表中并与地质剖面图核对。

（2）钻孔灌注桩钻进的注意事项

1）无论采用何种方法钻孔，开孔的孔位必须准确。开钻时均应慢速钻进，待导向部位或钻头全部进入地层后，方可加速钻进。

2）采用正、反循环钻孔（含潜水钻）均应减压钻进，即钻机的主吊钩始终要承受部分钻具的重力，而孔底承受的钻压不超过钻具重力之和（扣除浮力）的 80%。

3）用全护筒法钻进时，为使钻机安装平正，压进的首节护筒必须竖直。钻孔开始后应随时检测护筒水平位置和竖直线，如发现偏移，应将护筒拔出，调整后重新压入钻进。

4）在钻孔排渣、提钻头除土或因故停钻时，应保持孔内具有规定的水位和要求的泥浆相对密度和黏度。处理孔内事故或因故停钻，必须将钻头提出孔外。

5）变截面桩的施工

全断面一次成孔或再分级扩孔钻进，分级扩孔时变截面桩开始用大直径钻头，钻到变截面处换小直径钻头钻进，达到设计高程后，再换钻头扩孔到设计直径，依次作业 2～3 次直到完成符合设计要求的变截面桩。钻孔时为保持孔壁稳定，覆盖层进尺不能过快，宜采用减压吊钻钻进。

4. 清孔

（1）清孔要求

1）钻孔深度达到设计标高后，应对孔深、孔径进行检查，检查合格后方可清孔。

2）清孔方法应根据设计要求、钻孔方法、机具设备条件和地层情况决定。

3）在吊入钢筋骨架后，灌注水下混凝土之前，应再次检查孔内泥浆性能指标和孔底沉淀厚度，如超过规定，应进行第二次清孔，符合要求后方可灌注水下混凝土。

（2）清孔时注意事项

1）清孔方法有换浆、抽浆、掏渣、空压机喷射、砂浆置换等，可根据具体情况选择使用。

2）不论采用何种清孔方法，在清孔排渣时，必须注意保持孔内水头，防止塌孔。

3）无论采用何种方法清孔，清孔后应从孔底提出泥浆试样，进行性能指标试验，试验结果应满足设计要求。灌注水下混凝土前，孔底沉淀土厚度应符合设计要求。

4）不得用加深钻孔深度的方式代替清孔。

5. 钢筋笼吊装及灌注水下混凝土

钢筋笼吊装及灌注水下混凝土可参考第 19 章相关内容。

6. 岩溶不良地质现象处治

(1) 浅层溶洞处理方法

1) 钢护筒跟进法是处治浅层溶洞,特别是土洞的主要方法。

2) 对基桩处于单层或层数不多浅层溶洞区且洞高小于 3m 的浅层溶洞,当钻孔至距溶洞顶 1m 左右时,应减小冲程,通过短冲程快速冲击方式逐渐将洞顶击穿,防止因冲程过大导致卡钻。

3) 在钻至地表以下、地下水位以上范围内的浅层溶洞顶前,预先准备充足的小片石(片石直径 10~20cm)、黏土(黏土做成球状或饼状,直径 15~20cm)和水泥。根据溶洞的大小,回填片石和黏土的混合物,进行反复冲砸补漏,片石和黏土混合物的比例为 4∶1。

4) 土洞以外 10m 范围以内有重要构筑物时,土洞体积较大,且具有一定的连通性,为保证周围构筑物的安全性,应对土洞进行预处理。

5) 对浅埋的岩溶土洞,可将其挖开或爆破揭顶,如洞内有塌陷松软土体,应将其挖除,再以块石、片石、砂等填入,然后覆盖黏性土并夯实,再行施工。

6) 埋深在 10m 以内洞体较小、空洞或半充填溶洞可采用挖孔桩施工工艺成孔。

7) 当使用冲击钻机钻孔时,钢护筒内径应比钻头直径大 40cm;护筒厚度保证在 1/150d~1/130d,且不少于 10mm;护筒顶面宜高出施工水位或地下水位 2m,还应满足孔内泥浆面的高度要求,在旱地或筑岛时还应高出施工地面 0.5m。

8) 钢护筒入土深度宜控制在 10~15m 内以保护软弱覆盖层。当表层土层较软弱时且溶洞发育强烈,钢护筒应全面入岩,且不允许落在倾斜岩面上;若下层土层较坚硬密实,且无溶洞发育,钢护筒应进入该密实土层至少 0.5m。

9) 钢护筒跟进方法应采用分段驳接振入法,即边成孔边用振动锤振入驳接加长钢护筒,或在确定进入岩面时,直接从孔顶驳入护筒。同时节段间的焊接应密实、不漏水。

10) 护筒顶面中心与设计桩位偏差不得大于 5cm,倾斜度不得大于 1%。

(2) 深部溶洞处理方法

1) 埋深大于 10m 且洞高小于 5m 的溶洞

① 溶洞为单个情况下,可以采用片石加黏土的反复冲孔,或灌注一定的低强度等级混凝土,然后进行冲孔。

② 串珠状溶洞情况下,可提前在桩基中心周边 0.5~1.0m 的范围内采用溶洞压浆技术或旋喷帷幕施工工艺。

2) 埋深大于 10m 且洞高大于 5m 的溶洞

① 在有充填物情况下,抛填片石与黏土。当充填物为石质时,回填物以填土为主;当充填物为土时,回填物以片石为主。如果漏浆情况严重,抛填片石、黏土、水泥至孔底,并灌注 C20 水下混凝土加固孔壁。

② 在单个溶洞无填充物情况下,可回填片石和黏土,以片石为主,或填充混凝土、压浆。

③ 串珠状溶洞或空洞洞高超过 8m 的情况下,可提前在桩基中心周边 0.5~1.0m 的范围内采用溶洞压浆技术或旋喷帷幕施工工艺。

(3) 溶洞预处理方法

1) 静压注浆技术

① 河漫滩地层存在较厚的细砂层,表层松散不稳定且渗透性强。对于此类地质条件,

宜在施工前对桩周覆盖层进行静压注浆处理以确保施工的顺利进行。

② 每个桩基周边应均匀布置 8 个钻探及注浆孔,注浆范围为岩面至护筒脚以上 5m 左右。静压注浆宜采用套管法注浆,即采用 ϕ127 套管打至护筒脚以上 5m 左右,注浆压力为 0.5～1.0MPa,水灰比为 1：1。

2) 溶洞压浆技术

① 压浆套管应安装至溶洞底板以上 0.1～0.5m 左右。

② 当溶洞高度小于 5m 时,宜压注砂浆,砂浆配合比宜为：R42.5 水泥：粉煤灰：砂：水：减水剂＝300：130：1580：270：8.5。灌注施工自下而上分段进行,分段以套管节长为单位,段长以 2.0～3.0m 为宜,向上起出一段套管则灌注一段,直至设计顶面深度为止。当基岩岩溶、溶洞灌浆孔泵送压力达 13～15MPa 时可终止压浆。

③ 当溶洞高度大于 5m 时,宜压小碎石混凝土,小碎石混凝土配合比宜为：R42.5 水泥：粉煤灰：水：砂：碎石：减水剂＝180：200：220：840：990：6.86。压浆使用地泵进行泵送,采用自下而上、分段进行灌注。泵送压力约为 13～15MPa。当孔口返浆时即可停止压浆。

④ 当溶洞体积较小,且洞内存在一定的充填物(卵石、碎石、黏土等),宜注压水泥浆。

3) 旋喷围帷技术

当基岩存在填充的大溶洞时,溶洞裂隙发育强烈透水性强,冲孔前溶洞内可进行旋喷形成止水帷幕便于后续施工。旋喷浆液中可加入水玻璃,比例为 5%,按桩基中心周边 50cm～1m 作用影响范围进行旋喷。

(4) 溶洞多发事故应急处理措施

1) 为了保证施工的安全性和经济效益的最优化。原则上对于桩端下 3d 范围内存在洞高大于 10m 的溶洞时,应主动避让,修改局部设计方案,确保工程质量和施工安全。

2) 对于表层的土洞,以钢护筒跟进为主要的处理措施,通过钻孔成孔或人工挖孔桩成孔。在钻孔成孔过程中,当钻头到达溶洞顶板以上 1m 左右时,应减小冲程,通过短冲程快速冲击的方法逐渐将洞顶击穿。当顶板击穿时,先迅速提钻,避免卡钻和掉钻;再观察孔内的泥浆面的变化,一旦出现漏浆的情况应迅速补水,并投入片石和黏土的混合物,其比例为 7：3,待泥浆面稳定后再进行施工。

3) 岩溶钻孔桩成桩过程中,当钻头进入基岩位置时,基岩表层一般发育不规则,特别是溶槽、半边溶蚀的发育强烈。当出现偏孔和卡钻现象时,应慢速提拉钻头,并投入一定量的小片石或卵石,并以小冲程方式冲平基岩表面,待孔底平整密实后再进行后续施工,直到终孔。

4) 当基岩裂隙发育强烈,地下水渗流明显时,容易出现缓慢跑浆、反清水等现象。施工人员应密切关注泥浆面的变化,当出现跑浆情况时应投入适量的小片石封堵裂隙以稳定泥浆面;并随时检测泥浆的物理性能指标和化学性质,防止出现泥浆离析的现象。

5) 对于基岩以下的溶洞,当桩端要穿越溶洞时,施工前应对溶洞进行压浆处理。当钻头到达溶洞顶板以上 1m 左右时,应适当减小冲程,通过短冲程快速的冲击方法逐渐将洞顶击穿。当顶板击穿时,先迅速提钻,避免卡钻和掉钻;一旦出现漏浆的情况应迅速补水,并回填片石和黏土的混合物,其比例为 7：3;如果漏浆严重,在回填片石和黏土的基础上，再压浆、灌注低强度等级混凝土，待泥浆面稳定后再进行施工。

6）溶洞顶板被击穿后，当发现孔内水头迅速下降，护筒也伴随下沉。操作员应立即提起钻头，如果发现地面出现裂缝并有下沉迹象时，应立即组织在场施工人员撤离到安全地方，待地面下沉稳定后再行处理。

（5）溶洞后处理技术

1）溶洞后处理技术应以成孔后和成桩后的各项监测数据为依托，目的是为了保证桩基的工程质量和桩基极限承载力的提高。

2）终孔后应对已成孔的中心位置、孔深、孔径、垂直度、孔底沉渣厚度进行检验；当在钻孔的过程中如果出现处理漏浆时间长或塌孔现象时，应对泥皮厚度进行检验。当各项指标达到要求时方可浇筑混凝土成桩。当泥皮厚度超过要求值时可采用成桩后对桩周进行注浆处理来增强桩周摩阻力。

3）当桩端持力层岩层裂隙发育强烈，且桩端持力层顶板厚度比要求设计厚度薄时，应对持力层进行桩端后注浆处理。

4）桩端后注浆处理应在下钢筋笼时预埋注浆管，注浆管应穿过沉渣进入岩面。注浆量应由桩端、桩侧土层类别、渗透性能、桩径、桩长、承载力增幅要求，沉渣施工工艺、上部结构荷载特点和设计要求等诸因素确定。

5）桩端后注浆处理注浆压力应根据岩层裂隙发育情况而定，一般控制在 $5\sim10\mathrm{MPa}$ 之间。在桩端后注浆中，应以注浆量为主控因素，以注浆压力为辅控因素。现场应做好注浆量—注浆压力的记录情况。

17.5 施工记录

（1）工程地质勘察报告、桩基施工图、图纸会审纪要、设计变更单及材料代用通知等；

（2）经审定的施工组织设计、施工方案及执行中的变更单；

（3）桩位测量放线图，包括工程桩位线复核签证单；

（4）原材料的质量合格和质量鉴定书；

（5）施工记录及隐蔽工程验收文件；

（6）成桩质量检查报告；

（7）单桩承载力检测报告；

（8）其他必须提供的文件和记录。

17.6 质量控制

17.6.1 施工前检验

（1）施工前应严格对桩位进行检验。

（2）灌注桩施工前应进行下列检验：

1）混凝土拌制应对原材料质量与计量、混凝土配合比、坍落度、混凝土强度等级等进行检查。

2）钢筋笼制作应对钢筋规格、焊条规格、品种、焊口规格、焊缝长度、焊缝外观和质量、主筋和箍筋的制作偏差等进行检查，钢筋笼制作允许偏差应符合《公路桥涵施工技术规范》JTG/TF50—2011 的要求。

17.6.2 施工中检验

（1）钻孔在终孔和清孔后，应进行孔位、孔深检验。

（2）孔径、孔形和倾斜度宜采用专用仪器测定，当缺乏专用仪器时，可采用外径为钻孔桩钢筋笼直径加 100mm（不得大于钻头直径），长度为 4～6 倍外径的钢筋检孔器吊入钻孔内检测。

（3）钻孔成孔的质量标准见表 17-1 所列。

钻孔成孔质量标准

表 17-1

序号	项　目	允许偏差
1	孔的中心位置（mm）	群桩：100；单排桩：50
2	孔径（mm）	不小于设计桩径
3	倾斜度	钻孔：小于 1%；挖孔：小于 0.5%
4	孔深	摩擦桩：不小于设计规定； 支承桩：比设计深度超深不小于 50mm
5	沉淀厚度（mm）	摩擦桩：符合设计要求，当设计无要求时，对于直径≤1.5m 的桩，≤300mm；对于桩径>1.5m 或桩长>40m 或土质较差的桩，≤500mm； 支承桩：不大于设计规定
6	清孔后泥浆指标	相对密度：1.03～1.10；黏度：17～20Pa·S； 含砂率：<2%；胶体率：>98%

注：清孔后的泥浆指标，是从桩孔的顶、中、底部分别取样检验的平均值。本项指标的测定，限指大直径桩或有特定要求的钻孔桩。

（4）灌注桩施工过程中应进行下列检验：

1）灌注混凝土前，应按照《公路桥涵施工技术规范》JTG/TF50—2011 有关施工质量要求，对已成孔的中心位置、孔深、孔径、垂直度、孔底沉渣厚度进行检验。

2）应对钢筋笼安放的实际位置等进行检查，并填写相应质量检测、检查记录。

17.6.3 施工后检验

（1）根据不同桩型应按《公路桥涵施工技术规范》JTG/TF50—2011 规定检查成桩桩位偏差。

（2）桩身混凝土抗压强度应符合设计规定；每桩试件组数为 2～4 组，检验要求按《公路桥涵施工技术规范》JTG/TF50—2011 的规定。

（3）桩身质量除对预留混凝土试件进行强度等级检验外，尚应进行现场检测。一般选有代表性的桩用无破损法进行检测，重要工程或重要部位的桩宜逐根进行检测，设计有规定时或对桩的质量有疑问时，应采用钻取芯样法对桩进行检测，对该桩应钻到桩底 0.5m 以下。

17.7　成品保护

成品保护可参考第 3 章相关内容。

17.8　安全与环保措施

17.8.1　安全保护措施

（1）安全保护可参考第 3 章相关内容。

（2）在进行溶洞处理过程中，严禁机械与工人平行作业；严禁溶洞处理过程中相邻桩基施工。

17.8.2　环保措施

环保措施可参考第 3 章相关内容。

第 18 章　型钢水泥搅拌桩（墙）施工工艺

18.1　工艺原理及适用范围

18.1.1　工艺原理

型钢水泥搅拌桩（墙）施工工艺（即：SMW 工法），是利用专门的多轴搅拌机就地钻进切削土体，同时在钻头端部将水泥浆液注入土体，经充分搅拌混合后，在各施工单位之间采取重叠搭接施工，在水泥土混合体未结硬前再将 H 型钢或其他型材插入搅拌桩体内，形成具有一定强度和刚度的、连续完整的、无接缝的地下连续墙体，该墙体可作为地下开挖基坑的挡土和止水结构。

18.1.2　适用范围

型钢水泥搅拌桩（墙）适用于在填土、淤泥质土、黏性土、粉土、砂土、砂砾土、饱和黄土等地层；对淤泥、泥灰土、有机质土以及地下水具有腐蚀性和无工程经验的地区，必须通过现场试验确定其适用性。

成桩（墙）厚度为 550~1300mm，常用厚度为 600mm；一般成桩（墙）深度不超过45m，并可视地质条件及设计尚可施工至更深。

18.2　工艺特点

18.2.1　优点

此施工工艺优点是：（1）施工时基本无噪声，对周围环境影响小，结构强度可靠；（2）凡是适合应用水泥土搅拌桩的场合都可使用，特别适用于以黏土和粉细砂为主的松软地层；（3）挡水防渗性能好，不必另设挡水帷幕，可以配合多道支撑应用于较深的基坑；（4）在一定条件下可代替作为地下围护的地下连续墙，在费用上如果能够采取一定施工措施成功回收 H 型钢等材料，则成本大大低于地下连续墙；（5）构造简单，工期短，造价低，环境污染小，特别适用于城市中的深基坑工程；（6）废土外运量远比其他工法少；（7）施工不扰动邻近土体，不会产生邻近地面下沉、房屋倾斜、道路裂损及地下设施移位等危害。

18.2.2　缺点

此施工工艺缺点是：（1）容易忽视水泥土强度对基坑施工的影响，水泥土强度低对基坑失稳可能造成的影响；（2）型钢水泥搅拌桩（墙）理论上通常认为：水土侧压力全部由型钢单独承担，水泥土桩的作用在于抗渗止水。所以设计中受力计算一般仅考虑由 H 型钢独立承受作用在围护体上的力，水泥土搅拌桩体仅作为一种安全储备加以考虑。因此，易于造成工程管理人员、技术人员忽视了 SMW 工法中水泥土强度的重要性；（3）容易忽视基坑坑底加固。

18.3 施工准备

18.3.1 人员准备

以每台搅拌机为一单位配置现场施工人员，见表 18-1 所列。

型钢水泥搅拌桩（墙）施工人员配备表　　　　　　　　　表 18-1

序 号	岗 位	数 量	工作内容
1	搅拌机操作工	1	三周搅拌机的操作
2	技术员	1	现场技术指导
3	施工员	2	现场施工管理
4	测量员	2	测量监控、测量记录
5	质检员	1	质量监控
6	安全员	1	安全监督
7	电工	1	现场施工用电管理
8	搅拌工	2	水泥浆搅拌
9	起吊司机	1	汽车吊操作
10	焊接工	2	型钢焊接
11	压桩操作工	3	型钢压入
12	搬运工	3	采用转运

18.3.2 技术准备

（1）施工前应标定搅拌机械的灰浆输送量、灰浆输送管到达搅拌机喷浆口的时间和起吊设备提升速度等施工工艺参数，通过室内配合比试验，结合设计要求，选择最佳水泥掺入比，确定搅拌施工工艺参数。

（2）依据设计图纸和施工方案，做好现场平面布置，安排好打桩施工流程。布置水泥浆制备系统和泵送系统，且考虑泵送距离不宜大于 100m。

（3）加劲水泥土搅拌桩机定位时，必须经过技术复核确保定位准确，并设置桩位标志。

（4）对现场管理人员及操作人员进行安全、技术交底。

18.3.3 材料准备

（1）水泥：宜采用强度等级不低于 P.O42.5 级的普通硅酸盐水泥，水泥用量和水灰比应结合土质条件和机械性能等指标通过现场试验确定，并宜符合表 18-2 的规定。在型钢依靠自重和必要的辅助设备可插入到位的前提下水灰比宜取小值。

在填土、淤泥质土等特殊软弱土中以及在较硬的砂性土、砂砾土中，钻进速度较慢时，水泥用量适当提高。砂性土搅拌桩宜外加膨润土。

水泥土搅拌桩材料用量和水灰比　　　　　　　　　表 18-2

序 号	土质条件	单位被搅拌土体中的材料用量		水灰比
		水泥（kg/m³）	膨润土（kg/m³）	
1	黏性土	≥360	0~5	1.5~2.0
2	砂性土	≥325	5~10	1.5~2.0
3	砂砾土	≥290	5~15	1.2~2.0

（2）型钢：内插型钢宜采用 Q235B 级钢和 Q345B 级钢，规格、型号及有关要求宜符合《热轧 H 型钢和部分 T 型钢》GB/T 11263—2010 和《焊接 H 型钢》YB3301 的相关要求。

（3）水：水泥拌合用水采用饮用水，采用其他水源时，水质应符合国家现行标准《混凝土用水标准》JGJ63 的规定。

（4）外加剂：在水泥浆液的配制过程中可根据实际需要经过试验加入相对应的外加剂，如：膨润土、增黏剂、缓凝剂、分散剂、早强剂。

18.3.4　设备准备

（1）型钢水泥搅拌桩（墙）的施工设备一般采用三轴水泥土搅拌机，设备型号的选择应根据地质条件和周边的环境条件、成桩深度、桩径等条件进行确定；与其配套的桩架性能参数应与搅拌机的成桩深度相匹配，钻杆及搅拌叶片构造应满足在成桩过程中水泥和土能充分搅拌的要求。在黏性土中宜选用以叶片式为主的搅拌形式；在砂性土中宜选用螺旋叶片式为主的搅拌形式；在砂砾土中宜选用螺旋叶片搅拌形式。

（2）三轴搅拌桩机应符合以下规定：

1）搅拌驱动电机应具有工作电流显示功能。

2）应具有桩架垂直度调整功能。

3）主卷扬机应具有无级调速功能。

4）采用电机驱动的卷扬机应有电机工作电流显示，采用液压驱动的主卷扬机应有油压显示。

5）桩架立柱下部搅拌轴应有定位导向装置。

6）在搅拌深度超过 20m 时，应在搅拌轴中部位置的立柱导向架上安装移动式定位导向装置（图 18-1）。

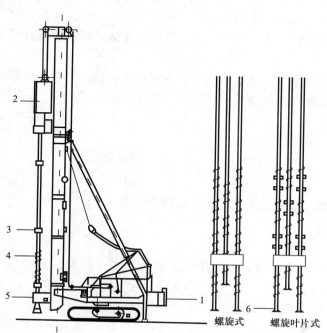

图 18-1　三轴搅拌桩机构造示意图

1—桩架；2—动力头；3—连接装置；4—钻杆；5—支承架；6—钻头

（3）注浆泵的工作流量应可调节，其额定工作压力不宜小于 2.5MPa，并应配置计量装置（表 18-3）。

型钢水泥搅拌桩施工所需主要设备表　　　　　表 18-3

序　号	设备名称	用　途
1	多轴搅拌机	搅拌桩施工
2	提升速度测定仪	搅拌提升
3	液压压桩机	H 型钢压入与拔出
4	集料斗	放水泥
5	灰浆泵	压入水泥浆
6	汽车吊	起吊设备
7	磅秤	计量
8	灰浆搅拌机	搅拌水泥浆
9	全站仪、经纬仪	测量放线

18.3.5　作业条件准备

（1）水泥土搅拌桩施工前，对施工场地及周围环境进行调查应包括：机械设备和材料的运输路线、施工场地、作业空间、地下障碍物的状况等。对影响成桩质量及施工安全的地质条件必须详细调查。

（2）施工前应对现场进行平整，清除施工区域表面硬物和地下障碍物，遇明浜、暗塘或低洼地等不良地质条件时应抽水、清淤、回填素土并分层夯实。现场道路的承载力应满足钻机和起重机平稳行走。

（3）施工前，按照搅拌桩桩位布置图进行现场测量放线并复核验收。根据确定的施工顺序，安排型钢、配套机具、水泥等物资的放置位置。

（4）搅拌桩机和供浆系统应预先组装、调试，在试运转正常后方可开始进行搅拌桩的施工。

（5）施工前应通过成桩试验确定搅拌桩下沉和提升速度、水泥浆液水灰比等工艺参数及成桩工艺；测定水泥浆从输送管到达搅拌机喷浆口的时间。

18.4　施工工艺

18.4.1　工艺流程

型钢水泥搅拌桩（墙）施工工艺流程如图 18-2 所示。

18.4.2　操作要点

1. 测量放线

施工前，根据设计图纸和业主提供的坐标基准点，精确测放出桩基中心点，并做好护桩。

2. 开挖导沟、设置定位型钢

根据型钢水泥土搅拌墙的轴线开挖导向沟，其作用是施工导向和临时堆放置换出来的残土、泥浆；在沟槽边设置搅拌桩定位型钢，并在定位型钢上标出搅拌桩和型钢插入位置，定位型钢要设置牢固；型钢定位导向架和竖向定位的悬挂构件应根据内插型钢的规格

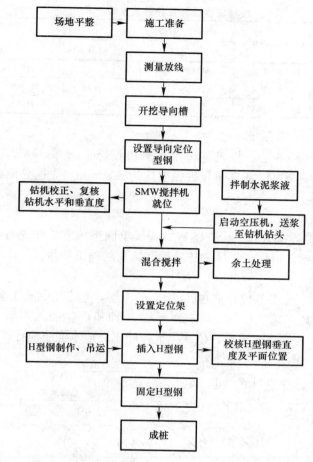

图 18-2 型钢水泥搅拌桩（墙）施工工艺流程图

尺寸制作。若采用现浇钢筋混凝土导墙，导墙宜浇筑于密实的土层上，并高出地面 100mm，导墙净距应比水泥土搅拌桩设计直径宽 40～60mm。导向沟与定位型钢设置见图 18-3 和表 18-4。

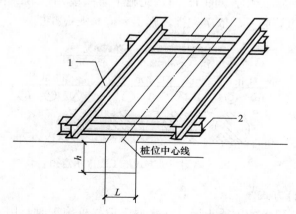

图 18-3 导向沟开挖和定位型钢设置示意图
1—上定位型钢；2—下定位型钢

145

搅拌桩直径与各参数关系参考表　　　　　　　　　　　表 18-4

序号	搅拌桩直径（mm）	h（mm）	L（m）	上定位型钢		下定位型钢	
				规格	长度（m）	规格	长度（m）
1	650	1～1.5	1.0	H300×300	8～12	H200×200	2.5
2	850	1～1.5	1.2	H350×350	8～12	H200×200	2.5
3	1000	1～1.5	1.4	H400×400	8～12	H200×200	2.5

3. 桩机就位

使钻杆中心对准桩位中心。桩机移位由当班机长统一指挥，移动前仔细观察现场情况，保证移位平稳、安全。桩基平面允许偏差应为±20mm，立柱导向架的垂直度不应大于 1/250。

4. 确定搅拌施工顺序

SMW 工法施工按连接方式一般有跳打方式、单侧挤压方式和先行钻孔套打方式。其中阴影部分为重复套钻，以保证墙体的连续性和接头的施工质量。

（1）跳打方式

该方式适用于 N（标贯基数）值在 30 以下的土层，是常用的施工顺序（图 18-4）。先施工第一单元，然后施工第二单元，第三单元的 A 轴和 C 轴插入到第一单元的 C 轴及第二单元的 A 轴孔中，两端完全重叠。依次类推，施工完成水泥土搅拌桩。

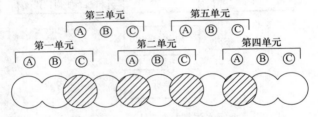

图 18-4　跳打方式施工顺序示意图

（2）单侧挤压方式

该方式适用于 N 值在 30 以上的土层。受施工条件的限制，搅拌桩机无法来回行走或搅拌桩转角处常用这种施工顺序（图 18-5），先施工第一单元，第二单元的 A 轴插入第一单元的 C 轴中，边孔重叠施工。依次类推，施工完成水泥搅拌桩。

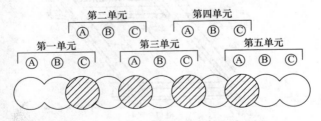

图 18-5　单侧挤压方式施工顺序示意图

（3）先行钻孔套打方式

适用于 N 值在 30 以上的硬质土层，在水泥土搅拌桩施工时，用装备有大功率减速机的钻孔机，先行施工如图 18-6 所示的 a1、a2、a3 等孔，局部松散硬土层。然后用三轴搅拌机用跳打或单侧挤压方式施工完成水泥土搅拌桩。搅拌桩直径与先行钻孔直径关系可参见表 18-5 所列。先行钻孔施工松动土层时，可加入膨润土等外加剂加强孔壁稳定性。

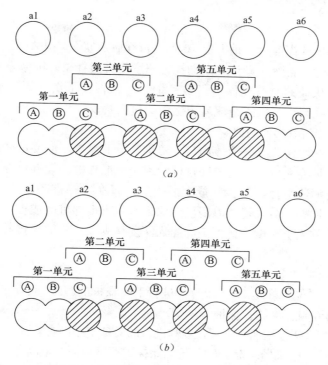

图 18-6　先行钻孔套打方式施工顺序示意图

（a）跳打方式；（b）单侧挤压方式

搅拌桩直径与先行钻孔直径关系表　　　　　　　　　　表 18-5

序　号	项　目	直径（mm）		
1	搅拌桩	650	850	1000
2	先行钻孔	400～650	500～850	700～1000

5. 制备水泥浆

待钻掘搅拌机下沉时，即开始按设计确定的配合比拌制水泥浆，待压浆前将水泥浆倒入集料斗中。所使用的水泥都应过筛，制备好的浆液不得离析，拌制水泥浆液的水、水泥和外加剂用量以及泵送浆液的时间由专人记录（图 18-7）。

6. 预搅拌下沉

搅拌下沉速度宜控制在 0.5～1m/min，提升速度宜控制在 1～2m/min，并保持匀速下沉或提升。待搅拌钻机下沉至设计桩顶标高时，开动灰浆泵，待纯水泥浆到达搅拌头后，边注

图 18-7　水泥浆液搅拌示意图

浆（注浆泵出口压力控制在 0.8～1.0MPa）、边搅拌、边下沉，使水泥浆和原地基土充分拌合，通过观测钻杆上桩长标记，待达到桩底设计标高。下沉速度可由电机的电流监测表控制，工作电流不大于 70A。

7. 喷浆搅拌提升

搅拌机下沉到设计深度后，稍上提 10cm，再开启灰浆泵，边喷浆、边旋转搅拌钻头，泵送必须连续。同时严格按照设计确定的提升速度提升搅拌机，喷浆量及搅拌深度必须采用经国家计量部门认证的监测仪器进行自动记录。钻杆在下沉和提升时均需注入水泥浆液。提升时不应在孔内生产负压造成周边土体的过大扰动。

8. 重复搅拌下沉和提升至孔口

（1）为使土体和水泥浆充分搅拌均匀，要重复上下搅拌，但要留一部分浆液在第二次上提复搅时灌入，最终完成一根均匀性较好的水泥土搅拌桩。搅拌机在正常情况下应上下各一次对土体进行喷浆搅拌，对含砂量大的土层，宜在搅拌桩底部 2～3m 范围内上下重复喷浆搅拌一次。搅拌次数和搅拌时间应能保证水泥土搅拌桩的成桩质量。

（2）搅拌桩体的入土深度宜比型钢的插入深度深 0.5～1.0m；搅拌桩体的垂直度不应大于 1/200。

9. 桩机移位

将深层搅拌机移位，重复 1～8 步骤，进行下一根桩的施工。

10. 减摩剂的调制、涂抹及保护

H 型钢的减摩是 H 型钢插入、顶拔顺利进行的关键工序。减摩剂要严格按试验配合比及操作方法并结合环境温度制备，将减摩剂均匀涂抹到型钢表面 2 遍以上，厚度控制在 3mm 左右，型钢表面不能有油污、老锈或块状锈斑。涂完减摩剂的型钢在吊运过程中应避免变形过大和碰撞受损。若插入桩体前发现上述情况，应及时补涂。在施工过程中特别注意以下几点：

（1）清除 H 型钢表面的污垢和铁锈。

（2）用电热棒将减摩剂加热至完全熔化，搅拌均匀，方可涂敷于 H 型钢表面，否则减摩剂涂层不均匀容易产生剥落。

（3）如遇雨雪天，型钢表面潮湿，应事先用抹布擦去型钢表面积水，待型钢干燥后方可涂刷减摩剂。

（4）型钢表面涂刷完减摩剂后若出现剥落现象应及时重新涂刷。

11. 型钢插入

（1）型钢要求

插入前应检查其平整度和接头焊缝质量。接头焊接质量应按照《焊接 H 型钢》（YB 3301—2005）的有关要求焊接成型。

型钢宜采用整材，当需要分段焊接时，应采用坡口焊等强焊接。对接焊缝的坡口形式和要求应符合《钢结构焊接规范》GB50661—2011 的有关规定，焊缝质量等级不应低于二级。单根型钢中焊接接头不宜超过 2 个，焊接接头的位置应避免设在支撑位置或开挖面附近等型钢受力较大处；相邻型钢的接头竖向位置宜相互错开，错开距离不宜小于 1m，且型钢接头距离基坑底面不宜小于 2m。

（2）型钢插入

1）型钢水泥土搅拌桩中型钢的间距和平面布置形式应根据计算确定，常用的内插型钢布置形式可采用密插型、插二跳一型和插一跳一型（图 18-8）。

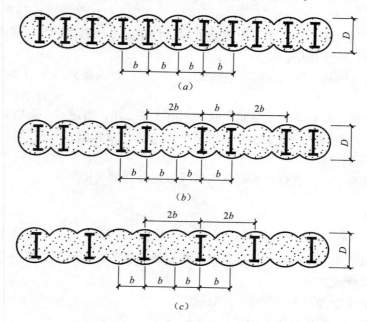

图 18-8　内插型钢布置形式示意图

(a) 密插型；(b) 插二跳一型；(c) 插一跳一型

2) 型钢宜在搅拌桩施工结束后 30min 内插入，型钢的插入必须采用牢固的定位装置（图 18-9），在插入过程中应采取措施保证型钢垂直度，插入型钢的垂直度不应大于 1/200。型钢插入到位后应悬挂构件控制型钢顶标高，并与已插入好的型钢牢固连接。

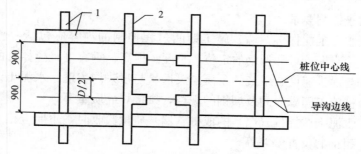

图 18-9　H 型钢定位装置示意图

1—定位型钢；2—型钢定位卡

3) 型钢宜依靠自重插入，当型钢插入有困难时可采用辅助措施下沉。严禁采用多次重复起吊型钢并松钩下落的插入方法。

12. 清洗

向集料斗中注入适量的清水，开启灰浆泵，清洗全部管路中残余的水泥浆，直至基本干净。并将粘附在搅拌头上的软土清除干净。

13. 型钢回收

H 型钢在地下结构施工结束，并在设计围护工况允许的情况下，采用专用机械从水泥土搅拌桩体中拔出。起拔 H 型钢时要垂直用力，不允许倾斜起拔或侧向撞击型钢。H 型钢拔除后，应立即采用黄砂回填密实或压密注浆等措施。

14. 注意事项

（1）严格控制水泥用量，宜采用流量计进行计量。因搁置时间过长产生初凝的浆液，应作为废浆处理，严禁使用。

（2）施工时如因故停浆，应在恢复喷浆前，将搅拌机头提升或下沉 0.5m 后再喷浆搅拌施工。

（3）水泥土搅拌桩搭接施工的间隔时间不宜大于 24h，当超过 24h 时，搭接施工时应放慢搅拌速度。若无法搭接或搭接不良，应作为冷缝记录在案，并应经设计单位认可后，在搭接处采取补救措施。

（4）施工过程中，应安排专人对每组桩成桩进行详细的记录。

18.5　施工记录

（1）原材料、半成品出厂合格证、产品质量检验报告、试验报告；

（2）桩位测量放线记录；

（3）焊接试验报告及 H 型钢焊接探伤报告；

（4）型钢水泥土搅拌桩施工记录；

（5）型钢检验记录表；

（6）型钢水泥土搅拌桩施工验收记录。

18.6　质量控制

18.6.1　一般质量控制要求

（1）在型钢水泥土搅拌桩（墙）施工期间过程控制的内容应包括：验证施工机械性能、材料质量，检查搅拌桩和型钢的定位、长度、标高、垂直度，搅拌桩的水灰比、水泥掺量，搅拌下沉与提升速度，浆液的泵压、泵送量与喷浆均匀度，水泥土试样的制作，外加剂掺量，搅拌桩施工间歇时间及型钢的规格，拼接焊缝质量等。

（2）在型钢水泥土搅拌桩（墙）的成桩（墙）质量验收时，主要应检查搅拌桩体的强度和搭接状况、型钢的位置偏差等。

18.6.2　检查与验收

（1）浆液搅拌选用的水泥、外加剂等原材料的检验项目及技术指标应符合设计要求和国家现行标准规定。

检查数量：按批检查。

检验方法：产品合格证及复试报告。

（2）浆液水灰比、水泥掺量应符合设计和施工工艺要求，浆液不得离析。

检查数量：按台班检查，每台班不应少于 3 次。

检验方法：浆液水灰比应用比重计抽查；水泥掺量应用计量装置检查。

（3）焊接型钢焊缝质量应符合设计要求和现行标准《焊接 H 型钢》YB3301 和《钢结构焊接规范》GB50661—2011 的有关规定。H 型钢的允许偏差见表 18-6 所列。

H 型钢允许偏差　　　　　　　　　　　表 18-6

序　号	检查项目	允许偏差（mm）	检查数量	检查方法
1	截面高度	±5.0	每根	用钢尺量
2	截面宽度	±3.0	每根	用钢尺量
3	腹板厚度	−1.0	每根	用游标卡尺量
4	翼缘板厚度	−1.0	每根	用游标卡尺量
5	型钢长度	±5.0	每根	用钢尺量
6	型钢挠度	$L/500$	每根	用钢尺量

注：表中 L 为型钢长度。

（4）水泥土搅拌桩施工前，当缺少类似土性的水泥土强度数据或需通过调节水泥用量、水灰比以及外加剂的种类和数量以满足水泥土强度设计要求时，应进行水泥土强度室内配合比试验，测定水泥土 28d 无侧限抗压强度。试验用的土样，应取自水泥土搅拌桩所在深度范围内的土层。当土层分层特征明显、土性差异较大时，宜分别配置水泥土试样。

（5）基坑开挖前应检验水泥土搅拌桩的桩身强度，强度指标应符合设计要求。水泥土搅拌桩的桩身强度宜采用浆液试块强度试验确定，也可采用钻取桩芯强度试验确定。

（6）水泥土搅拌桩成桩质量检验标准应符合表 18-7 的要求。

水泥土搅拌桩成桩质量检验要求　　　　　表 18-7

序　号	检查项目	允许偏差或允许值	检查数量	检查方法
1	桩底标高	+50mm	每根	测钻杆长度
2	桩位偏差	50mm	每根	用钢尺量
3	桩径	±10mm	每根	用钢尺量钻头
4	施工间歇	<24h	每根	查施工记录

（7）型钢插入允许偏差应符合表 18-8 的要求。

型钢插入允许偏差　　　　　　　　　　表 18-8

序　号	检查项目	允许偏差或允许值	检查数量	检查方法
1	型钢顶标高	±50mm	每根	水准仪测量
2	型钢平面位置	50mm（平行于基坑边线）	每根	用钢尺量
		10mm（垂直于基坑边线）	每根	用钢尺量
3	形心转角	3°	每根	量角器测量

（8）型钢水泥土搅拌桩（墙）验收的抽检数量不宜小于总桩数的 5%。

18.7　成品保护

深层搅拌机和钻机周围必须做好排水工作，防止泥浆或污水灌入已施工完的桩位处。

18.8　安全与环保措施

18.8.1　安全保护措施

（1）当发现搅拌机的入土切削和提升搅拌负荷太大及电机工作电流超过额定值时，应减慢升降速度或补给清水；发生卡转、停转现象时，应切断电源，并将搅拌机强制提升出地面，然后再重新启动电机。

（2）当电网电压低于 350V 时，应暂时停工，以保护电机。

（3）泵送水泥浆前，管路应保持湿润，以利输浆。

（4）水泥浆内不得夹有硬结块，以免吸入泵内损坏缸体，可在集料斗上部装设细网进行过筛。

（5）输浆管路应保持干净，严防水泥浆结块，每日完工后应彻底清洗一次。喷浆搅拌施工过程中，如果发生事故而停机半小时以上，应先拆卸管路，排除水泥结石，然后进行清洗。

（6）应定期拆卸清洗灰浆泵，注意保持齿轮减速箱内润滑油的清洁。

18.8.2　环保措施

（1）型钢水泥土搅拌桩（墙）施工前，应掌握下列周边环境资料：

1）邻近建筑物的结构、基础形式及现状；

2）被保护建筑物的保护要求；

3）邻近管线的位置、类型、材质、使用状况及保护要求。

（2）对环境保护要求高的基坑工程，宜选择挤土量小的搅拌机头，并应通过试成桩及其监测结果调整施工参数。当邻近保护对象时，搅拌下沉速度宜控制在 0.5～0.8m/min，提升速度宜控制 1m/min 内；喷浆压力不宜大于 0.8MPa。

（3）施工中产生的水泥土浆，可集中在导向沟内或现场临时设置的沟槽内，待自然固结后方可外运。

（4）周边环境条件复杂、支护要求高的基坑工程，型钢不宜回收。

（5）对需回收型钢的工程，型钢拔出后留下的空隙应及时注浆填充，并应编制包括浆液配合比、注浆工艺、拔除顺序等内容的专项方案。

（6）在整个施工过程中，应对周边环境及基坑支护体系进行监测。

第 19 章　水下混凝土桩灌注施工工艺

19.1　工艺原理及适用范围

19.1.1　工艺原理

所谓导管法是将密封连接的钢管（或强度较高的硬质非金属管）作为水下混凝土的灌注通道，其底部以适当的深度埋在灌入的混凝土拌合物内，在一定的落差压力作用下，形成连续密实的混凝土桩身。

导管法混凝土灌注可按以下类别进行划分：

（1）按地面上导管露出长度可分为低位灌注法和高位灌注法，建筑工地中通常采用低位灌注法，即地上导管部分很短。

（2）按孔口漏斗的位置可分为漏斗固定式和漏斗活动式，后者为保证导管埋入混凝土深度的要求，在灌注过程中，不断地提高孔口漏斗的位置。

（3）按隔水装置（吊塞）及方法的不同可分为刚性塞和柔性塞两大类。其中刚性塞又可分为钢制滑阀、钢制底盖、混凝土隔水塞、木制球塞等。柔性塞又分为隔水球（足球或排球内胆）、麻布或编织袋内装锯末、砂及干水泥等。

19.1.2　适用范围

水下混凝土桩灌注施工工艺适用于所有水下混凝土灌注。

19.2　工艺特点

19.2.1　优点

此施工工艺优点是：（1）能向水深处迅速灌注大量混凝土；（2）不用降水；（3）利用有利的地下条件对混凝土进行标准养护（即养护条件接近于标准养护）；（4）作业设备和器具简单，能适应各种施工条件。

19.2.2　缺点

此施工工艺缺点是：（1）由于是水下混凝土，故每立方米混凝土的水泥用量比相同强度等级的塑性混凝土的水泥用量高出 $10\%\sim20\%$；（2）在桩顶形成混凝土浮浆层；（3）施工管理中稍有疏忽，就不易保证桩身混凝土的质量；（4）灌注量大时，作业时间和劳动强度都较大。

19.3　施工准备

19.3.1　人员准备

混凝土灌注人员主要涉及现场操作工作、试验人员、起吊司机、技术人员等。起吊司机及现场操作人员应具有一定协调配合能力；技术人员必须熟练掌握桩基混凝土灌注施工工艺及控制要点；试验人员应能够熟练地进行混凝土、泥浆性能指标的测定，并能够进行混凝土试块的制作。

19.3.2 技术准备

（1）技术人员必须对现场操作人员做好技术及安全交底。

（2）做好混凝土试配工作及原材料的质量控制工作，混凝土的初凝时间能够满足施工需求。

（3）做好混凝土灌注所需机械设备、混凝土运输车的检修及所需数量的准备工作。

（4）做好混凝土运输现场的策划及混凝土灌注现场应能够满足混凝土灌注的需要。

19.3.3 材料准备

材料准备可参考第 1 章相关内容。

19.3.4 设备准备

在混凝土灌注时应对混凝土搅拌站、混凝土运输车、混凝土泵车、吊车、泥浆运输车等机械设备进行报验。

19.3.5 作业条件准备

（1）混凝土供应能力满足整个混凝土的灌注需求。

（2）灌注现场能够满足车辆的安全、顺利行走。

（3）现场排浆设施齐全，能够满足施工需求。

19.4 施工工艺

19.4.1 工艺流程

水下混凝土桩灌注施工工艺流程如图 19-1 所示。

19.4.2 操作方法

1. 施工准备

（1）混凝土设计配合比满足设计要求。

（2）施工配合比调整满足要求。

（3）导管水密水压试验满足要求。

（4）钢筋笼安装完成，并通过项目部自检及监理工程师验收。

（5）桩孔内沉渣厚度满足设计及规范要求。

（6）桩孔内泥浆各项性能指标满足相关规范要求。

（7）应按水下混凝土灌注数量和灌注速度的要求配齐施工机具设备，设备的配备能力应满足桩孔在规定时间内灌注完毕的要求，且应保证其完好率，主要设备应有备用设备。

2. 主要机具

水下混凝土灌注的主要机具有：（1）向水下输送混凝土用的导管；（2）导管进料用的漏斗；（3）初存量大时，还应配备储料斗；（4）首批混凝土填充导管的隔离混凝土与导管内水所用的器具，如滑阀、隔水塞和底盖等；（5）升降安装导管、漏斗的设备，如灌注平台等；（6）混凝土的搅拌设备，如搅拌机等。

（1）导管

导管是水下灌注的主要机具，一般采用壁厚为 4～6mm 的无缝钢管制作或钢板卷制焊成。

1）导管的选择：导管直径应按桩径和每小时需要通过的混凝土数量决定，但最小直径一般不宜小于 200mm。导管内径的选定与桩孔直径、钻孔深度及导管连接方法等有关。

2）导管的设计应符合下列要求：

① 应具有足够的强度和刚度，又便于搬运、安装和拆卸。

② 导管的分节长度应按工艺要求确定，一般为 2m；最下端 1 节导管长应为 4.5～6m，为配合导管柱长度，上部导管长为 1m、0.5m 或 0.3m。

③ 导管应具有良好的密封性；导管可采用法兰盘连接、穿绳接头、活接头式螺母连接以及快速插接连接；用橡胶"O"形密封圈或厚度为 4～5mm 的橡胶垫圈密封，严防漏水。

④ 最下端 1 节导管底部不设法兰盘，宜以钢板套圈在外围加固。

⑤ 为避免提升导管时法兰挂住钢筋笼，可设置锥形护罩。

3）导管加工制造应符合下列要求：

① 每节导管应平直，其定长偏差不得超过管长的 0.5%。

② 导管连接部位的内径偏差不大于 2mm，内壁应光滑平整。

③ 单节导管连接为导管柱时，其轴线偏差不得超过±20mm。导管加工完后，应对其尺寸规格、接头构造和加工质量进行认真检查，并应进行连接、过阀（塞）和充水试验，以保证密封性能可靠和在水下作业时导管不漏水。检验水压一般为 0.6～1.0MPa，不漏水为合格。

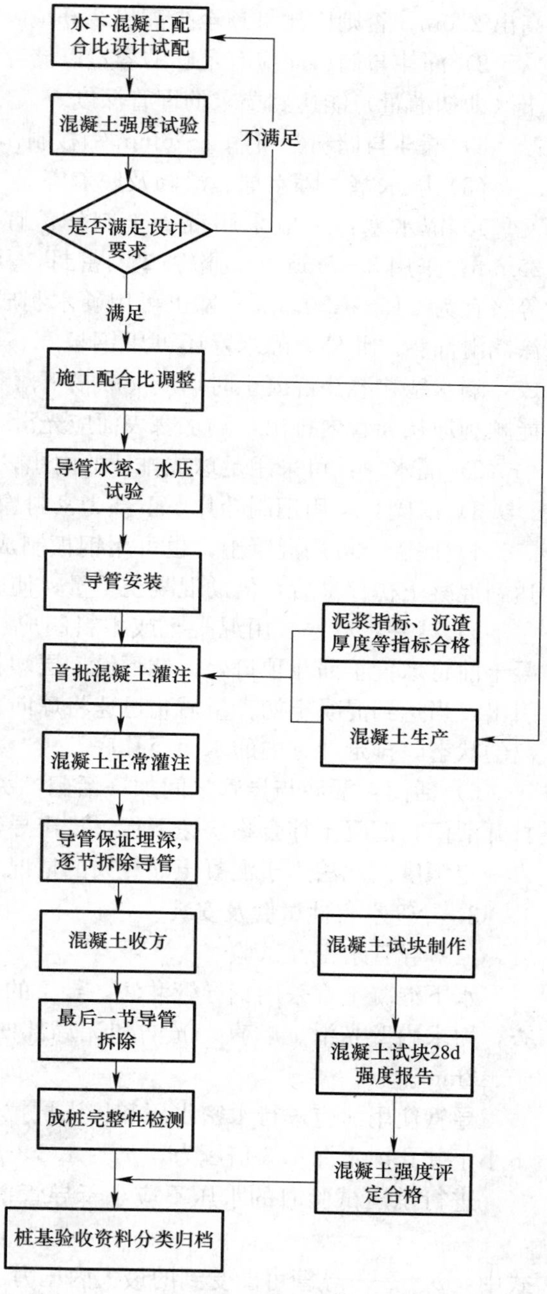

（2）漏斗和储料斗

1）导管顶部应设置漏斗和储料斗。漏斗设置高度应适应操作的需要，并应在灌注到最后阶段，特别是灌注接近到桩顶部位时，能满足对导管内混凝土柱高度的需要，保证上部桩身的灌注质量。混凝土柱的高度，在桩顶低于桩孔中的水位时，一般应比该水位至少

图 19-1　水下混凝土桩灌注施工工艺流程图

高出 2.0m；否则应比桩顶至少高出 2.0m。

2）漏斗与储料斗应有足够的容量以储存混凝土（即初存量），以保证首批灌入的混凝土（即初灌量）能达到要求的埋管深度。

3）漏斗与储料斗可用 4~6mm 钢板制作，要求不漏浆、不挂浆，漏泄顺畅彻底。

（3）隔水塞、隔水球、滑阀及底盖等

1）隔水塞：一般采用混凝土制作，宜制成圆柱形，其直径宜比导管内径小 20~25mm；采用 3~5mm 厚的橡胶垫圈密封，其直径宜比导管内径大 5~6mm，混凝土强度等级宜为 C15~C20。隔水塞也可用硬木制成球状塞，在球的直径处钉上橡胶垫圈，表面涂润滑油脂。此外，隔水塞还可用钢板塞、泡沫塑料和球胆等制成。不管由何种材料制成，隔水塞在灌注混凝土时均应能顺畅下落和排出。为保证隔水塞具有良好的隔水性能和能顺利地从导管内排出，隔水塞表面应光滑，形状尺寸规整。

2）隔水球：可采用足球或排球的内胆，新旧均可。用后可回收，便于多次使用。

3）滑阀：采用钢制叶片，下部为密封橡胶垫圈。

4）底盖：可用混凝土，也可用钢板制成，借助于绳或带子将其安设在导管底部。当达到混凝土初存量后，借助混凝土重量，使底盖留在孔底，灌入首批混凝土。

5）球塞：球塞多用混凝土或木料制成，球直径可大于导管直径 10~15mm，灌注混凝土前将球置于漏斗顶口处，球下设 1 层塑料布或若干层水泥袋纸垫层，球塞用细钢丝绳引出，当达到混凝土初存量后，迅速将球向上拔出，混凝土压着塑料布垫层，处于与水隔离的状态，排走导管内的水而至孔底。

6）活门：漏斗与导管之间加一活门，关闭活门，漏斗中装满混凝土拌合物后再立即打开活门，混凝土拌合物快速下行，排出导管中的泥浆而到达孔底，并迅速将导管底口埋入一定深度。此法用于混凝土灌注泵的情况，漏斗的容积应大于或等于初存量。

3. 导管水密性试验及安装

（1）导管水密性试验

水下混凝土宜采用钢导管灌注，导管的内径宜为 200~350mm。导管使用前应仔细检查，力求内壁光滑、顺直、光洁和无局部凹凸。各节导管内径应大小一致，偏差不应大于 ±2mm。

导管使用前应进行水密水压和接头抗拉试验，严禁采用压气试压。水密试验的水压应不小于井孔内水深 1.3 倍压力，$p_水 = 1.3 \times p_{孔内}$。

进行承压试验时的水压不应小于导管壁和焊缝可能承受灌注混凝土的最大内压力：

$$p_{max} = 1.3(\gamma_c h_{cmax} - \gamma_w H_w)$$

式中　p_{max}——导管可能受到的最大内压力（kPa）；

γ_c——混凝土拌合物的重度，取 24kN/m³；

h_{cmax}——导管内混凝土柱最大高度（m），以导管全长或预计的最大高度计；

γ_w——桩孔内水或泥浆的重度（kN/m³）；

H_w——桩孔内水或泥浆的深度（m）。

水密性试验具体方法如下：将拼装好的导管先灌入 70% 的水，两端封闭，一端焊输风管接头，并与压水装备接入（在压水装置上装有压力表）。向管中不断压入水，待水压达到要求后，持压 15min，若无漏水现象即可判定该导管密封性良好（图 19-2）。

导管内过球应畅通。符合要求后，在导管外壁用红油漆逐节编号并标明长度。导管应配备总数 20%～30% 的备用导管。

导管可在钻孔旁预先分段拼装，在吊放时再逐段拼装。分段拼装时应仔细检查，变形和磨损严重的不得使用。

（2）导管安装

首先在护筒上搭设导管安装平台。导管安装平台可在现场临时制作，具体制作方法：利用一块 50cm×50cm×10mm 厚钢板，采用气焊在其中心按导管截面形式进行切割，然后将钢板对中切割。在钢板下方设置 2 根型钢，并将钢板与型钢铰接，具体形式如图 19-3 所示。

图 19-2　导管水密性试验

图 19-3　导管安装

4. 泥浆性能主要指标检测方法

（1）泥浆相对密度 ρ_X

可采用泥浆比重计测定（图 19-4）。将需要量测的泥浆装满泥浆杯，加盖并洗净从小孔溢出的泥浆，然后置于支架上，移动游码，使杠杆呈水平状态（即气泡处于中央），读出游码左侧所示刻度，即为泥浆相对密度。当工地无以上仪器时，可用一口杯，先称其质量设为 m_1，再装清水称其质量为 m_2，倒出清水，装满泥浆并擦去杯周溢出的泥浆，称其质量为 m_3，则

$$\rho_X = \frac{m_3 - m_1}{m_2 - m_1}$$

（2）黏度 η

采用黏度计测定（图 19-5）。用开口量杯分别量取 200mL 和 500mL 泥浆，通过滤网滤去大砂粒后，将泥浆 700mL 均注入漏斗，然后使泥浆从漏斗流出，流满 500mL 量杯所需时间（s），即为所测泥浆的黏度。

泥浆比重计

图 19-4　泥浆相对密度测定仪器

泥浆黏度计

图 19-5　泥浆黏度测定仪器

泥浆含砂量

图 19-6　泥浆含砂率
测定仪器

校正方法：漏斗中注入 700mL 清水，流出 500mL，所需时间应是 15s，如偏差超过±1s，则量测泥浆黏度时应校正。

（3）含砂率（％）

用含砂率计测定（图 19-6）。量测时，将调制好的泥浆 50mL 倒进含砂率计，然后再倒 45mL 清水，将仪器口塞紧，摇动 1min，使泥浆与水混合均匀，再将仪器竖直静放 3min，仪器下端沉淀物的体积（由仪器上刻度读出）即为含砂率（％）。

（4）胶体率（％）

亦称稳定率，用于评价泥浆中土粒保持悬浮状态的性能。测定方法：可将 100mL 的泥浆放入干净量杯中，用玻璃板盖上，静置 24h 后，量杯上部的泥浆可能澄清为透明的水，量杯底部可能有沉淀物。以 100－（水＋沉淀物）体积即等于胶体率。

5. 混凝土灌注

（1）首批混凝土灌注

首批混凝土的数量应能满足导管首次埋置深度（≥1m）和填充导管底部的需要（图 19-7），具体计算如下：

$$V \geqslant \frac{\pi D^2}{4}(H_1 + H_2) + \frac{\pi d^2}{4}h_1$$

式中　V——浇筑首批混凝土所需数量（m³）；

D——桩孔直径（m）；

H_1——桩孔底至导管底端间距，一般取 0.3～0.4；

H_2——导管初次埋置深度（m）；

d——导管内径（m）；

h_1——桩孔内混凝土达到埋置深度 H_2 时，导管内混凝土平衡导管外（或泥浆压力）所需高度（m），$h_1 = H_w \times r_w / r_c$；

H_w——桩孔内水或泥浆的深度（m）；

r_w——桩孔内水或泥浆的重度（kN/m³）；

r_c——混凝土拌合物的重度，可取 24kN/m³。

首批混凝土灌注时，采用大的储料斗进行混凝土的储

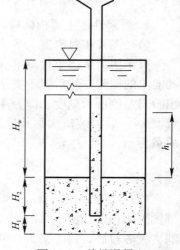

图 19-7　首批混凝土
浇筑示意图

存。若首灌量不是很大则不需要选择大料斗与小料斗的配合。

在灌注混凝土前须对孔底沉渣进行再次测量，使清孔后泥浆的质量以及孔底沉渣厚度满足规范要求时，即可灌注混凝土（图 19-8）。

（2）正常灌注

1）首批混凝土灌注完毕后，为方便工人操作，可将大漏斗换成小漏斗进行连续灌注（图 19-9）。

2）在灌注过程中，导管的埋置深度宜控制在 2～6m 左右，不可过浅，防止将导管拔出；亦不可过深，防止导管难以提升。在灌注过程中，应安排两个工人用 2 个测锤测深并相互校对，防止误测，并结合已灌注量推算出浇筑高度与实际测量相比对。测锤一般制成

图 19-8　混凝土坍落度检测

图 19-9　大料斗＋小料斗首灌

圆锥形，锤重不宜小于 40N。另外测锤所用测绳在使用前须用钢尺至少校核一次。

3) 为防止钢筋骨架上浮，当灌注的混凝土顶面距钢筋骨架底部 1m 左右时，应降低灌注混凝土的速度。当混凝土拌合物上升到骨架底口 4m 以上时，提升导管，使其底口高于骨架底部 2m 以上，即可恢复正常灌注工作。

4) 在灌注过程中须经常提降导管，防止下部混凝土与钢管粘结在一起。具体做法：将导管向上提升 1m，向下插入 50cm，上下移动。

5) 在灌注过程中当导管内混凝土不满，含有空气时，后续混凝土要徐徐灌入，不可整斗地灌入漏斗和导管内，以免在导管内形成高压气囊，挤出管节间的橡胶垫，使导管漏水。

6) 为确保桩顶质量，桩顶混凝土灌注高度至少要超出设计桩顶标高 0.5m 以上。以保证混凝土强度，多余部分在接桩前必须凿除，残余桩头应无松散层。

7) 在灌注将近结束时，应核对混凝土灌注的数量，以确定所测混凝土的灌注高度是否正确。混凝土充盈系数不得小于 1.0。

6. 其他类型桩混凝土灌注注意事项

(1) 对变截面桩灌注混凝土时，应从最小截面的桩孔底部开始灌注，其技术要求与等截面桩相同。灌注至扩大截面处时，导管应提升至扩大截面下约 2m，应稍加大混凝土灌注速度和混凝土的坍落度；当混凝土面高于扩大截面处 3m 后，应将导管提升至扩大截面处上 1m，继续灌注至桩顶。

(2) 使用全护筒灌注水下混凝土时，当混凝土面进入护筒后，护筒底部始终应在混凝土面以下，随导管的提升，逐步上拔护筒，护筒内的混凝土灌注高度，不仅要考虑导管及护筒将提升的高度，还要考虑因上拔护筒引起的混凝土面的降低，以保证导管的埋置深度和护筒底面低于混凝土面。要边灌注、边排水，保持护筒内水位稳定，不至过高，造成反穿孔。

7. 混凝土试块的取样

(1) 在混凝土灌注过程中，必须随机留取足够数量的混凝土试块进行同条件及标准条件下的养护。

（2）制作混凝土试块时，必须振捣密实并标注好取样时间；现场同条件下养护的试块必须做好现场的养护及保护工作，防止混凝土试块损害或遗失。

19.5　质量记录

（1）混凝土灌注记录、泥浆性能指标的记录；

（2）导管拔除记录；

（3）现场混凝土试验记录；

（4）现场同条件及标准条件下混凝土试块的养护。

19.6　质量控制

19.6.1　质量控制要点

（1）混凝土灌注之前必须对泥浆的性能指标、孔底沉渣厚度进行检测，检测合格后方可进行混凝土的灌注。泥浆的性能指标可参考《公路桥涵施工技术规范》（JTG/TF50—2011）条文表 8-1，孔底沉渣厚度可用测绳进行测定。

（2）混凝土运至灌注现场的工作性能必须满足施工要求，不得有离析等质量缺陷；混凝土坍落度、扩展度应满足工作性能的需求。

（3）水下混凝土配制时需注意水泥品种的选择、粗集料与细集料的选用，混凝土的含砂率和水灰比的确定，以及每立方米水下混凝土的水泥用量等。混凝土拌合物应有良好的和易性，在运输和灌注过程中应无显著离析、泌水现象。灌注时应保持足够的流动性，其坍落度宜为 180～220mm。拌合物中视需要宜掺用不同种类的外加剂和粉煤灰等材料。

（4）当混凝土面升到钢筋笼下端时，为防止钢筋笼被混凝土顶托上升，应采取以下措施：1）在孔口固定钢筋笼上端；2）灌注混凝土的时间应尽量加快，以防止混凝土进入钢筋笼时，流动性过小；3）当孔内混凝土接近钢筋笼时，应保持埋管深度，放慢灌注进度；4）当孔内混凝土面进入钢筋笼 1～2m 后，应适当提升导管，减小导管埋置深度，增大钢筋笼在下层混凝土中的埋置深度。

（5）在灌注将近结束时，由于导管内混凝土柱高度减小，超压力降低，而导管外的泥浆及所含渣土稠度和相对密度增大。如出现混凝土上升困难时，可在孔内加水稀释泥浆，亦可掏出部分沉淀物，使灌注工作顺利进行。

（6）在混凝土灌注过程中，必须特别注意导管的埋入深度及导管拆除速度，不得发生导管拔脱等现象。

（7）混凝土超灌应高出设计桩顶标高 500mm 以上，以确保桩顶混凝土的质量。

（8）在混凝土灌注过程中，应随机留取足够数量的混凝土试块进行同条件及标准条件下的养护。

19.6.2　混凝土灌注过程中及成桩后事故分析及处理措施

（1）混凝土灌注过程中事故分析及处理措施见表 19-1 所列。

混凝土灌注过程中事故分析及处理措施　　表 19-1

序号	发生事故	事故分析	处理措施
1	孔壁坍塌	(1) 泥浆指标不符合要求； (2) 停止施工过久且未长时间进行泥浆循环	(1) 混凝土灌入量较少时，可迅速将钢筋笼整体拔出并立即将坍落的岩土或已经灌入的混凝土清除干净，重新下钢筋笼，灌注混凝土； (2) 混凝土灌入量较多时，若无法整体拔出钢筋笼，只能将钢筋笼主筋逐根拔出，随后尽快将坍塌的岩土和已经灌入的混凝土清除干净，重新下放钢筋笼，灌注混凝土； (3) 若无法将钢筋笼拔出，可采用碎石、石块或灌注混凝土等填充料将桩孔填满重新钻进成孔
2	堵管	(1) 混凝土质量有问题，如和易性差、泌水较为严重、发生离析现象； (2) 浇筑混凝土间隔时间过长，混凝土已初凝； (3) 混凝土中有大石块等杂物，未能及时清理误入导管； (4) 导管埋深太大	(1) 长杆冲捣：采用较长的钢筋等物体在导管内上下插捣，使混凝土在导管内能够继续下落，在允许的范围内反复提升导管并冲捣； (2) 在条件允许的情况下，可在导管顶部安装振动装置，不断振动导管，从而迫使导管内混凝土下落； (3) 堵管部位离导管顶部较近时，可拆卸导管，更换导管； (4) 尽量提升导管，减少导管埋深（一般不宜小于 1m）； (5) 修正导管
3	导管破裂、导管漏水	(1) 导管使用年限太长，管壁磨损严重； (2) 混凝土浇筑时间太长或混凝土质量有问题造成堵管后，采用激振，导致导管破裂； (3) 导管连接处漏放橡胶垫圈或垫圈挤出、损坏、焊缝漏水； (4) 导管埋深太小	(1) 拔出导管并拔出钢筋后重新清孔、浇筑混凝土，钢筋笼无法整体拔出时则将主筋逐根拔出后重新清孔、浇筑混凝土； (2) 拔出导管将混凝土浮浆层清除后，重新下导管，并将导管底口埋入混凝土内 30cm 左右，按正常水下混凝土浇筑工艺重新浇筑混凝土，用此法重新浇筑混凝土后，需对两次混凝土交界面进行压降补强，并需征得设计单位的认可； (3) 钢筋笼或（和）导管无法拔出时，需要回填充物后重新成孔、成桩
4	导管掉落	(1) 装、拆导管时人为疏忽； (2) 装、拆导管时工作平台不牢固	(1) 首先测量除了导管顶面位置，一般管顶离护筒口不会太深，可用绳子打活结的方法套住导管顶部上拔导管，注意导管底口埋深必须保证浇筑水下混凝土的最小埋深。导管顶端处于较浅部位又无法用绳子套牢的情况下，可将导管顶的泥浆抽除后由工人顺钢筋笼下入孔内辅助套管； (2) 确实无法捞起导管时，采用碎石、石块等填充物填孔口重新成孔

（2）成桩后质量事故分析及处理措施见表 19-2 所列。

成桩后质量事故分析及处理措施　　表 19-2

序号	发生事故	事故分析	处理措施
1	断桩	(1) 浇筑混凝土时导管埋深太小或导管底口拔离混凝土面； (2) 浇筑混凝土时间间隔太长造成混凝土界面不连续； (3) 出现堵管未能及时排除； (4) 灌入的混凝土质量不合格	(1) 在桩身钻 2～3 个孔至断桩深度以下 1m 左右，钻孔直径 70～100mm 为宜，对断桩部位进行压浆补强或在钻孔内插入钢筋束后再灌浆处理，处理完毕后重新检测； (2) 将原桩报废，在原位重新成孔、成桩； (3) 将原桩报废，采用补桩处理

序号	发生事故	事故分析	处理措施
2	缩径	(1) 成孔孔径未经验孔器验收，误将孔径偏小的桩孔浇筑混凝土成桩； (2) 成孔孔径虽经验孔器验收，但由于个别部位岩土层不稳定，造成孔壁往孔中心挤压、孔径缩小； (3) 灌注混凝土时塌孔	(1) 需要设计单位验算缩径桩能否满足设计各项指标要求，若能满足可请设计单位出具变更通知； (2) 若缩径位置较浅，可直接开挖对缩径部位进行补救； (3) 将原桩报废，可采用补桩或原桩位重新钻孔、成桩的方法处理
3	沉渣太厚	(1) 浇筑混凝土前清孔不彻底； (2) 浇筑混凝土前泥浆含砂率太高； (3) 浇筑混凝土前孔壁轻微塌孔未发现	(1) 在桩身钻 3 个孔至桩底，钻孔直径 70～100mm 为宜，先用高压水旋喷清孔将沉渣从其他孔排出，再对桩底进行压浆补强，处理完毕后重新检测； (2) 对摩擦桩可请设计单位验算，按实际桩长能否满足设计要求； (3) 将原桩报废，在原桩位重新成孔、成桩或采用补桩的方法处理
4	混凝土强度不足	(1) 若采用预拌混凝土可能是供应环节出错或配合比有误； (2) 若采用现场搅拌混凝土则可能是原材料数量、质量不符合配合比要求或搅拌时间未能保证	(1) 按实际混凝土强度值请设计单位验算； (2) 将原桩报废，在原桩位重新钻孔、成桩或补桩方法处理
5	混凝土严重离析	(1) 将不合格的混凝土浇筑孔内； (2) 导管漏水未发现	(1) 在桩身钻 2～3 个孔至混凝土严重离析部位以下 1m 处，钻孔直径 70～100mm 为宜。先用高压水旋喷清孔将沉渣从其他孔排除，再进行压降补强处理，处理完毕后重新检测； (2) 将原桩报废，在原桩位重新钻孔、成桩或补桩方法处理
6	偏位	(1) 下钢筋笼时未确认桩位的准确性； (2) 浇筑混凝土时发生钢筋笼位移未及时纠正； (3) 成孔时桩位偏差太大	(1) 按实际情况请设计单位验算； (2) 将原桩报废，在原桩位重新成孔、成桩或补桩处理

19.7　成品保护

成品保护可参照第 1 章相关内容。

19.8　安全与环保措施

19.8.1　施工安全

（1）桩基混凝土灌注必须由专人指挥混凝土的灌注速度、导管提升速度，严禁随意提拔导管。

（2）混凝土灌注时所使用的起吊设备必须由具有职业资格的人进行指挥。

（3）施工机械的使用应符合现行行业标准《建筑机械使用安全技术规程》JGJ33—2012 的规定。

（4）施工临时用电应符合现行行业标准《施工现场临时用电安全技术规范》JGJ46 的

规定。

（5）施工过程的安全检查应符合现行行业标准《建筑施工安全检查标准》JGJ59—2011 的有关规定。

（6）混凝土灌注完成后，应有防护栏杆对桩孔进行维护，防止人员踏入孔内；同时在桩基完整性检测之前必须做好声测管的保护工作，防止声测管堵塞和弯曲。

19.8.2　环保措施

（1）在混凝土灌注前，应对泥浆的排放做好充分的安排，严禁将泥浆随意排放污染环境；必须将泥浆运至指定位置进行无害化处理或循环利用泥浆。

（2）施工现场环境应符合现行行业标准《建设工程施工现场环境与卫生标准》JGJ146—2013 的有关规定。

下篇　基础（基坑）工程施工工艺

第 20 章　明挖基础施工工艺

20.1　适用范围及特点

20.1.1　适用范围
一般适用于公路、市政、铁路桥梁墩台基坑、涵洞基坑、开挖、深度不大于 5m 的基坑。根据基坑的土质、开挖的深浅与大小以及有无水和水量大小等情况不同，可采取直立开挖、放坡开挖、加坑壁防护开挖和设置围堰（用土、草袋或麻袋装土）抽水后开挖等形式。

20.1.2　施工特点
具有开挖简便、需要机具少、便于组织快速施工、便于基底的检查和处理等优点。

20.2　施工准备

20.2.1　技术准备
（1）认真学习、阅读、审核施工图纸，熟悉规范和技术标准。编制详细的施工方案及安全保证措施。对施工人员进行技术交底，明确施工要点和关键部位控制。

（2）利用控制测量网通过全站仪或经纬仪定出基础的中心位置，以桥梁的线路中心线为基准，放出墩台的纵横向中线、高程水准点，并设置控制桩与护桩。根据测量结果及边坡的放坡率放出上下口开挖边线桩，确定基坑开挖范围。

（3）收集施工地点外部地理环境，按地质水文资料，结合现场情况，决定开挖坡度、支护方案和防、排水措施。对施工场地进行平整，准备好材料、劳力及机具。在基坑顶外缘四周向外设置排水坡或设置防水梁，在适当距离处设截水沟，应采取防止水沟渗水的措施，避免影响坑壁稳定。基坑顶有动荷载时，坑顶边与动荷载间应留有不小于 1m 宽的护道，如动荷载过大宜增宽护道。如工程地质和水文地质不良，应采取加固措施。

20.2.2　材料准备
（1）基坑支护材料；

（2）围堰所需的土、麻袋、草袋等。

20.2.3　机具准备
（1）开挖设备：挖掘机、土方运输车、铁锹、镐等机具。

（2）排水设备：潜水泵、塑料管或胶带管、排水管等。

（3）测量设备：全站仪、水准仪等。

（4）安全设备：上下爬梯、警戒绳、安全帽、安全带等。

20.2.4 作业条件准备

（1）施工现场完成通水、通电、通路及场地平整工作。

（2）确定现场机械、车辆行走路线，开挖顺序。按照基坑开挖大小、开挖土方量配置施工机械，并对现场施工及管理人员做详细施工方案及安全技术交底工作。

（3）根据基坑开挖深度及地下水情况，准备充足的排水设备，排水设备的排水能力宜大于总渗水量的 1.5~2.0 倍。

20.3 施工工艺

20.3.1 工艺流程

明挖基础施工工艺流程如图 20-1 所示。

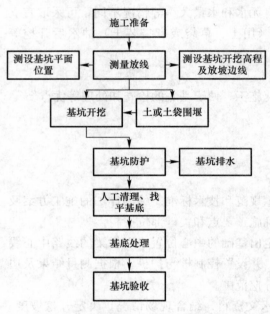

图 20-1 明挖基础施工工艺流程图

20.3.2 操作要点

1. 测量放线

根据设计图纸测放基坑轴线控制网和高程基准点。测定基坑纵、横中心线及高程水准点后，按边坡的放坡率放出上下口开挖边线桩，在地面做出标识，并在基坑的四周引出测量控制桩位的护桩。

2. 基坑平面尺寸确定

基坑开挖的平面尺寸应根据施工需要、边坡防护要求及基坑排水需求综合考虑。一般情况下按基础平面尺寸四周各边向外增加 50~100cm，以便在基础底面处安装基础模板，设置排水沟、集水坑。在干旱晴天施工的坑壁垂直的无水基坑坑底，当不设模板时，可按基础的尺寸开挖基坑。

3. 围堰

在有浅水区域进行基坑明挖施工前，应采用土或土袋等材料进行围堰；围堰顶面高程应高出施工期间可能出现最高水位（包括浪高）0.5~0.7m。围堰的外形和尺寸应考虑河流断面被压缩后流速增大导致流水对围堰本身和河床的集中冲刷，以及对河道泄洪、通航和导流的影响等不利因素；围堰内的平面尺寸应能够满足基础施工作业的要求。

（1）土围堰

土围堰适用于水深 1.5m 以内，流速 0.5m/s 以内，冲刷作用很小，且河床土质渗水性较小的土。在填筑围堰之前，应将堰底河床处的树根、石块及其他杂物清除干净。土围堰宜使用黏性土或砂夹黏土填筑，填筑应自上游开始至下游合拢，围堰断面应根据使用的土质、渗水程度及围堰本身在水压力作用下的稳定性而定。围堰顶面宽度不应小于 1.5m，外侧坡度不陡于 1∶2，内侧坡度不陡于 1∶1。填土出水面后应分层夯实。填筑围堰引起流速增大，可在外坡面采用草皮、片石或土袋等进行防护。

（2）土袋围堰

水深在 3m 以内，流速不大于 1.5m/s，河床土质渗水性较小且满足泄洪要求时，可采用土袋围堰。围堰的中心部分可填筑黏性土及黏性土芯墙，围堰顶面宽度可为 1～2m，外侧边坡为 1∶0.5～1∶1，内侧为 1∶0.2～1∶0.5。土袋内填土宜采用黏性土，装填量宜为 60%；水流流速较大时，在过水面及迎水面，袋内可装填粗砂或卵石。堆码时土袋的上下层和内外层应相互错峰，搭接长度宜为 1/3～1/2，堆码应密实平整。

4. 基坑开挖

基坑可采用垂直开挖、放坡开挖、支撑加固或其他加固的开挖方法。基坑坑壁坡度不易稳定并有地下水影响，或放坡开挖场地受到限制，或放坡开挖工程量大，应根据设计要求进行支护。设计无要求时，应结合实际情况选择适宜的支护方案。在有地面水淹没的基坑，可修筑围堰、改河、改沟、筑坝排开地面水后再开挖基坑。

（1）无支护垂直开挖

对于天然湿度接近最佳含水量、构造均匀、不致发生坍滑、移动、松散或不均匀下沉的基土，基坑可采取垂直坑壁的形式。不同土类状态垂直坑壁基坑容许深度可参考表 20-1。

无支护加固的垂直坑壁基坑容许深度　　　　　　　　表 20-1

序　号	土　类	容许深度（m）
1	密实、中密的砂类土和砾类土（充填物为砂类土）	1.0
2	硬塑、软塑的低液限粉土、低液限黏土	1.25
3	硬塑、软塑的高液限黏土、高液限黏质土夹砂砾土	1.5
4	坚硬的高液限黏土	2.0

黏质土的垂直坑壁最大高度 H_{max} 可参考下列公式进行计算：

$$H_{max} = \frac{0.2c}{k \times \rho \times tg(45° - \varphi/2)} - \frac{q}{10\rho}$$

式中　H_{max}——垂直坑壁最大高度（m）；

　　　k——安全系数，一般可取 1.25；

　　　ρ——坑壁土的密度（g/cm³）；

　　　q——坑顶边缘均布静荷载（kPa）；

　　　φ——坑壁土的内摩擦角（°）；

　　　c——坑壁土的黏聚力（kPa）。

（2）无支护放坡开挖

1）基坑深度在 5m 以内，土的湿度正常、土层构造均匀，基坑坑壁坡度可参考表 20-2，采用斜坡开挖或按相应斜坡高、宽比值挖成阶梯形坑壁，每梯高度以 0.5～1.0m 为宜。阶梯可兼做人工运土的台阶。

2）基坑深度大于 5m 时，可参考表 20-2 规定的坑壁坡度适当放缓，或加做平台。土的湿度超过坑壁稳定的湿度时，应采用缓于该湿度时土的天然坡度，或采取加固坑壁的措施。

3）基坑开挖穿过不同土层时，坑壁边坡可按各层土质采用不同坡度。当下层土质为密实黏质土或岩石时，下层可采用垂直坑壁。在坑壁坡度变换处可视需要设置至少 0.5m 宽的平台。

	基坑坑壁坡度			表 20-2
序　号	坑壁土类别	坑壁坡度		
		坡顶无荷载	坡顶有静荷载	坡顶有动荷载
1	砂类土	1：1	1：1.25	1：1.5
2	卵石、砾类土	1：0.75	1：1	1：1.25
3	粉质土、黏质土	1：0.33	1：0.5	1：0.75
4	极软岩	1：0.25	1：0.33	1：0.67
5	软质岩	1：0	1：0.1	1：0.25
6	硬质岩	1：0	1：0	1：0

注：1. 坑壁有不同土质时，基坑坑壁坡度可分层选用，并配设平台。
　　2. 坑壁土的类别按照现行行业标准《公路土工试验规程》JTGE40—2007 划分，岩面单轴抗压强度＜5MPa、5～30MPa、＞30MPa 时，分别定为极软、软质、硬质岩。
　　3. 当基坑深度大于 5m 时，基坑坑壁坡度可适当放缓或加设平台。

4）当基坑有地下水时，地下水位以上部分可放坡开挖；地下水位以下部分，若土质易坍塌或水位在基坑底以上较高时，应采用加固土体或降地下水位等方法开挖。

5）基坑为渗水性的土质基底时，坑底的平面尺寸应根据排水要求（包括排水沟、集水井、排水管网等）和基础模板所需基坑大小确定。

（3）支护开挖

1）挡板支护

① 基坑较浅且渗水量不大时，可采用竹排、木板、混凝土板或钢板等对坑壁进行支护。

② 采取简易钢板桩支护，基坑开挖深度不宜大于 4m。在渗水量不大的情况下，可用槽钢正反扣搭，组成挡板。也可采用 H 型钢、工字钢打入地基一定深度，挖土时加插横板以挡土。钢板桩入土深度按照设计要求。当设计无要求时，应按挡板受力情况予以验算。亦可用木板桩代替钢板桩。

③ 地下水位较高，基坑开挖深度为 5～10m 时，宜用锁口钢板桩或锁口钢管桩进行支护。

对支护结构应进行设计计算，当支护结构受力过大时应加设临时内支撑，支护结构和临时支撑的强度、刚度及稳定性应满足基坑开挖施工的要求。

2）喷射及锚杆加固

① 当基坑受条件的限制，开挖深度大，只能垂直或大坡度开挖，在地基土质较好、渗水量较小的情况下，可用喷射混凝土或锚杆（锚索）挂网喷射混凝土加固基坑坑壁，逐层开挖，逐层加固。当基坑为不稳定的强风化岩质地基或淤泥质黏土时，可用锚杆挂网喷射混凝土护坡。基坑开挖深度小于 10m 的较完整风化基岩，可直接喷射素混凝土。

喷射作业前，应对机械设备、各种管路、电线等进行系统检查并试运转。喷射混凝土的强度、厚度应不小于设计值。混凝土应用机械搅拌和专用机械喷射。喷射前应定距离埋设钢筋，作为喷射厚度的标志。当用锚杆挂网喷射混凝土支护时，各层锚杆或锚索要求进入稳定层的长度和间距、钢筋的直径或钢绞线的束数，应符合设计要求。

② 当采用锚杆、预应力锚索和土钉支护，均应在施工前按设计要求进行抗拔力的验证试验，并确定适宜的施工工艺。

采用锚杆挂网喷射混凝土加固坑壁时，各层锚杆进入稳定层的长度、间距和钢筋的直径均应符合设计要求。孔深小于或等于 3m 时，宜采用先注浆后插入锚杆的施工工艺；孔深大于 3m 时，宜先插入锚杆后注浆。锚杆插入孔内后应居中固定，注浆应采用孔底注浆法，注浆管应插至距孔底 50～100mm 处，并随浆液的注入逐渐拔出，注浆的压力不宜小于 0.2MPa。

采用预应力锚索加固坑壁时，预应力锚索（包括锚杆）编束、安装和张拉等的施工应符合设计规定，其他施工可参照现行标准《建筑边坡工程技术规范》GB50330—2013 的规定。

采用土钉支护加固坑壁时，施工除符合设计要求外，还应参考《基坑土钉支护技术规程》（CECS96：97）的有关规定。

基坑支护无论采用何种加固方式，均应按设计要求逐层开挖、逐层加固，坑壁或边坡上有明显出水点处应设置导管排水。

（4）基坑开挖主要事项

1）岩石基坑开挖，必要时可以进行松动爆破结合人工开挖，但要严格控制爆破深度和用药量，防止过量爆破引起边坡和持力层松动或超挖。

2）基坑应避免超挖。如超挖，应将松动部分清除。挖至标高的土质基坑不得长期暴露、扰动或浸泡，并应及时检查基坑尺寸、高程、基底承载力，符合要求后，应立即进行基础施工。排水困难或具有水下开挖基坑设备，可用水下挖基方法，但应保持基坑中的原有水位高程。

3）基坑变形观测

① 在基坑开挖前，应根据基坑的开挖方案以及周边的环境制定基坑变形观测方案。

② 施工过程中通过对基坑周围地层位移、基坑围护结构的变形和附近建筑物的沉降的观测，对比分析设计与现场的差异，及时修正围护设计。合理安排下一步施工工序，确保施工和围护的安全。

③ 观测点的位置要能充分体现基坑及围护结构的稳定性的特点，如设置在坑顶周边、坡脚、坑壁中部围护结构等。

④ 在每层开挖过程中，大的降雨降雪等使基坑环境发生变化的情况下都需进行观测，并及时做好记录。

⑤ 观测工作应有专人负责，根据观测方案及时观测并整理结果，绘制变形曲线。

5. 基坑排水

（1）集水坑排水

基坑开挖时，宜在坑底基层范围之外设置集水坑并沿坑底周围开挖排水沟，使水流入集水坑内，排出坑外。集水坑的尺寸宜视渗水量的大小确定。排水设备的排水能力宜为总渗水量的 1.5～2.0 倍。

（2）井点降水法排水

1）井点降水法宜用于粉砂、细砂、地下水位较高、有承压水、挖基较深、坑壁不易稳定的土质基坑，在无砂的黏质土中不宜采用。井点类别的选择，宜按照土层的渗透系数、要求降低水位的深度以及工程特点进行确定，可参考表 20-3。井点降水曲线应低于基底设计高程或开挖高程 0.5m。

各类井点法降水的适用范围　　　　　　　　　　　　　　表 20-3

序　号	井点名称	土层渗透系数（m/d）	降低水位深度（m）
1	单层轻型井点	0.1～50	3～6
2	多层轻型井点	0.1～50	6～12（由井点层数而定）
3	喷射井点	0.1～1	8～20
4	电渗井点	<0.1	根据选用的井点确定
5	管井井点	20～200	3～5
6	深井井点	10～250	>15

2）井点法降水应符合下列规定：

① 安装井点管，应先造孔后下管，不得将井点管硬打入土内，造孔应垂直，深度宜比滤管底深 0.5m 左右。滤管底应低于基底以下 1.5m。

② 井点管四周，应以粗砂灌实，距地面 0.5～1m 深度内，用黏土填塞严密。

③ 集水总管与水泵的安装应降低，集水总管向水泵方向宜设有 0.25%～0.5% 的下坡。

④ 井管系统各部件均应安装严密，不得漏气。

⑤ 降水过程中，应加强井点降水系统的维护和检查，保证不断抽水。

⑥ 对水位降低区域建筑物可能产生的沉降，应进行观测，并采取防护措施。

⑦ 拆除多层井点应自底层开始逐层向上进行，在下层井点拆除期间，上部各层井点应继续抽水。

（3）帷幕法防渗

帷幕法是在基坑边线外设置一圈隔水幕，用以隔断水源，减少渗流水量，防止流砂、突涌、管涌、潜蚀等地下水的作用。方法有深层搅拌桩隔水墙、压力注浆、高压喷射注浆、冻结围幕法等，采用时均应进行具体设计并符合有关规定。

20.4　质量控制

20.4.1　基坑检查

（1）基坑检查内容

基坑开挖到设计基础底高程后，采用人工清除坑底松土，铲平凸超部分，修正边坡，进行基底检验。基坑检验合格后，应立即施工基础，尽量缩短暴露时间。

1）对基底平面位置、尺寸大小、基底标高进行测量，对基底进行放样，测设基础底面中心十字线、轮廓线和基坑底高程。桩点应设置牢固，并挂线以备检查。

2）对基底地质情况进行复核，并进行相关的土工试验，检查地质情况和承载力是否与设计资料相符。

3）对基底虚土和积水情况进行检查，检验其是否满足基底处理和排水的要求。

4）做好相关的施工记录及试验资料。

（2）基坑检验方法按地基土质复杂（如溶洞、断层、软弱夹层、易熔岩等）及结构对地基有无特殊要求，可采用直观或触探方法，必要时钻探（钻深至少 4m）取样做土工试验，或按设计的特殊要求进行荷载试验。

（3）基底高程容许误差应符合下列要求：

土质：±50mm；石质：－200mm，＋50mm。

20.4.2　明挖基础施工要求

（1）基坑换填或回填应及时，夯实应符合规定要求。

（2）基坑应满足基础轮廓、放坡、排水的需要，特殊情况下，应符合加宽要求。

（3）基础允许偏差应符合表 20-4 的要求。

基础允许偏差　　　　　　　　　　　　表 20-4

序　号	项　目	允许偏差（mm）
1	基础前后、左右边缘距设计中心线	±30
2	基础顶面高程	±20

20.5　施工记录

（1）基坑放线及复核记录；

（2）基坑开挖施工记录；

（3）基坑防护、支护施工记录及抽排水记录等。

20.6　成品保护

（1）施工过程中的基坑轴线桩、水准点的防护。

（2）基坑开挖至设计高程后的土质基坑不得长时间暴露、扰动、浸泡，并应及时检查基坑尺寸、高程、基底承载力等，验收合格后应立即进行基础施工。

（3）应做好基坑边坡的防护、基坑排水工作。

20.7　安全与环保措施

20.7.1　安全保护措施

（1）施工过程的安全应符合现行行业标准《建筑施工安全检查标准》JGJ59—2011 的有关规定，施工机械应符合现行行业标准《建筑机械使用安全技术规程》JGJ33—2012 的有关规定，施工临时用电应符合现行行业标准《施工现场临时用电安全技术规范》JGJ46 的有关规定。

（2）加强现场安全技术交底工作，并严格执行；基坑开挖过程及基础施工时必须做好基坑边坡的安全防护工作，并做好现场安全标识标牌。

（3）开工前应做好各种机具设备检修、试运行，使之处于完好、正常运转状态，并定期检修保养。严禁现场施工人员酒后作业。

20.7.2　环保措施

（1）施工过程的环境保护应符合现行行业标准《建设工程施工现场环境与卫生标准》JGJ146—2013 的有关规定。在施工期间严格控制噪声，应符合现行国家标准《建筑施工场界环境噪声排放标准》GB12523—2011 的规定。

（2）弃土堆土坡脚距坑顶的距离不宜小于基坑的深度，且宜弃在下游指定地点，不得淤塞河道，影响泄洪。

（3）场地要进行合理规划，材料堆放要整齐，现场管理要有序，现场道路要畅通，无积水、坑陷，电线路及配电箱敷设整洁、规范。

（4）做好现场道路及排水规划工作，不得作业扬尘污染环境；土方运输车应采用覆盖措施，严禁车辆带泥上路。

第 21 章　地下连续墙施工工艺

21.1　适用范围及特点

21.1.1　适用范围

地下连续墙是基础工程在地面上采用一种挖槽机械，沿着深开挖工程的周边轴线，在泥浆护壁条件下，开挖出一条狭长的深槽，清槽后，在槽内吊放钢筋笼，然后用导管法灌注水下混凝土筑成一个单元槽段，如此逐段进行，在地下筑成一道连续的钢筋混凝土墙壁，作为截水、防渗、承重、挡水结构。

适用于密集建筑群中建造深基坑支护及进行逆作法施工，可用于各种地质条件下，包括砂性土层、粒径 50mm 以下的砂砾层中施工等。适用于建造建筑物的地下室、地下商场、停车场、地下油库、挡土墙、高层建筑的深基础、逆作法施工围护结构，工业建筑的深池、坑，竖井等。

21.1.2　地下连续墙特点

1. 优点

（1）工效高、工期短、质量可靠、防渗性能好、经济效益高；施工时振动小、噪声低，非常适于在城市施工。

（2）施工占地少，可以充分利用建筑红线以内有限的地面和空间，充分发挥投资效益。

（3）地下连续墙体刚度大，可用于逆作法施工；基坑开挖时，可承受很大的土压力，极少发生地基沉降或塌方事故，已经成为深基坑支护工程中必不可少的挡土结构。

（4）适用于多种地基条件。地下连续墙对地基的适用范围很广，从软弱的冲积地层到中硬的地层、密实的砂砾层，各种软岩和硬岩等所有的地基都可以建造地下连续墙。

（5）可用做刚性基础。目前地下连续墙不再单纯作为防渗防水、深基坑围护墙，而且越来越多地用地下连续墙代替桩基础、沉井或沉箱基础，承受更大荷载。

2. 缺点

（1）在城市施工时，废泥浆的处理比较麻烦。

（2）地下连续墙如果用做临时的挡土结构，比其他方法所用的费用要高些。

（3）如果施工方法不当或施工地质条件特殊，可能出现相邻墙段不能对齐和漏水的问题。

（4）在一些特殊的地质条件下（如很软的淤泥质土，含漂石的冲积层和超硬岩石等），施工难度很大。

21.2　施工准备

21.2.1　技术准备

（1）根据设计图纸、地质勘查资料、现场实际情况以及有关标准、规范编制完成地下连续墙专项施工方案，审批通过后并逐级向现场管理人员及操作人员进行安全、技术交底。

（2）根据施工需求配置施工所需的计量、测量、试验等器具。

（3）对地下连续墙分幅编号、定位，地连墙转角处分幅进行适当调整，并经业主、设计、监理认可。

（4）地下连续墙钢筋笼深化设计图纸逐步完成，并经业主、设计、监理认可。

21.2.2　材料准备

（1）根据工程图纸，做好施工所需物资计划，钢筋、钢材、砂、石、水泥提前进场做好见证取样送检工作；检验合格后方可使用。

（2）根据现场土质情况，配置造浆所需的膨润土、添加剂等，确保泥浆的工作性能。

21.2.3　机具准备

（1）为确保地下连续墙施工顺利按照计划进行，结合工期要求及场内布置，根据施工需要和现场进度情况及时安排各种机械设备的进场。

（2）根据地下连续墙的厚度、深度、成槽宽度和地质条件等因素确定成槽设备，常用主要机具设备有：成槽机、履带吊、挖机、泥浆处理系统、钢筋加工设备、接头管、顶升架、千斤顶、高压油泵、汽车吊、混凝土浇筑架以及全站仪、水准仪等。

21.2.4　作业条件准备

（1）根据业主提供的测量控制点，建立施工所需的测量控制点。在导墙顶面上画出分幅线，用红漆标明单元槽段的编号，同时测出每幅墙顶标高，并标注在施工图上。

（2）做好现场的道路、水电、排水系统以及场地平整、泥浆循环系统的工作，道路能够满足重型机械的行走。

（3）完成成槽区域内地下管线、障碍物的调查工作，并标明和清理完成，不影响现场施工。

（4）完成现场机械设备进场的安装与调试工作。

21.3　施工工艺

21.3.1　工艺流程

地下连续墙施工工艺流程如图 21-1 所示。

21.3.2　操作要点

1. 测量放线

根据已有的且通过验收合格的准确坐标基准点，遵照图纸中具体尺寸位置，用经纬仪、长卷尺测量定位，标定导墙、道路及槽段测量定位的位置，报请监理复核认可后方可施工。

2. 导墙施工

（1）导墙是控制地下连续墙各项指标的基准，它起着支护槽口土体，承受地面荷载和稳定泥浆液面的作用。对于地质情况比较好的地方，可以直接施作导墙，对于松散层、雨污水管等影响导墙施工质量的必须事前进行加固处理。

（2）导墙结构形式应根据地质条件和施工荷载等情况进行确定，宜为倒"L"形和

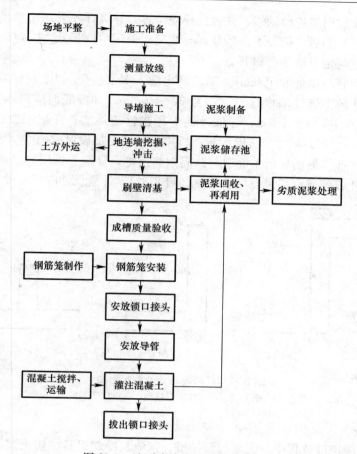

图 21-1　地下连续墙施工工艺流程图

"匚"形，导墙需满足地下连续墙施工所需强度及稳定性的要求。导墙混凝土强度等级不应低于 C20，厚度不应小于 200mm。导墙应采用双向配筋，钢筋不应小于 $\phi12$（HRB335），间距不应大于 200mm，导墙形式如图 21-2 所示。

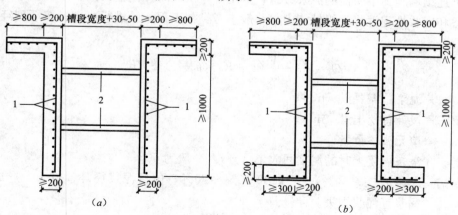

图 21-2　导墙结构及配筋示意图

(a)倒"L"形导墙；(b)"匚"形导墙

1—双向配筋，2—加撑

（3）用全站仪放出地连墙轴线，并放出导墙位置，导墙开挖采用小型挖掘机开挖，人工配合清底。基底夯实后，铺设水泥砂浆，导墙模板采用木模板及木支撑，插入式振动器振捣。导墙施工缝与地下墙接缝错开。

（4）导墙顶面宜高出地面 100mm，且应高出地下水位 0.5m 以上；导墙内侧墙面应垂直，导墙净距应比地下连续墙设计厚度加宽 30～50mm。导墙底面应进入原状土 200mm 以上，且导墙高度不应小于 1.2m；导墙外侧应用黏性土填实；导墙混凝土应对称浇筑，强度达到设计强度的 70% 后方可拆除模板，拆模后导墙应加设对撑。

（5）成槽机作业一侧的导墙主筋应与路面钢筋连接；导墙养护期间，重型机械设备不宜在导墙附近作业或停留。拐角处导墙外放（图 21-3），外放尺寸应根据设备及墙厚确定。

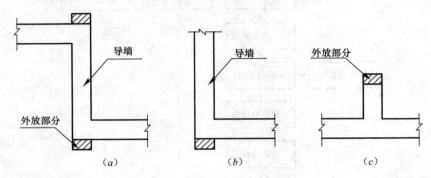

图 21-3　导墙转角处外放示意图
(a)"Z"形槽段；(b)"L"形槽段；(c)"T"形槽段

3. 泥浆制备

在地下连续墙挖槽过程中，泥浆起到护壁、携渣、冷却机具、切土润滑的作用。性能良好的泥浆能确保成槽时槽壁的稳定，防止塌孔，同时在混凝土灌注时对保证混凝土的质量起着极其重要的作用。

（1）泥浆需要量确定

地下连续墙施工中所需的泥浆数量，决定于一次同时开挖槽段的大小，泥浆的各种损失及制备和回收处理泥浆的机械能力，一般参考类似工程经验进行决定。按下列经验公式进行估算：

$$Q = \frac{V}{n} + \frac{V}{n}(1 - K_1)(n - 1) + VK_2$$

式中　Q——泥浆总需要量（m³）；

　　　V——设计总挖土量（m³）；

　　　n——单元槽段数量；

　　　K_1——浇筑混凝土时的泥浆回收率（%），一般为 60%～80%；

　　　K_2——泥浆消耗率（%），一般为 10%～20%，包括泥浆循环、排土、形成泥皮、漏浆等泥浆损失。

（2）泥浆制备

泥浆制备应选用膨润土或高分子聚合物材料，现场设置泥浆池或泥浆箱。泥浆的储备量宜为每日计划最大成槽方量的 2 倍以上。泥浆配合比应按土层情况经过试配确定，施工过程中根据监控数据及时调整泥浆指标。遇到土层极松散、颗粒粒径较大、含盐或受化学污染时，应配制专用泥浆。

新拌制的泥浆应贮存 24h 以上，使膨润土充分水化后方可使用。施工中循环泥浆应进行沉淀或除砂处理等再生处理手段，符合要求后方可使用。

（3）泥浆的管理

1）在成槽过程中，每进尺 1～5m 或每 4h 测定一次泥浆相对密度和黏度。

2）挖槽结束及刷壁完成后，分别取槽内上、中、下三段的泥浆进行相对密度、黏度、含砂率和 pH 值的指标测定验收。

3）清槽结束前测一次相对密度、黏度；浇灌混凝土前测一次相对密度，且前后两次均取槽底以上 200mm 处泥浆。

4）失水量和 pH 值应在每槽孔的中部和底部各测一次，含水率根据具体情况进行测定，而稳定性和胶体率一般在泥浆循环过程中不进行测定。

（4）泥浆循环与再生

成槽施工时，泥浆受到土体、混凝土和地面杂质等污染，其技术指标将发生变化。因此，从槽段内抽出的泥浆依据现场实验数据，将泥浆分别回送至循环浆池和废浆池内。混凝土浇筑过程中同样采用泥浆泵进行回收泥浆，回收泥浆性能符合再处理要求时，将回收泥浆抽入循环池，当泥浆性能指标达到废弃标准后，将回收泥浆抽入废浆池。

（5）废浆处理

抽入废浆池中的废弃泥浆应每天组织全封闭泥浆运输车外运至规定的泥浆排放点弃浆。

4. 成槽施工

（1）槽段划分与设备选择

1）单元槽段应综合考虑地质条件、结构要求、周围环境、机械设备、施工条件等因素进行划分。单元槽段长度宜为 4～6m。

2）成槽宜采用液压抓斗式进入粉砂层（标贯击数 $N>50$ 击），宜采用抓铣结合或钻抓结合的方式成槽；并应根据成槽试验确定正式施工的技术参数。

（2）成槽顺序

1）地下连续墙墙幅分为首开幅、中间幅和闭合幅。闭合幅选择为直线幅，对于拐角处的"Z"形、"L"形、"T"形墙幅一般安排为首开幅，不宜作为闭合幅，以免因钢筋加工偏差致使钢筋笼下放困难。

2）墙幅间宜采用跳槽开挖，亦可以自首开幅向两端延伸，如图 21-4、图 21-5 所示，相邻幅槽段施工间隔时间应不小于 24h，但也不宜超过 7d。

① 方法一：跳槽开挖，此种方法首开与闭合的连接接头比较多，不常用。

1（首开）	4（闭合）	2（首开）	5（闭合）	3（首开）

图 21-4　跳槽成槽开挖示意图

② 方法二：自首开幅向两端延伸，此种方法得注意一点就是：在首开幅混凝土灌注后至第一个中间连接幅开挖前的间隔时间应不小于 24h。

4（中间）	2（中间）	1（首开）	3（中间）	5（中间）

图 21-5　两端延伸成槽开挖示意图

（3）成槽施工

1）在成槽开始前，在导墙上定位出每一斗抓斗的中心位置，并放上标志物，以确保每次抓斗下放位置一致，防止抓斗左右倾斜。成槽机就位使抓斗平行于导墙，抓斗的中心线与导墙的中心线重合。挖土过程中，抓斗中心每次对准放在导墙上的孔位标志物，保证挖土位置准确。

2）根据槽段长度与成槽机的开口宽度，确定出首开幅和闭合幅，保证成槽机切土时两侧邻界条件的均衡性，以确保槽壁垂直，部分槽段采取两钻一抓。成槽后以超声波检测仪检查成槽质量。

3）成槽开挖时抓斗闭斗下放，开挖时再张开，每斗进尺深度控制在 0.3m 左右，上、下抓斗时缓慢进行，避免形成涡流冲刷槽壁，引起塌方。在挖槽中通过成槽机上的垂直度检测仪表显示的成槽垂直度情况，及时进行纠偏。

4）异型槽段成槽时应保证槽壁前后、左右的垂直度均满足设计要求，必要时应调整幅宽。

5）槽内泥浆面不应低于导墙面 0.3m，同时槽内泥浆面应高于地下水位 0.5m 以上。单元槽段成槽过程中抽检泥浆指标不应少于 2 处，且每处不少于 3 次（图 21-6）。

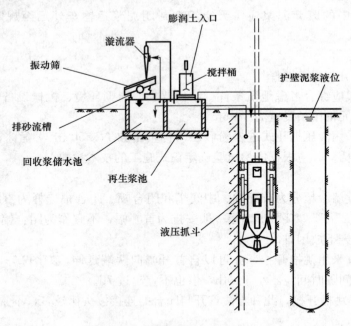

图 21-6　成槽施工示意图

5. 刷壁与清基

成槽后，应对相邻段混凝土的端面进行清刷，刷壁应到底部，刷壁次数不得少于 20次，且刷壁器上无泥。

刷壁完成后应进行清基和泥浆置换。清基宜采用泵吸法，使槽底沉渣及泥浆指标满足要求为止。

6. 钢筋笼制作与吊装

（1）钢筋笼制作

1）钢筋笼制作平台应采用型钢制作，平整坚实，排水畅通。在平台上根据设计的钢筋间距、插筋、预埋件及钢筋接驳器的位置，画出控制标识。

2）钢筋笼加工场地和制作平台应平整，分节制作的钢筋笼在同胎制作时应试拼装，采用焊机或机械连接，主筋接头搭接长度应满足设计要求，搭接位置应该错开 50%。三级钢及 $\phi 25$ 以上的二级钢应采用机械连接。

3）钢筋笼应预留纵向混凝土灌注导管位置，并上下贯通。

4）钢筋笼应设置桁架、剪刀撑等加强整体刚度构造钢筋；钢筋笼起吊桁架应根据钢筋笼起吊过程中的刚度及整体稳定性的计算结果确定。

5）钢筋笼主筋交叉点应 50% 并均匀分布点焊，主筋与桁架及吊点处应 100% 点焊。钢筋笼应设置保护层垫块，纵向间距为 3～5m，横向设置 2～3 块；定位垫块宜采用 4～6mm 厚钢板制成"‾‾‾╱‾‾‾‾"形，与主筋焊接。

6）预埋件应与主筋连接牢固，钢筋接驳器外露处应包扎严密。

7）工字钢接头焊接时，水平钢筋与工字钢应采用 5d 双面跳焊搭接；十字钢板接头焊接时，水平钢筋与十字钢板应采用双面焊，焊接长度不应小于 50mm。

（2）钢筋笼吊装

1）吊车的选用应满足吊装高度及起重量的要求，主吊和副吊应根据计算确定。

2）钢筋笼吊点布置应根据吊装工艺和计算确定，并应进行钢筋笼整体起吊的刚度等安全验算，按计算结果配置吊具、吊点加固钢筋和吊筋等。吊筋长度应根据实测导墙标高确定。

3）钢筋笼起吊前应保证吊车回转半径 600mm 内无障碍物，并进行试吊。

4）钢筋笼吊放时应对准槽段中心线缓慢沉入，不得强行入槽。

5）钢筋笼的迎土面及迎坑面朝向应正确放置，严禁反放。

6）钢筋笼应在清基后及时吊放。

7）异型槽段钢筋笼起吊前应对转角处进行加强处理，并随入槽过程逐渐割除。

7. 接头安装

（1）地下连续墙圆形接头应采用接头管。

（2）接头管（箱）施工应符合下列规定：

1）接头管（箱）及连接件应具有足够的强度和刚度。

2）接头管（箱）进场后在首次使用前，应在现场进行组装试验。

3）接头管（箱）应露出导墙顶 1.5～2.0m 以上。

4）接头管（箱）的吊装应垂直缓慢下放，严格控制垂直度。

5）接头管（箱）背后应填实。

6）接头管（箱）在混凝土灌注初凝后开始提升，每 30min 提升一次，每次 50～100mm，应在混凝土终凝前全部拔出。

7）接头管（箱）起拔应垂直、匀速、缓慢、连续，不应损坏接头处的混凝土。

8）接头管（箱）起拔后应及时清洗干净。

（3）十字钢板接头，在施工中应配置整体式或两片独立式接头箱，下端应插入槽底，上端宜高出地下连续墙泛浆高度，同时应制定有效的防混凝土绕流措施。

（4）十字钢接头，在施工中应配置接头管（箱），下端应插入槽底，上端宜高出地下连续墙泛浆高度，同时应制定有效的防混凝土绕流措施。

（5）预制混凝土接头施工应符合下列要求：

1）预制接头吊装的吊点位置及数量应根据计算确定，应分节依次吊放。

2）预制接头吊放应注意迎土面和迎坑面，严禁反放。

3）预制接头应达到设计强度的100%后运输及吊放。

4）先放预制接头，再吊放钢筋笼。

（6）铣接头施工应符合下列要求：

1）后续槽段开挖时，应将套铣部分混凝土铣削干净，套铣部分不宜小于200mm。

2）导向插板应在混凝土浇筑前放置于预定位置，插板长度宜为5～6m。

3）套铣一期槽段钢筋笼应设置限位块，限位块设置在钢筋笼两侧，宜采用PVC管，限位块长度宜为300～500mm，竖向间距为3～5m。

8. 混凝土灌注

（1）水下混凝土配制

1）水下混凝土应具备良好的和易性，初凝时间应满足浇筑要求，现场混凝土坍落度宜为200±20mm。

2）水下混凝土配制强度等级应先进行试验，然后参照表21-1进行确定。

<table>
<tr><td colspan="2" style="text-align:center">混凝土设计强度等级对照表</td><td colspan="6" style="text-align:right">表 21-1</td></tr>
<tr><td>序号</td><td>项　目</td><td colspan="6">混凝土强度等级</td></tr>
<tr><td>1</td><td>混凝土设计强度等级</td><td>C25</td><td>C30</td><td>C35</td><td>C40</td><td>C45</td><td>C50</td></tr>
<tr><td>2</td><td>水下混凝土配制强度等级</td><td>C30</td><td>C35</td><td>C40</td><td>C50</td><td>C55</td><td>C60</td></tr>
</table>

（2）混凝土浇筑导管

1）混凝土浇筑导管必须使用圆形导管，一般导管宜采用直径为150～300mm的钢管，每节导管长度有1m、1.5m、2m、3m不等，根据沟槽深度及混凝土浇筑时导管的提升情况进行选配，钢节连接应密封、牢固，施工前应试拼并进行水密性试验。

2）导管水平布置距离不应大于3m，距槽段两侧端部不应大于1.5m。导管下端距离槽底宜为300～500mm。导管内应设置隔水栓。

3）灌注混凝土时，要使导管做上下竖直方向30cm左右的运动，以利混凝土密实，尤其在墙体接头部位更需如此。但上下竖直运动不得过激，以免造成混凝土与泥浆的接触，使泥浆卷入混凝土内影响墙体质量。

（3）混凝土灌注

导管底端埋入混凝土的深度不得小于1.5m，否则混凝土流出时会把混凝土上升面附近的浮浆卷入混凝土内。但导管的埋入深度也不宜过大，否则混凝土不易从导管内流出，一般埋深不超过6m。浇筑混凝土的充盈系数应为1.0～1.2。

地面标高与连续墙顶落低3m以上的地下连续墙，墙顶设计标高以上宜采用低强度等级混凝土或水泥砂浆隔幅填充，其余槽段采用砂土填实（图21-7）。

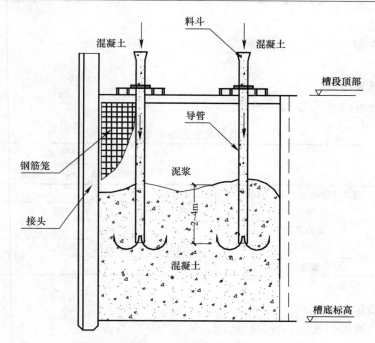

图 21-7　地下连续墙水下混凝土灌注示意图

（4）浇筑水下混凝土应符合下列要求：

1）钢筋笼吊放就位后应及时灌注混凝土，间隔不宜超过 4h。

2）混凝土初灌后，混凝土中导管埋深应大于 500mm。

3）混凝土浇筑应均匀连续，间隔时间不宜超过 30min。

4）槽内混凝土面上升速度不宜小于 3m/h，同时不宜大于 5m/h；导管混凝土埋入混凝土深度应为 2～4m，相邻两导管间混凝土高差应小于 0.5m。

5）混凝土浇筑面宜高出设计标高 300～500mm，凿除浮浆后的墙顶标高和墙体混凝土强度应满足设计要求。

6）每根导管分担的浇筑面积应基本均等。

（5）墙底注浆

1）墙底注浆应在墙体混凝土达到设计强度后方可进行。

2）注浆管应采用钢管，单幅槽段注浆管数量不应小于 2 根，注浆管与钢筋笼应固定牢靠。注浆管下段应伸至槽底 200～500mm。

3）注浆器应采用单向阀，应能承受大于 1MPa 的静水压力。

4）注浆量应符合设计要求，注浆压力应控制在 0.2～0.4MPa 之间。

5）地下连续墙混凝土初凝后终凝前应用高压水劈通压浆管路。

6）注浆液应采用 P.O 42.5 级水泥配置；水灰比宜为 0.5～0.6；浆液应过滤，滤网网眼应小于 40μm。

7）满足下列条件之一可终止注浆：

① 注浆总量达到设计要求。

② 注浆量达到 80% 以上，且压力达到 2MPa。

21.4 质量控制

21.4.1 导墙质量控制

导墙施工允许偏差见表 21-2 所列。

导墙施工允许偏差 表 21-2

序 号	项 目	允许偏差	检查频率		检查方法
			范围	点数	
1	宽度（设计墙厚 5～30mm）	$<\pm10$mm	每幅	1	尺量
2	垂直度	$<H/500$	每幅	1	线锤
3	墙面平整度	$\leqslant5$mm	每幅	1	尺量
4	导墙平面位置	$<\pm10$mm	每幅	1	尺量
5	导墙顶面标高	±20mm	每幅	1	水准仪

注：H 表示导墙的深度。

21.4.2 成槽质量控制

成槽后应检查泥浆指标、槽位、槽深、槽宽及槽壁垂直度等。

（1）地下连续墙成槽允许偏差应符合表 21-3 的要求。

地下连续墙成槽允许偏差 表 21-3

序 号	项 目		测试方法	允许偏差
1	深度	临时结构	测绳 2 点/幅	0～100mm
		永久结构		0～100mm
2	槽位	临时结构	钢尺 1 点/幅	0～50mm
		永久结构		0～30mm
3	墙厚	临时结构	20%超声波 2 点/幅	0～50mm
		永久结构	100%超声波 2 点/幅	0～50mm
4	垂直度	临时结构	20%超声波 2 点/幅	$\leqslant1/200$
		永久结构	100%超声波 2 点/幅	$\leqslant1/300$
5	沉渣厚度	临时结构	100%测绳 2 点/幅	$\leqslant200$mm
		永久结构		$\leqslant100$mm

（2）清基后应对槽段泥浆进行检测，每幅槽段检测 2 处。取样点距离槽底 200mm 左右，泥浆指标应符合表 21-4 的要求。

清基后的泥浆指标 表 21-4

序 号	项 目		清基后泥浆	检验方法
1	相对密度	黏性土	$\leqslant1.15$	比重计
		砂性土	$\leqslant1.20$	
2	黏度（s）		20～30	漏斗计
3	含砂率（%）		$\leqslant7$	洗砂瓶

21.4.3 钢筋笼制作质量控制

（1）钢筋笼制作平台的平整度应控制在 20mm 以内。

（2）钢筋笼制作允许偏差应符合表 21-5 的要求。

钢筋笼制作允许偏差　　　　　　　　表 21-5

序　号	项　目	允许偏差（mm）	检查方法	检查范围	检查频率
1	钢筋笼长度	±100	钢尺量，每片钢筋网检查上中下三处	每幅钢筋笼	3
2	钢筋笼宽度	0，−20			3
3	钢筋笼保护层厚度	+10，0			3
4	钢筋笼安装深度	+50			3
5	主筋间距	±10	任取一断面，连续量取间距，取平均值作为一点，每片钢筋网上测四点		4
6	分布筋间距	±20			
7	预埋件中心位置	±10	钢尺		20%
8	预埋钢筋和接驳器中心位置	±10	钢尺		20%

（3）钢筋笼安装误差应小于 20mm。

21.4.4　接头质量控制

（1）十字钢板接头和工字钢接头顶部偏差应小于 20mm。

（2）预制接头平整度应小于 5mm，挠度应小于 20mm，无裂缝和露筋现象，上下节端头应平整无缝隙。

（3）圆形接头的接头管安装垂直度不应大于 1/200。

21.4.5　混凝土灌注质量控制

（1）混凝土坍落度检验每幅槽段不应小于 3 次；抗压强度试件每一槽段不应少于一组，且每 100m³ 混凝土不应少于一组；永久地下连续墙每 5 个槽段应做抗渗试件一组。

（2）混凝土抗压强度和抗渗压力应符合设计要求，墙面应无露筋和夹泥现象。

（3）地下连续墙各部位允许偏差应符合表 21-6 的要求。

地下连续墙各部位允许偏差值　　　　　　表 21-6

序　号	项　目	允许偏差	
		临时结构	永久结构
1	平面位置	±30mm	+30mm，0
2	平整度	50mm	50mm
3	垂直度	1/200	1/300
4	预留孔洞	30mm	30mm
5	预埋件	30mm	30mm
6	预埋连接钢筋	30mm	30mm

（4）永久地下连续墙经防水处理后不应有渗漏、线流，平均渗水量应小于 0.1L/（m²·d）。

（5）永久地下连续墙混凝土的密实度宜采用超声波检查，总抽取比例为 20%；需要时采用钻孔抽芯检查强度。

21.5　施工记录

（1）设计图纸及说明书、技术要求、设计变更、洽商记录及材料代用通知单；

（2）开、竣工报告及竣工图；

（3）工程测量定位记录；

（4）每个单元槽段施工原始记录及工序质量检查验收资料；

（5）原材料的质量合格证、试验报告；

（6）钢筋焊接接头试验报告；

（7）混凝土试块试验报告；

（8）混凝土浇筑记录；

（9）墙体检查验收资料。

21.6　成品保护

（1）施工过程中，保护好现场的控制轴线桩和水准控制点。

（2）在钢筋笼制作、运输、吊装过程中，应采用措施防止钢筋笼变形；在钢筋笼下放过程中，严禁钢筋笼碰撞槽壁。

（3）保护外露主筋和预埋件不受损坏。

21.7　安全与环保措施

21.7.1　安全保护措施

（1）施工过程的安全应符合现行行业标准《建筑施工安全检查标准》JGJ59—2011 的有关规定，施工机械应符合现行行业标准《建筑机械使用安全技术规程》JGJ33—2012 的有关规定，施工临时用电应符合现行行业标准《施工现场临时用电安全技术规范》JGJ46 的规定。

（2）施工前应制定建筑物、地下管线安全的保护技术措施，并标出施工区域内外的建筑物、地下管线的分布示意图，调查摸底，制定监测方案，对需要重点保护的建筑物、管线应进行必要的评估，并委托有资质的监测单位进行监测。

（3）操作人员进场，应经过安全教育。施工过程中，定期召开安全工作会议，定期开展现场安全检查工作。

（4）机电设备应由专人操作，操作应遵守操作规程。特殊工种（电工、焊工、机操工等）及小型机械工应持证上岗。

（5）在保护设施不齐全、监护人员不到位的情况下，严禁人员下槽、孔内清理障碍物。

（6）应经常检查各种卷扬机、成槽机、起重机钢丝绳的磨损程度，并按规定及时更新。外露传动系统应有防护罩，转盘方向轴应设有安全警告牌。

（7）起重机尾部 600mm 回转半径内不应有障碍物；起重机吊钢筋笼时，应先吊离地面 200～500mm，检查起重机的稳定性、制动器的可靠性、吊点和钢筋笼的牢固程度，确认可靠后才能继续起吊。

（8）成槽机、起重机工作时，吊臂下严禁站人。风力大于 6 级时，应停止钢筋笼的起吊工作。

（9）焊、割作业点，氧气瓶、乙炔瓶、易燃易爆物品的距离和防火要求应符合有关规定。

21.7.2　环保措施

（1）施工过程的环境保护应符合现行行业标准《建设工程施工现场环境与卫生标准》JGJ146—2013 的有关规定。在施工期间严格控制噪声，应符合现行国家标准《建筑施工场界环境噪声排放标准》GB12523—2011 的规定。

（2）地下连续墙施工过程中应选择低噪声的机械，固定式机械应安装隔声罩；经常对机械设备进行维修保养，确保完好且处于正常工作状态。

（3）地下连续墙施工过程中泥浆排放，严禁将未经处理的废弃泥浆和污水排入下水管道和河流中；废土、渣土、废泥浆的处理应符合有关部门的规定；施工过程中产生的废土、渣土及废泥浆应集中堆放，并应注意环境保护；运送泥浆和废弃物时要用封闭的罐状车，不得有撒落、溢出或泄漏现象。

（4）地下连续墙成槽过程中应选用合适的槽壁稳定措施，减少对周边环境的影响。

（5）施工现场应设置排水系统，泥浆废水应经过沉淀过滤达到标准后，方可排入市政排水管网。

（6）施工现场出入口处应设置冲洗设施，由专人对进出车辆进行清洗保洁。

（7）夜间施工应办理相关手续，并采取措施减少声、光的不利影响。

第 22 章　钢板桩围堰施工工艺

22.1　适用范围及特点

22.1.1　适用范围

钢板桩围堰是最常用的一种板桩围堰。钢板桩是带有锁口的一种型钢，其截面有直板形、槽形及 Z 形等，有各种大小尺寸及联锁形式。常见的有拉尔森式、拉克万纳式等。

钢板桩围堰适用于砂类土、粉质土、碎石土及风化岩等明挖基坑围护支护体系。钢板桩围堰平面布置常见的围护形式有矩形、圆形、圆端形等，结构布置形式常见的有单壁（单层）和双壁（双层）。

22.1.2　钢板桩的特点

（1）作为支护结构的一种类型，它具有高强、轻质、隔水性好、使用寿命长、安全性高、对空间要求低、环保效果显著等优点。

（2）容易打入坚硬土层，可在深水中施工，必要时加斜支撑成为一个围笼；能按需要组成各种外形的围堰，并可多次重复使用。

22.2　施工准备

22.2.1　技术准备

（1）根据工程实际情况、水文特征、地质条件等进行钢板桩围堰的设计，并确定钢板桩的结构参数，如钢板桩的长度和型号以及围圉、内撑等内支撑系统材料的截面特性参数等。

（2）根据基础的尺寸和所需的操作空间确定钢板桩围堰的整体尺寸。

（3）做好测量放线工作，在基坑边做好轴线标高桩。

22.2.2　材料准备

对钢板桩进行变形检查，对变形严重的钢板桩进行校正；对锁口做通过检查，并涂刷黄油；剔除钢板桩前期使用后表面因焊接钢板、钢筋留下的残渣瘤。

22.2.3　机具准备

施工前应对施工中所需的机械设备进行检查、调试，特别是振动锤检查。振动锤是打拔钢板桩的关键设备，在打拔前一定要进行专门检查，确保线路畅通，功能正常，振动锤的端电压要满足施工要求，而夹板牙齿不能有太多磨损。

22.2.4　作业条件准备

（1）在打桩机打桩设备行驶、施工范围内应清除地面及地下障碍物，平整场地（或搭设作业平台），做好排水设施，修筑临时便道（便桥），并根据支护结构设计图纸放线定位，同时做好测量控制网和水准基点。

（2）钢板桩堆放场地应平坦、稳定，必要时对场地地基土进行压实处理。

22.3　施工工艺

22.3.1　工艺流程

钢板桩围堰施工工艺流程如图 22-1 所示。

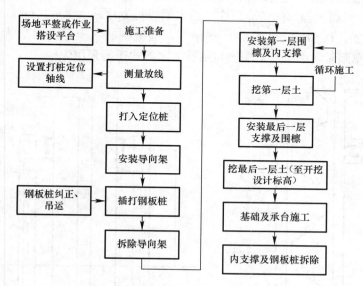

图 22-1　钢板桩围堰施工工艺流程图

22.3.2　操作要点

1. 打桩设备选择

钢板桩可采用锤击打入法、振动打入法、静力压入法及振动锤击打入法等施打方法，工程中采用前两者居多。根据不同的施打方法应采用相应的打桩机械。同时在选择打桩机械型号时，应考虑工程地质，现场作业环境，钢板桩形式、重量、长度、总数量等具体条件，以使选用机械适用、经济、安全。

2. 钢板桩的整理

用于基坑支护的成品钢板桩如为新桩，可按出厂标准进行检验；重复使用的钢板桩在使用前，应对外观质量进行检验，包括长度、宽度、厚度、高度等是否符合设计要求，有无表面缺陷，对垂直度和锁口形状进行验收。

（1）锁口检查：用一块长 1.5～2.0m 符合类型、规格的钢板桩作为标准桩，将所有同类型的钢板桩做锁口通过检查。

（2）钢板桩弯曲、破损、锁口不合格的均应整修，按具体情况分别用冷弯、热敲（温度不超过 800～1000℃）、补焊、铆补、割除或接长。锁口弯曲、扭曲等缺陷检查整修后应符合使用技术要求。

（3）钢板桩长度不够时，可用同类型的钢板桩等强度焊接接长，焊接时先对焊或将接口补焊合缝，再焊加固板，相邻钢板桩接长缝应错开。

（4）如需要用吊桩孔及拔桩孔时（用振动打拔桩机附有夹具设备时则不需要吊桩孔及拔桩孔），应事先钻好孔，拔桩孔应焊加劲板，以免拔桩时拉裂。

3. 打桩围檩支架（导向架）的设置

为保证钢板桩沉桩的垂直度及施打板桩墙面的平整度，在钢板桩打入时应设置打桩围檩支架，围檩支架由围檩及围檩桩组成（图 22-2）。

围檩可双面布置，当打桩要求较低时也可单面布置，如果对钢板桩打设要求较高，可沿高度上布置双层或多层，这样对钢板桩打入时导向效果更好。一般下层围檩可设在离地面约 500mm 处，双面围檩之间的净距应比插入钢板桩宽度放大 8～10mm。围檩支架一般均由型钢组成，如：H 型钢、工字钢、槽钢等，围檩桩的入土深度一般为 6～8m，间距 2～3m，根据围檩截面大小而定，围檩与围檩桩之间的连接采用焊接。

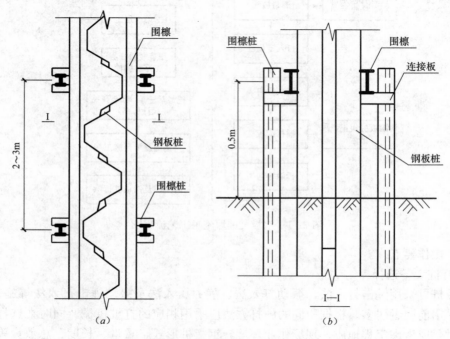

图 22-2　打设钢板桩围檩支架设置示意图
(a) 平面布置图；(b) 剖面图

4. 打桩顺序的确定

钢板桩插打方法分为：（1）逐块（组）插打；（2）先插合拢后再打；（3）开始的一部分逐块插打，后一部分则先插合拢后再打等三种方法。（1）法可用较矮的吊桩设备，桩架移动线路较短，进度较快，但合拢误差大；（2）法用较高吊桩设备，桩架移动线路长，进度较慢，但合拢误差小；（3）法进度较快且合拢误差小，一般采用（3）法。

矩形围堰的插打次序一般从上游开始，在下游合拢，每边由一角插至另一角，圆形围堰的插打次序如图 22-3 所示，其中图 22-3（a）与图 22-3（b）较图 22-3（c）少一个合拢点，图 22-3（b）合拢累计误差最大，而图 22-3（c）误差最小，图 22-3（a）与图 22-3（b）可能在合拢前受水的回流影响而使桩脚外移，合拢困难；图 22-3（c）受水的回流影响较小；在动水压较大时，图 22-3（c）的插打钢板桩较图 22-3（a）稳定。

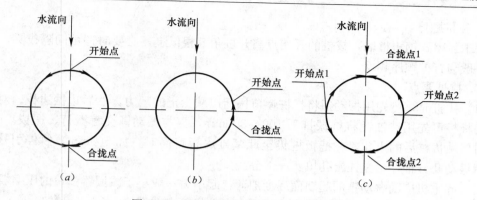

图 22-3　圆形钢板桩围堰插打顺序示意图

5. 钢板桩的打设

（1）选用吊车将钢板桩吊至插桩点处进行插桩，插桩时锁口要对准，每插一块即套上桩帽，并轻轻地加以锤击。在打桩过程中，为保证钢板桩的垂直度，用两台经纬仪在两个方向加以控制。为防止锁口中心线平面位移，可在打桩进行方向的钢板桩锁口处设卡板，阻止钢板桩位移。同时在围檩上预先算出每块钢板桩的位置，以便随时检查校正。

（2）开始打设的一、二块钢板桩的位置和方向应确保精确，以便起到样板导向作用，因此要每打入 1m 测量一次，打至预定深度后应立即用钢筋或钢板与围檩支架焊接固定。

6. 钢板桩的转角和封闭合拢

由于钢板桩围堰的设计长度并不是钢板桩标准宽度的整数倍，或者钢板桩围堰的轴线较复杂，或钢板桩打入时的倾斜且锁口部有空隙等制作和打设的误差，均会给钢板桩围堰的最终封闭合拢施工带来困难，这时需采用异型板桩法、轴线修整法等方法来进行解决。

7. 钢板桩围堰抽水堵漏

钢板桩围堰的防渗能力较好，但遇到锁口不密、个别桩入土不够及桩尖打裂打卷等情况时，仍有渗漏。锁口不密的漏水可在抽水发现后以板条、棉絮、麻绒等在钢板桩内侧嵌塞，或在漏缝外侧水中撒下大量炉渣与木屑或谷糠等随水夹带至漏缝处自行堵塞。漏缝处较深时，也可将炉渣等装袋，到水下适当深度时逐渐倒出炉渣堵漏。围堰脚漏水时，应观察研究打桩情况或由潜水工探索找出漏水位置，采用水下混凝土封底及水下压浆缝等办法防渗。

8. 钢板桩的拔除

（1）静力拔桩法。静力拔桩一般可采用独脚把杆或大字把杆，并设置缆风绳以稳定把杆。把杆顶端固定滑轮组，下端设导向滑轮，钢丝绳通过导向滑轮引至卷扬机，也可采用捯链用人工进行拔出。把杆常采用捯管或格构式钢结构，对较小、较短的板桩也可采用大把杆。

静力拔桩技术要求较高，特别是在拔桩开始阶段，由于静摩阻力与吸附力很大，初始起拔时往往会发生卷扬机负荷过大或钢丝绳绷断的现象。因此宜将卷扬机间歇起动，减小拔桩阻力，渐渐将钢板桩拔出，起动后则尽可能保持匀速拔升。

（2）振动拔杆法。振动拔桩是利用振动锤对板桩施加振动力，扰动土体，破坏其与板桩间的摩阻力和吸附力并施加吊升力将桩拔出。这种方法效率高，操作简便，是广泛采用的一种拔桩方法。振动拔桩主要选择拔桩振动锤，一般拔桩振动锤均可作打、拔桩之用。

9. 拔桩顺序

对于封闭式钢板桩墙，拔桩的开始点离开桩角 5 根以上，必要时还可间隔拔除。拔桩顺序一般与打桩顺序相反。

10. 拔桩要点

（1）拔桩时，可先用振动锤将板桩锁口振活以减少土的阻力，然后边振边拔。对较难拔出的板桩可先用柴油锤将桩振打下 100～300mm，再与振动锤交替振打、振拔。有时，为及时回填拔桩后的土孔，在把板桩拔至此基础底板略高时（如 500mm）暂停引拔，用振动锤振动几分钟，尽量让土孔填实一部分。

（2）起重机应随振动锤的起动而逐渐加荷，起吊力一般小于减振器弹簧的压缩极限。

（3）供振动锤使用的电源应为振动锤本身电动机额定功率的 1.2～2.0 倍。

（4）对引拔阻力较大的钢板桩，采用间歇振动的方法，每次振动 15min，振动锤连续工作不超过 1.5h。

11. 桩孔处理

（1）钢板桩拔除后留下的土孔应及时回填处理，特别是周围有建筑物、构筑物或地下管线的场合，尤其应注意及时回填，否则往往会引起周围土体位移及沉降，并由此造成邻近建筑物等的破坏。

（2）土孔回填材料常用砂子，也有采用双液注浆（水泥与水玻璃）或注入水泥砂浆。回填方法可采用振动法、挤密法、填入法及注入法等，回填时应做到密实并无漏填之处。

22.4 质量控制

1. 重复使用的钢板桩检验标准

钢板桩主要进行外观检验，包括标明缺陷、长度、宽度、厚度、高度、端头矩形比、平直度和锁口形状等，新钢板桩必须符合出厂质量标准，重复使用的钢板桩应符合表 22-1 的要求，否则在打设前应予以矫正。

重复使用的钢板桩检验标准　　　　　　　　　　表 22-1

序　号	检查项目	允许偏差或允许值		检查方法
		单位	数值	
1	桩垂直度	％	<1	用钢尺量
2	桩身弯曲度		<2%L	用钢尺量，L 为桩长
3	齿槽平直光滑度	无电焊渣或毛刺		用 1m 长的桩段做通过试验
4	桩长度	不小于设计长度		用钢尺量

2. 钢材的质量控制及检查

围檩、内撑等钢结构的加工和焊接应满足《钢结构工程施工质量验收规范》（GB 50205—2001）的要求。

22.5 施工记录

6.0.1 钢板桩施工质量记录；

6.0.2 钢板桩打设施工记录。

22.6　成品保护

（1）钢板桩施工过程中应注意保护周围道路、建筑物和地下管线的安全。

（2）基坑开挖施工过程对排桩墙及周围土体的变形、周围道路、建筑物以及地下水位情况进行监测。

（3）基坑、地下工程在施工过程中不得伤及排桩墙墙体。

22.7　安全与环保措施

22.7.1　安全保护措施

（1）施工过程的安全应符合现行行业标准《建筑施工安全检查标准》JGJ59—2011 的有关规定，施工机械应符合现行行业标准《建筑机械使用安全技术规程》JGJ33—2012 的有关规定，施工临时用电应符合现行行业标准《施工现场临时用电安全技术规范》JGJ46 的有关规定。

（2）施工安全危险源及控制措施见表 22-2 所列。

施工安全危险源及控制措施　　　　　　　　　　　　表 22-2

序号	作业活动	危险源	控制措施
1	打桩	触电、火灾	做好地质勘察和调查研究，掌握地质和地下埋设物情况，如：地下障碍物、电缆、管线等
2	打桩	触电	桩机周围 5m 范围内应无高压线路
3	打桩	机械事故	桩机不得超负荷作业

注：表中内容仅供参考，现场应根据实际情况重新辨识。

22.7.2　环保措施

（1）施工过程的环境保护应符合现行行业标准《建设工程施工现场环境与卫生标准》JGJ146—2013 的有关规定。在施工期间严格控制噪声，应符合现行国家标准《建筑施工场界环境噪声排放标准》GB12523—2011 的有关规定。

（2）环境因素辨别及控制措施见表 22-3 所列。

环境因素辨识及控制措施　　　　　　　　　　　　表 22-3

序号	作业活动	环境因素辨识	控制措施
1	打桩过程	施工噪声和废气对周围居民生活的影响	调整好打桩机的喷油量、按季节选择柴油标号以减少噪声和废气。在居民住宅区附近施工，避免晚上施工
2	清理现场	污水、废油、生活污水排放对周围环境的影响	对污水进行处理，对废油进行回收
3	现场整平弃土	弃土及废弃物对周围环境的影响	弃土按甲方指定路线运至弃土场，并不得沿路抛洒。现场不得丢弃快餐盒、饮料瓶等垃圾

注：表中内容仅供参考，现场应根据实际情况重新辨识。

第 23 章　钢吊箱围堰施工工艺

23.1　适用范围及特点

23.1.1　适用范围

钢吊箱是指由侧板、底板、内支撑、支吊系统（扁担梁）这四部分组成的围堰，其中侧板和底板作为围堰的主要防水结构，侧板主要承受混凝土和流水产生的水平压力，底板主要承受封底混凝土和钢吊箱的恒重。在深水中为高桩承台施工提供无水的干作业环境。

钢吊箱主要适用于承台底面距河床面较高，或承台以下较厚的软弱土层，且水深、流速≤2.0m/s 的河流、湖泊。

23.1.2　钢吊箱的特点

（1）钢吊箱围堰可在岸上或工厂制造、拼装（或在定位船、承台原位平台上拼装）成整体后浮运至承台位置处下沉，施工方便、防水性能较好。

（2）因钢吊箱围堰不进入河床而是悬吊入水中，因此用钢量少，潜水工作量小；下沉时间短，减少施工工期，质量容易控制，节省模板，易拆除再利用。

（3）能够较好地适应施工水位的变化。

（4）缺点是结构较为复杂，制造精度要求高。

23.2　施工准备

23.2.1　技术准备

（1）组织技术人员及操作人员对钢吊箱设计图纸进行认真学习，领会设计意图，并记录图纸中存在的问题及好的建议；根据现场实际情况对图纸进行深化设计。

（2）对现场管理人员及操作人员进行安全、技术交底，技术交底包括：钢吊箱加工制作工艺及质量要求、各工序施工工艺及标准、钢吊向中心坐标、底标高、顶标高以及平面尺寸与位置等。

23.2.2　材料准备

（1）根据钢吊箱施工图，备足制作钢吊箱所需的钢板、型钢；各种型号的钢板、型钢的质量必须满足设计要求。

（2）对配置封底混凝土所需的砂、石、水泥、外加剂等材料进行检查验收，应满足拌制混凝土的要求。混凝土的选择应满足其强度、工作性能的要求。

23.2.3　机具准备

（1）钢吊箱围堰施工涉及的主要机具有：汽车吊、履带吊、气焊（割）设备、电焊机、运输汽车、混凝土罐车、混凝土泵车、振动器、潜水泵、手拉捯链、千斤顶、液压系统、全站仪、水准仪、发电机等设备。

（2）所需机具的型号及性能技术参数要求，应根据工程的具体情况而定，应能够满足施工安全要求。

23.2.4　作业条件准备

（1）深水施工前应搭好水上工作平台，临时电力线安全设施就绪，并做好平台四周围护，标出围堰中心位置及平面位置。

（2）应由工长和现场技术人员对操作围堰的工人进行培训、技术、安全交底，做到熟悉或掌握深水作业吊箱围堰拼装、吊箱围堰下沉，封水混凝土浇筑，投料、搅拌、运输、浇筑、振捣等技术；要有应对深水施工安全紧急救援措施，操作人员保持稳定；潜水员必须持特种作业证才能上岗。

（3）深水施工材料必须刷两层防锈漆，以防锈蚀围堰。

（4）钢吊箱围堰设备已加工并拼装，已根据测量结果定出扁担梁位置和在钢吊箱底板切割出桩位的实际孔洞。

（5）混凝土的配合比已经完成并审批通过，各种施工设备、原材料检验、临时设施等所有工作准备就绪。

23.3　施工工艺

23.3.1　工艺流程

钢吊箱围堰施工工艺流程如图 23-1 所示。

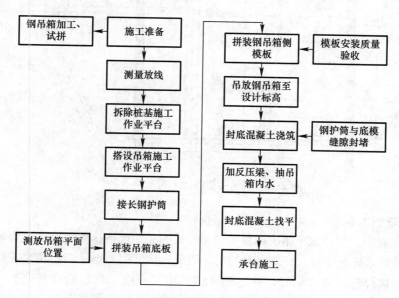

图 23-1　钢吊箱围堰施工工艺流程图

23.3.2　操作要点

1. 钢吊箱围堰设计

（1）钢吊箱围堰的设计，要充分利用钻孔作业平台定位桩搭设钢吊箱工作平台，宜采用钢护筒搭设扁担梁吊装钢吊箱。

（2）钢吊箱围堰的设计应充分考虑到：水流速、风速、潮位变化情况、水深、打桩时的钢护筒尺寸及标高对钢吊箱的影响因素；还应考虑到钢吊箱的顶标高及底标高、封底混凝土厚度、运输条件、所采用的下放千斤顶的功率大小等。

（3）钢吊箱由底梁、底板、壁体、壁体梁系、钢管支撑、承重架、拉压杆等部分组成。底梁之间通过焊接连接成为整体；壁体与壁体之间、壁体与底梁之间通过螺栓连接，壁体与壁体梁系通过焊接及螺栓连接成为整体；壁体梁系挂腿与承重架通过精轧螺纹钢连接、下放，承重架设置在两侧接高的钢护筒上；待钢吊箱整体下放到位后，通过拉压杆将钢护筒与底板连接。

（4）应充分考虑到施工过程钢吊箱在各种工况下受力情况，并确保施工安全：1）钢吊箱下放就位（高潮位）工况；2）浇筑封底混凝土工况；3）钢吊箱抽水工况；4）浇筑承台工况（图23-2、图23-3）。

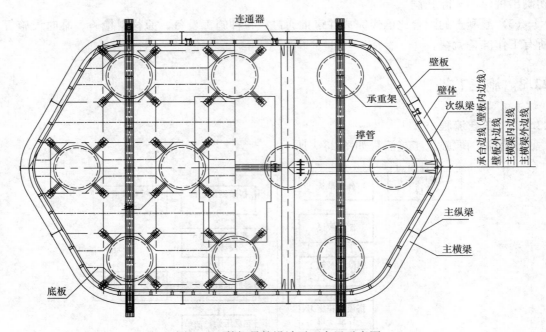

图23-2　某钢吊箱设计平面布置示意图

2. 钢吊箱加工制作

（1）制作要求：制作钢吊箱的钢材和焊接材料的品种规格、化学成分及力学性能必须符合设计和有关技术规范要求，具有完整的出厂质量合格证明。钢吊箱每块拼装时采用等强度焊接，所有拼接焊缝应连续满焊，并达到《钢结构工程施工质量验收规范》（GB 50205—2001）中规定的二级焊缝标准。钢吊箱拼装制作完成后进行渗水试验。

（2）制作场地：钢吊箱底板及壁体的下料加工均可在后场进行，为了保障加工精度可在加工胎架上进行制作。

（3）底板下料加工：钢吊箱底板各主次梁按照钢吊箱设计图纸进行下料、现场拼装，并对材料进行标号。待施工时，转运至现场拼装平台进行现场拼装。

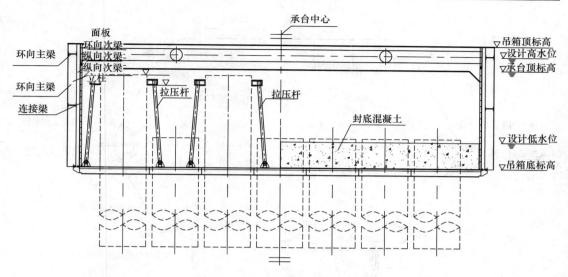

图 23-3　某钢吊箱设计断面示意图

（4）壁体下料加工

1）钢吊箱壁体制作工艺采取散件工厂下料、现场加工场拼装，根据钢吊箱设计图纸中壁体分块图划分组拼成单元块，拼装完成的单元块转运至指定位置对码。

2）因壁体有较高的防水要求，为保证焊接质量，尽量避免仰焊。待单元块壁体加工完成后，根据起吊原则在单元块梁上对称焊接吊耳。在钢吊箱下放过程中所需挂腿以及挂腿位置壁体需加强部位，均可在后场壁体加工时提前焊接加工。

3）钢吊箱壁体通过平板车运输至施工墩位处。在运输过程中，以及各分块在起吊装卸、搁置过程中，为避免其变形。对吊点等受力较大且不均匀处进行局部加固处理，同时安排专人尾随平板车，若遇紧急情况，平板车及时停止行驶并处理。

3. 钢吊箱拼装

（1）底板拼装平台

钢平台在桩基施工完成及桩基验收合格后，方可拆除，钢平台拆除应按照顺序逐步进行。待钢平台拆除后，在钢护筒上焊接钢吊箱底板拼装平台，底板拼装平台采用钢护筒侧焊钢牛腿。根据测量给出的牛腿焊接处的护筒顶标高，确定牛腿焊接的准确位置，进行牛腿焊接，每个牛腿焊设的标高要一致（图 23-4、图 23-5）。

（2）底板拼装

在钢平台拆除之前，对每根钢护筒的平面位置逐一进行测量，标注出与设计轴线位置的偏差；根据实际测量的护筒的平面坐标、椭圆度、倾斜度及倾斜方向调整钢吊箱底板上开始的孔口位置，以免影响钢吊箱平稳下沉。

钢吊箱底板由型钢底梁和钢面板组成，底梁及钢面板运至现场后，应由测量人员预先在钢牛腿上测放出承台边线，然后再吊运、拼装钢吊箱底板底梁，焊接面板。

（3）壁体拼装

1）底板安装完后，进行壁体安装，壁体与底板可采用螺栓连接，连接处加设 2mm 厚止水橡胶带；壁体单元块之间采用螺栓连接，在壁体与壁体之间接缝间同样设橡胶止水

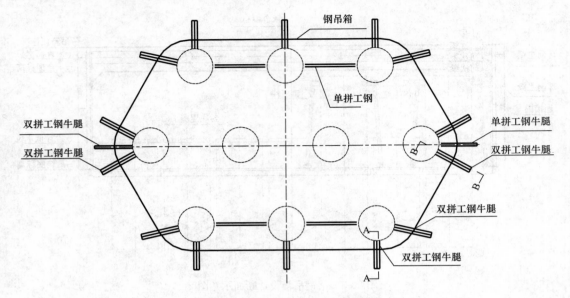

图 23-4 拼装平台平面布置示意图

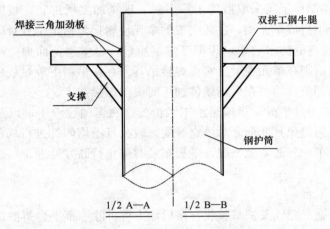

图 23-5 拼装平台断面布置示意图

带。壁体分块安装时应设临时支撑，保证拼装稳固及安全。拼装中必须拧紧连接螺栓，满足止水要求。

2）钢吊箱壁体拼装应对称拼装。壁体连接焊接时，应对焊缝进行煤油渗透性试验，如发现有渗漏现象，应及时进行补焊。

3）钢吊箱壁体单元件拼装完成后，对其平面位置进行复测满足要求后，再安装钢吊箱内支撑（图 23-6）。

（4）其他构件安装

1）钢护筒接长及割除

根据钢吊箱设计图纸，必须对作为承重架支撑的钢护筒顶部进行加固。不影响钢吊箱下放的钢护筒进行割除（图 23-7）。

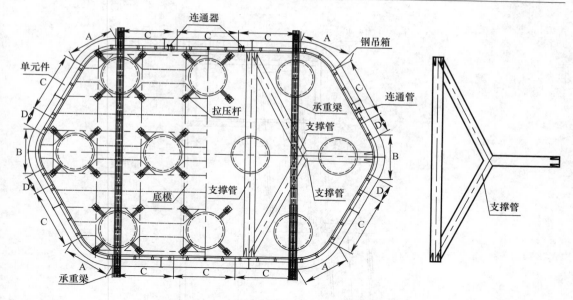

图 23-6　钢吊箱单元件分块及内支撑布置示意图

2）壁体挂腿制作

钢吊箱下放锚固系统挂腿在壁体拼装完成，下放前进行安装。

3）连通器安装

为保证封底混凝土浇筑过程中，围堰内外水压力平衡，在钢吊箱正式下放前，安装壁体连通器。连通器采用 $\phi150\times6mm$ 钢管，设置数量根据需要而定。壁体连通器布置示意图如图 23-6 所示。

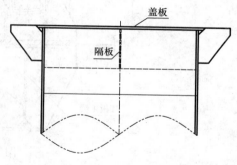

图 23-7　钢护筒接长顶部结构示意图

4）承重架安装

接长钢护筒，最后 1m 桩帽按钢吊箱设计图在后场加工成型，运至现场，与钢护筒等强度焊接；然后进行承重架横梁的焊接。

5）拉压杆安装

拉压杆可采用型钢制作，尺寸根据设计而定；拉压杆下端采用销轴与吊耳进行连接，吊耳与底板主梁进行焊接连接。辅助拉杆焊接在拉压杆旁，注意焊接角度的控制，在上端头 20cm 范围内，用尼龙彩条带进行包裹，以便封底混凝土浇筑后，便于辅助拉杆的焊接，尽量避免此处混凝土人工凿除，减少对钢护筒周围的振动。待钢吊箱下放到位，进行精调后，上端与上部支座进行焊接，上部支座与钢护筒焊接为整体，拉压杆如图 23-8 所示。

6）导向架安装

为了保证钢吊箱下放的平面位置和垂直度，在吊箱四角钢护筒上设置限位导向架以保证钢吊箱下沉的平面位置，导向架具体布置如图 23-9 所示。如下放过程中有偏位，可通过手拉捯链调整平面位置。

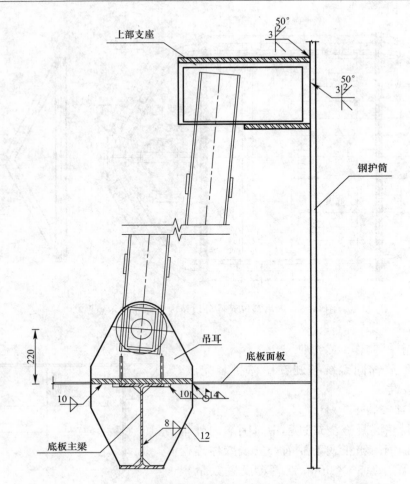

图 23-8　拉压杆示意图

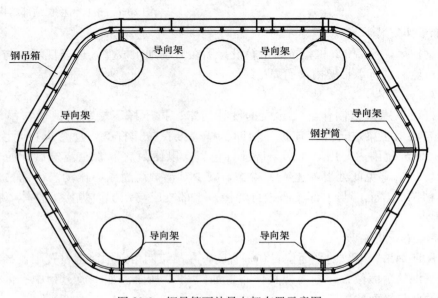

图 23-9　钢吊箱下放导向架布置示意图

4. 钢吊箱下放

（1）下放结构

下放结构采用接高钢护筒加承重架及大吨位精轧螺纹钢组成下放结构，下放结构示意图如图 23-10 所示。

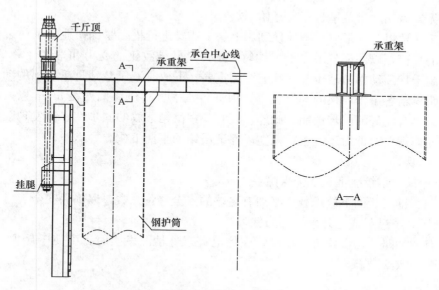

图 23-10　钢吊箱下放系统结构示意图

（2）下放设备及安装

钢吊箱下放系统主要由千斤顶，下放系统控制泵站，精轧螺纹钢、锚具及起吊装置组成。由一个泵站同时控制千斤顶。为保证精轧螺纹钢的合理受力，在安装千斤顶和锚固端时务必使千斤顶上、下夹持器和钢吊箱上的锚固端在同一直线上。

1）千斤顶位置安装

千斤顶安装在接长钢护筒的承重架结构上，利用吊锤对千斤顶穿心孔和承重架开孔对中。

2）液压泵站

根据千斤顶安装位置，设置一个泵站同时控制千斤顶。泵站其工作原理为千斤顶上安装位移传感器，计算机采集传感器信号使液压泵站同步控制各千斤顶动作，保证各点下放时位移偏差在 3mm 以内，使得钢围堰下放时保持平衡和精确定位。

3）精轧螺纹钢、锚具、撑架安装

精轧螺纹钢选用高强螺纹钢作为钢吊箱下放的柔性吊杆，锚具采用螺母锚具。在千斤顶、泵站安装到位后将精轧螺纹钢的一头穿过千斤顶，穿过后在精轧螺纹钢上安装锚具，然后下放螺纹钢，将连接头与钢吊箱壁板挂腿连接。

（3）钢吊箱下放

1）下放工艺

在钢吊箱下放前，应做好如下工作：

① 对提升系统进行调试，以确定每台千斤顶的工作状态处于良好状态，检测伸缩行程是否一致。

② 根据各千斤顶在吊箱平衡下放时的荷载进行逐一预拉。

③ 完成预拉后，锁紧下锚具，将主顶活塞向下缩回到统一的高度位置，作为整个系统的下放起点。

④ 将吊箱提起 3～5cm 检查吊箱上的锚固点及千斤顶锚具的锚固和吊箱结构是否正常。检查无误后割除拼装平台正式开始下放。

穿心千斤顶提升（下放）千斤顶利用上、下锚具进行松、紧锚作业。下放过程必须保持钢吊箱的平衡，以保证各吊点受力均匀，确保精轧螺纹钢的受力和理论计算基本一致。因此，控制千斤顶动作的液压泵站性能至关重要。下放时液压泵站是千斤顶的动力源，由于每台油泵供给各个千斤顶的油量相等，保证各点下放时位移偏差在 3mm 以内，因而应保证千斤顶具有良好的同步性能。此外，及时观察吊箱下放的同步性，当发现某点的标高超过最大允许偏差时即对系统进行调整以保证吊箱的平衡下放。

2）安全保障

① 千斤顶、钢绞线下放能力保障

千斤顶、钢绞线的下放承载力必须有足够的安全储备系数，以确保安全。

② 液压系统过载或意外事故预防保障

在所有的油路上均设置有液压锁，在停电等意外情况发生时，可使千斤顶油缸自锁，保证钢吊箱下放安全。

③ 锚具

在进行正常下放时，上下锚具分别处于打开或关闭状态，如遇特殊情况，可将上下锚具全部锁紧，使锚具锁紧螺纹钢，保证下放结构安全。

3）下放步骤

① 逐个千斤顶按整体下放时单个千斤顶受力进行预张拉，检查锚具、垫板、精轧螺纹管以及承重系统是否受损，无误后提升钢吊箱。

② 割除拼装平台的钢牛腿。

③ 检查钢牛腿是否完全割除，或其他阻碍钢吊箱整体下放的障碍物，检查无误后开始钢吊箱整体下放。

④ 千斤顶空载上升 10cm，上锚具锚住螺纹钢，下锚具向上旋转，继续上升 5cm，钢吊箱自重力转移至千斤顶上锚具。

⑤ 千斤顶回油下落 10cm，锚固下锚具，继续下落，钢吊箱自重力转移至下锚具，这样钢吊箱就下放 10cm。

⑥ 重复以上两步工作，完成钢吊箱下放。下放就位后，关闭液压泵站，拆除千斤顶等下放设备。

（4）钢吊箱定位

钢吊箱下放精度满足设计要求，具体按表 23-1 进行控制。

钢吊箱定位精度控制			表 23-1
项　次	检查项目		规定值或允许偏差
1	顶面中心偏位（mm）	顺桥向	20
2		横桥向	20

续表

项　次	检查项目	规定值或允许偏差
3	吊箱平面尺寸	直径/500 及 30mm
4	高度（mm）	±10
5	节间错台（mm）	2

5. 封底混凝土施工前准备

（1）拉压杆上端固定并检查

拉压杆下端采用销轴与吊耳进行连接，吊耳与底板主梁进行焊接连接，上端与上部支座进行焊接，上部支座与钢护筒焊接为整体，每个钢护筒周围均匀布设四个拉压牛腿。封底混凝土强度达到设计强度的90％后，抽干吊箱内的水，将封底混凝土顶面以上多余拉压杆部分割除。

（2）吊箱清理及底板封堵

1）钢吊箱底板和钢护筒外壁的清理

在对钢吊箱底板与钢护筒之间缝隙进行封堵之前，由潜水员下水用高压水枪清除钢护筒外壁的水锈和其他杂物，保证封底混凝土与钢护筒之间的握裹力。并对钢吊箱底板上的沉淀物进行清除。

2）钢吊箱底板与钢护筒之间缝隙的封堵

钢吊箱调整到位并固定后，由潜水员水下用抱箍封堵钢护筒与吊箱底板间的间隙；如果抱箍与底板之间存在 10mm 以上的缝隙，则由潜水员水下用海绵或棉纱堵缝。由于水下操作不方便，易造成空隙封堵不严，因此在封底混凝土灌注前，潜水员应再次做水下检查。

6. 封底混凝土施工

（1）封底混凝土采用中心集料斗水下混凝土浇筑方法进行浇筑。封底混凝土浇筑顺序为：先浇筑钢吊箱四周，然后再向中间推进的方式进行浇筑。

（2）浇筑过程中注意控制每一浇筑点标高及周围 5m 范围内的混凝土面高度。浇筑过程中，为保证钢护筒与封底混凝土的握裹力，使用振动器对钢护筒周围 2m 范围内的混凝土进行振捣，振捣时要做到快插慢提，应注意振动器插入混凝土的间距、深度与振捣时间。

（3）封底混凝土顶面标高应高出设计标高 300mm，待钢吊箱内水抽排后，再对多余的混凝土进行凿除。混凝土浇筑临结束时，应全面测出混凝土面标高，重点检测导管作用半径相交处、护筒周边、吊箱内侧周边等部位，力求封底混凝土顶面平整；并保证封底厚度达到要求，当所有测点均符合要求后，终止混凝土浇筑，上拔导管。

（4）混凝土原材料选择及要求

1）施工材料的选择

① 水泥选择：混凝土主要考虑抗裂性能好、兼顾低热和高强两方面的要求。

② 骨料的选择：选用结构致密，并有足够强度的优良骨料，特别是粗骨料，具体应符合有关的标准、规范和规程。

③ 外加剂：采用缓凝高效减水剂，降低水泥用量，推迟水化热温峰的出现。外加剂

入场后应分批堆放，分批检验，如发现异常情况应及时报告。外加剂配制由专人负责，做好配制记录。

2）混凝土配合比优化

混凝土配合比设计除需满足强度、抗渗性能，还需满足其工作性能的要求：初终凝时间、坍落度、扩展度、和易性等要求。

7. 钢吊箱抽水、受力体系转换

（1）钢吊箱内抽水、清淤

当封底混凝土达到设计强度的90％以上后开始抽水。抽水前，封堵钢吊箱侧模上的连通器，抽水过程中，由专人随时观察钢吊箱结构变形情况。如发生异常，应立即停止抽水，分析原因后，方可继续施工。

（2）辅助拉杆焊接，受力体系转换

抽水完成后，测量放出桩顶钢护筒的顶标高。将辅助拉杆上端的尼龙彩条带去除，四周清理干净，然后将辅助拉杆与钢护筒焊接；不满足焊接条件，可将辅助拉杆旁混凝土轻轻凿除，然后将辅助拉杆与钢护筒进行焊接。如若辅助拉杆距钢护筒较远，在钢护筒上加焊耳板，再将辅助拉杆与耳板进行焊接，如图 23-11 所示，牛腿与伸入承台内的钢护筒焊设。所有焊缝长度均大于 150mm（焊缝高度 120mm，所有焊缝要求满焊）。不得将辅助拉杆及耳板伸入承台，避免成为腐蚀通道。

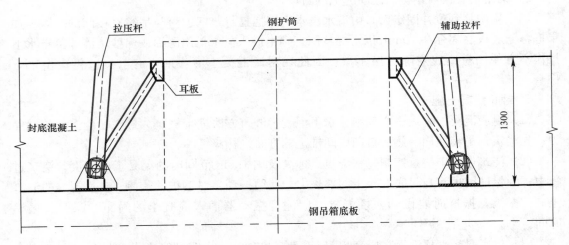

图 23-11　辅助拉杆与钢护筒焊接示意图

辅助拉杆与钢护筒焊好后，拆除拉压杆，然后割除上部多余的钢护筒，受力体系由拉压杆转为辅助拉杆与封底混凝土共同承力。在进行体系转换前，必须保证辅助拉杆焊设完成后才进行。

8. 承台施工

（1）桩头处理：封底抽水后，辅助拉杆焊接完毕，多余的钢护筒割除，然后采用风镐凿除桩头，清除浮浆及松动的混凝土，注意不得损伤桩身混凝土和主筋，以保证钻孔桩与承台之间的连接。桩头凿除后，应对桩头钢筋进行清理、调整。

（2）封底混凝土清理、找平：桩头处理后，承台钢筋绑扎前，清理封底混凝土表面，对局部高点进行凿除，对辅助拉杆旁坑洞使用高强度等级混凝土进行填补，使封底混凝土的整体标高符合设计要求。

（3）进行承台钢筋绑扎及混凝土的浇筑。

23.4 质量控制

23.4.1 材料与机具质量控制

（1）所有材料试验与检验必须按国家有关工程试验规范和规定实施，做好本工程的材料试验与检验。

（2）施工所使用的各种计量检测仪器、设备定期进行检查和鉴定，确保计量、试验、检测等器具的精度和准确度。

23.4.2 施工质量控制

1. 焊接质量要求

（1）在施工过程中对其首次采用的钢材、焊接材料、焊接方法、焊后处理等，应进行焊接工艺评定，并应根据评定报告确定焊接工艺。

（2）焊接时，不得使用药皮脱落或焊芯生锈的焊条和受潮的焊剂及已熔烧过的渣壳；施焊前，焊工应复查焊件接头质量和焊区的处理情况，当不符合要求时，应修整合格后方可施焊；焊接时，焊工应遵守焊接工艺，不得自由施焊及在焊道外的母材上引弧。

（3）多层焊接宜连续施焊，每一层焊道完成后应及时清理检查，清除缺陷后再焊。焊缝同一部位的返修次数，不宜超过两次，当超过两次时，应按返修工艺进行。焊接完毕，焊工应清理焊缝表面的熔渣及两侧的飞溅物，检查焊缝外观质量。

（4）焊缝外形尺寸应符合现行国家标准的规定，焊缝质量等级及缺陷分级应符合《钢结构工程施工质量验收规范》GB 50205—2001 的规定。

2. 组装质量要求

（1）组装前，零部件应检查合格，连接接触面和沿焊缝边缘每边 30～50mm 范围内的铁锈、毛刺、污垢等应清除干净。

（2）焊接连接组装的允许偏差应符合《钢结构工程施工质量验收规范》（GB 50205—2001）的有关规定。

3. 质量控制要求

（1）结构尺寸准确，底板、侧板平面尺寸误差≤±5mm。

（2）栓孔位置偏差±0.5mm。

（3）底板、侧板平整度控制在 5mm 以内。

（4）组装成的钢吊箱角度偏差不大于±1°，对角线误差不大于±5mm，钢吊箱轴线误差不大于 20mm。

（5）焊缝按设计图纸进行施焊，并按要求进行焊缝检查，达到二级质量要求。

（6）钢吊箱制作结束后，应选择平坦、坚实的地方进行组装，验收合格后方可运至现场使用。

4. 水密性检查

（1）焊接结束后，应检查焊缝质量，将焊渣清除后，检验焊接处是否渗漏，在焊缝处涂煤油，检验其背面是否渗出。

（2）在钢吊箱内用注水检查钢吊箱是否渗水；检出漏水位置并进行修整。

23.5　施工记录

（1）原材料（水泥、砂、石、钢筋、型钢、外加剂等）进场复验报告；

（2）钢吊箱现场拼装质量验收记录；

（3）钢吊箱下放施工记录；

（4）钢吊箱平面位置测量及标高记录；

（5）钢吊箱焊缝质量施工记录；

（6）封底混凝土浇筑施工记录。

23.6　成品保护

（1）钢吊箱运输过程中，必须采用垫木及胎架运输，防止出现钢吊箱单元件发现变形。

（2）现场钢吊箱单元件堆放时，不宜叠加堆放两层以上，以免钢吊箱单元件发生变形，影响拼装质量。

（3）拆除吊箱围堰过程中，严禁重撬、硬砸，以免损伤吊箱模板。

23.7　安全与环保措施

23.7.1　安全保护措施

（1）施工过程的安全应符合现行行业标准《建筑施工安全检查标准》JGJ59—2011 的有关规定，施工机械应符合现行行业标准《建筑机械使用安全技术规程》JGJ33—2012 的有关规定，施工临时用电应符合现行行业标准《施工现场临时用电安全技术规范》JGJ46 的有关规定。

（2）施工中，要挂好安全网，按高空作业要求实施；施工人员必须穿好救生衣、戴好安全帽。

（3）起重机必须按规定的性能使用，安全保护装置必须齐全完整、灵敏可靠，严禁任意调整和拆除。严禁超限吊装、斜拉、斜吊以及吊装不明重量的物体。

（4）吊装作业操作平台必须搭设稳固，并设防护栏。吊装时，非工作人员严禁进入施工现场。吊装物体时，不得有人在下面停留，严禁工作人员利用吊钩上下人。

（5）起吊用的钢丝绳必须符合安全系数，并经常检查，凡发现有扭结、变形、断丝、磨损、腐蚀或滑轮有裂纹、缺口等现象必须及时更新。

23.7.2　环保措施

（1）施工过程的环境保护应符合现行行业标准《建设工程施工现场环境与卫生标准》JGJ146—2013 的有关规定。在施工期间严格控制噪声，应符合现行国家标准《建筑施工场界环境噪声排放标准》GB12523—2011 的有关规定。

（2）施工便道应经常洒水，防止尘土污染环境；合理规划施工工序，尽量减少临时占地面积，缩短使用时间，及时恢复土地原有功能；做好现场排水设施。

（3）施工垃圾要集中堆放，并定期运至指定地点。施工废水、废油、生活污水按有关要求进行处理后排放。禁止在施工现场熔沥青或焚烧油毡、油漆、塑料制品及其他会产生有害气体的物质。

第 24 章　双壁钢围堰施工工艺

24.1　适用范围及特点

24.1.1　适用范围

双壁钢围堰是采用钢板、型钢等材料经过专门设计、加工制造成一个下部带有斜脚的圆形、长方形或其他结构形式的双壁水密钢结构，其具有足够强度、刚度及结构稳定性，在基础施工中起到挡水、挡土作用，不参与主体结构受力。

双壁钢围堰适用于大型河流中的深水基础，能承受较大水压，保证基础全年施工安全渡洪；特别是河床覆盖层较薄（0～2m），下卧层为密实的打漂石或岩层，不能采用钢板桩围堰，且因工程要求需在坑内爆破作业等不宜设立支撑的情况下，更显现出双壁钢围堰的优势。双壁钢围堰不仅作为承台施工的围护结构，同时也可兼做钻孔平台的支撑体系。

24.1.2　双壁钢围堰的特点

（1）双壁钢围堰可在岸上或工厂制造、拼装（或在定位船、承台原位平台上拼装）成整体后浮运至承台位置处下沉，施工方便、防水性能较好。

（2）双壁钢围堰适用于深水基础施工，能够为深水基础施工提供安全、可靠的干作业环境。

（3）双壁钢围堰结构较为复杂，制造精度要求高，水密性要求高。

（4）双壁钢围堰制造、拼装、运输、下沉工艺复杂，控制难度较大。

24.2　施工准备

24.2.1　技术准备

（1）组织技术人员及操作人员对钢围堰设计图纸进行认真学习，领会设计意图，并记录图纸中存在的问题及好的建议；根据现场实际情况对图纸进行深化设计。

（2）根据地质、水文以及施工环境编制详细的双壁钢围堰加工制作、运输、定位下沉、封底混凝土施工专项方案。

（3）对现场管理人员及操作人员进行安全、技术交底，技术交底包括：钢围堰加工制作工艺及质量要求、各工序施工工艺及标准、钢围堰中心坐标、底标高、顶标高以及平面尺寸与位置等。

24.2.2　材料准备

（1）根据钢围堰施工图，备足制作钢围堰所需的钢板、型钢；各种型号的钢板、型钢的质量必须满足设计要求。

（2）对配置封底混凝土所需的砂、石、水泥、外加剂等材料进行检查验收，应满足拌制混凝土的要求。混凝土的选取应满足其强度、工作性能的要求。

24.2.3　机具准备

（1）钢吊箱围堰施工涉及的主要机具有：拖轮、浮吊、驳船、救生艇、空压机、汽车吊、履带吊、气焊（割）设备、电焊机、运输汽车、混凝土罐车、混凝土泵车、振动器、潜水泵、手拉捯链、千斤顶、液压系统、全站仪、水准仪、发电机等设备。

（2）所需机具的型号及性能技术参数要求，应根据工程的具体情况而定，应能够满足施工安全要求。

24.2.4　作业条件准备

（1）应由工长和现场技术人员对操作工人进行培训、技术、安全交底，做到熟悉或掌握深水作业钢围堰拼装、浮运、下沉、定位以及封底混凝土浇筑，投料、搅拌、运输、浇筑等技术；要有应对深水施工安全紧急救援的措施，操作人员保持稳定；潜水员必须持特种作业证才能上岗。

（2）做好现场的测量控制点的布设以及钢围堰浮运下沉锚锭系统的布置。

（3）封底混凝土的配合比已经完成并审批通过，各种施工设备、原材料检验、临时设施等所有工作准备就绪。

24.3　施工工艺

24.3.1　工艺流程

双壁钢围堰施工工艺流程如图 24-1 所示。

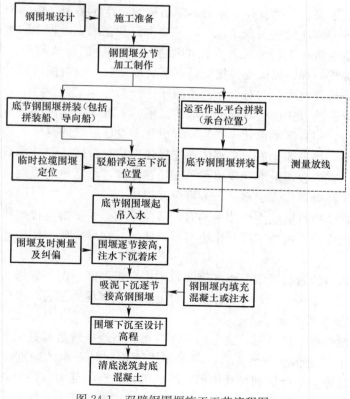

图 24-1　双壁钢围堰施工工艺流程图

24.3.2　操作要点

1. 双壁钢围堰设计

（1）钢围堰的平面尺寸应根据承台的结构尺寸、安装及放样误差等确定，且宜满足承台施工操作空间的需要，围堰内侧距承台边缘的净距不宜小于1m（围堰内侧兼做模板时除外）。围堰的顶面高程应高出施工期间可能出现的最高水位（包括浪高）0.5～0.7m；在有潮汐的水域，应同时考虑最高和最低施工潮位对围堰的不利影响。

（2）围堰除应满足自身的强度、刚度和稳定性要求外，还应考虑对河床断面压缩后，流速增大导致的河床冲刷和对通航、导流等的影响以及锚锭系统。钢围堰底部，应根据围堰下沉位置岩面及风化层情况做成等高或与岩面倾斜度相同的不等高刃脚，以利于钢围堰入土下沉。

（3）对围堰结构进行设计计算时，除应考虑施工荷载及结构重力、水流压力、浮力、土压力等荷载外，还应根据现场的具体情况考虑可能出现的冲刷、风力、波浪力、流冰压力、船舶或漂浮物撞击力等作用。

（4）围堰结构应根据施工过程中的各种工况，按最不利荷载组合进行强度、刚度及稳定性计算。在围堰内设置内支撑的，除应对内支撑结构本身进行局部验算外，还应将其与围堰作为整体进行总体稳定性验算；设置内支撑时，必须考虑其对承台及后续墩身施工是否干扰。

2. 双壁钢围堰制作与加工

（1）围堰钢宜分节、分块在工厂或现场加工棚制造，分块、分节大小应考虑到制造设备、运输条件、工地安装起吊及移运能力。钢结构的制作应参照《钢结构工程施工质量验收规范》GB50205—2001的相关规定执行，并应保证其在施工过程中防水严密，不渗漏。

（2）围堰分块应该在工厂或工地车间的胎架上以平卧的形式制造，并且在组装后翻身，尽量避免立焊或仰焊，以保证焊接质量。组装成型后，应对围堰尺寸、高度、倾斜角以及焊接质量进行检查验收；并对单元件按顺序进行编号。

（3）若采用浮运的方式进行双壁钢围堰的运输、下沉，则钢围堰底节拼装工作，可在岸边拼装船上进行，将各基本单元体拼装、焊成一个设计形状的薄壁钢结构浮体。底节钢围堰拼装前，应事先将驳船连成一个整体，连接强度应在可能达到的荷载作用下能保持其基准面不致变动。在铁驳面上准确放出各单元轮廓位置，然后沿周边逐件拼装，操作时要随拼装，随调整，待全部点焊成型后，方可全面焊接。

底节钢围堰在岸边拼装船上拼装的同时，墩位处和上、下游定位船锚碇设施应按照施工图要求基本抛设完成。按施工图在岸边组拼导向船并把导向船与围堰底节拼装船连成一牢固的整体。

（4）若采用承台位置拼装双壁钢围堰时，则应在钢围堰下沉位置搭设好底节拼装作业平台及钢围堰起吊、下沉系统，并在作业平台上放出钢围堰的拼装线进行拼装。

3. 浮运就位及起吊下水

（1）在选定制作底节地点时，应考虑下水方案。当通过滑道或其他装置下水时，其进入的水域面积和水深应能够满足要求，并采用措施控制其下水的速度；采用起重船吊装时，起重船的吊装能力应能够满足整体吊装的要求，各点的受力应控制均匀。在墩位处布设定位船、导向船组和锚碇系统，敷设高压水下电缆，准备好水上供电系统。

（2）底节下水浮运应选择好气候和水位。底节就位后向围堰各隔舱对称均匀加水，使底节平稳下沉，至下沉到一定高度随即拼装接高，此后继续加水，边下沉边接高，直至各节拼接完毕。

（3）底节围堰拼装完毕经检查合格后，将拼装船与导向船组用拖轮拖运至上游定位船侧处，连好锚绳及拉缆，导向船组顺流至墩位初步定位。系好钢围堰上层拉缆、临时下层拉缆和下层拉缆。绞紧锚绳和收紧上、下定位船与导向船之间拉缆。安装水上供电设施和通信设施。利用导向船上起吊设备将底节钢围堰吊起，使之离开拼装船船面 0.10m 左右，观察 10min，如无反常情况则继续提升直至其高度能使拼装船退出，即停止提升。迅速将拼装船向下游方向退出。拼装船退出后，底节围堰徐徐平稳地落入水中，然后将围堰底部和顶部所有拉缆收紧，使其保持垂直而不被水流冲斜。底节围堰起吊下水后，通过导向船四角的导向架和锚绳、拉缆共同作用，底节双壁钢围堰像船体一样稳定垂直地自浮于墩位处。

（4）悬浮状态下的钢围堰接高下沉：底节钢围堰起吊下水后，迅速在围堰内对称注水使之保持垂直状态下沉，然后按单元编号对称拼装接高，注水下沉和拼装接高作业交替进行施工。

围堰拼装注水下沉过程中，围堰内外水头差，以及相邻单元体水头差，空腹钢围堰水头差等必须满足施工图要求的规定。随钢围堰接高和围堰内注水压重下沉交替作业，围堰上层拉缆亦需随之拆除、安装交替倒换上移，并随围堰入水深度增加随时调整拉缆受力状态，使围堰保持垂直。围堰刃脚接近河床面附近时，应加强对墩位处河床面的测量，及时掌握墩位处河床冲刷及水位情况，以便选择围堰落河床的时机。

（5）精确定位及围堰落河床：围堰落河床工作应尽量安排在水位低、流速小时进行。围堰落河床前对墩位处河床进行一次全面的测量。若与预计不相符，不能满足围堰落河床后使围堰进入稳定深度及围堰露出水面的高度时，则应根据实际情况，调整围堰落河床时高度，以满足围堰落河床的各项要求。围堰落河床前，应对所有锚锭设备进行一次全面检查和调整，用调整锚绳和拉缆的办法使围堰精确定位。纵、横向精确定位的位置与施工图标所示位置的偏差应视河床情况而定。落河床时墩位处河床由于冲刷而高差较大时，应视情况抛小片石进行河床调平，使围堰刃脚尽可能平稳着床。

4. 着床下沉

（1）着床前围堰刃脚下河床如因水流冲刷呈现高低不平时，可从围堰内偏上游一定范围抛填一定数量大小均匀的碎石（或卵石），以减少局部冲刷，使河床面较为平整，以利于围堰顺利着床。

（2）围堰精确定位后，应加速对称在围堰内灌水，使围堰尽快落入河床。围堰入河床进入稳定深度后解除下层拉缆。

（3）吸泥下沉：围堰落床后，应继续接高并在围堰内灌水或在围堰内填充混凝土，增加围堰重量，辅以在围堰内吸泥，使围堰迅速下沉。如此接高、灌水（填充混凝土）、吸泥作业交替进行，直至围堰刃脚达到施工图标示基底高程。在覆盖层中围堰下沉的主要手段是用空气吸泥机吸泥，如遇有黏土层还应配合高压射水。吸泥时要经常观察围堰内、外水头差，注意随时补水，避免大的翻砂。

（4）采用吸泥下沉时，应向堰内补水，保持堰内水位不低于堰外，当下沉效果不好时，可在离围堰内壁一定距离处对称吸泥。吸泥时应防止吸泥机直接伸到刃脚下吸泥或在刃脚附近吸泥过深（图 24-2）。

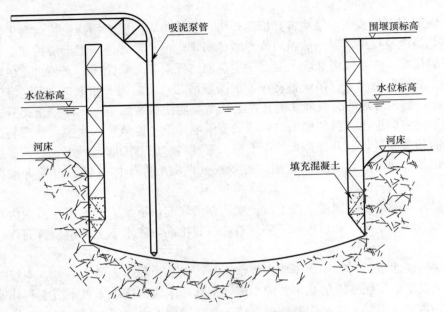

图 24-2　钢围堰着床吸泥下沉示意图

5. 清基封底

（1）着床及封底混凝土厚度确定

1）围堰着床后，在围堰外侧四周抛填土袋、砂包，外抛砂包可防止混凝土浇筑过程中外泄，稳定钢围堰着床；水流较急时，可选用麻袋装土外压围堰四周。

2）为确保封底混凝土与围堰基底基岩、钢围堰及护筒的有效结合，增强抗洪能力，应使专业潜水人员对围堰内壁、钢护筒外壁附着泥浆清理干净以增强混凝土与围堰、钢护筒的粘附力。

3）钢围堰的封底混凝土厚度应符合设计规定；当无设计规定时，应根据桩周摩擦力、浮力、围堰结构自重及封底混凝土自身强度等因素经过计算后确定。

（2）导管布置及灌注顺序

1）一般情况下双壁钢围堰底面积采用多根导管同时按规定的顺序灌注混凝土，保质保量地灌注整个基底，达到预计的厚度。封底混凝土的导管间距按不大于 5m 进行布置，混凝土的流动坡度不陡于 1∶3～1∶4。

2）在灌封底混凝土前，要派潜水人员对基底进行抚平，并在基底覆盖一层塑料彩条布；同时，在灌注前要精确探明基底各部位的标高，封底应先灌注低洼处的封底混凝土，以免因高处导管内混凝土往低处流淌造成导管底口脱空或埋入的厚度过薄，致使导管底口进水，发生质量事故。

3）使用多根导管灌注封底混凝土时，由于混凝土生产量所限，各导管不可能一次同时灌注时，可分项逐根灌注。在倾斜的基底面上，其灌注顺序应从低至高逐个进行，并应从周边至中间，以免基底浮渣及封底顶面的浮浆集中在基础边缘。

（3）封底混凝土施工

1）双壁钢围堰封底混凝土的浇筑采用水下混凝土浇筑的方法进行封底，导管选用 300mm 的钢制导管，管底口距基底面 200～300mm；导管顶部装有一设导管阀门的管节与漏斗相接；漏斗上有流槽与具有一定容量的混凝土储仓相接。灌注前，将漏斗、储仓装满混凝土。在一切准备工作就绪后，打开导管阀门（同时打开储仓的门）。此时导管内的空气和水在混凝土的重力下由导管底口排出，瞬间混凝土通过导管压向基底，在导管周围堆成一个平坦的混凝土圆锥体，将导管底口埋住使水不能从底口进入导管。继而再灌注的混凝土通过导管源源不断地灌入椎体内。随着导管的提升，混凝土在水下摊开和升高，直至达到设计标高。

2）在进行封底混凝土灌注时，为了防止灌注水下混凝土时双壁钢围堰内水位上升对围堰受力不利，可采用抽水措施保持双壁钢围堰内外水位平衡。在进行抽水时，抽水龙头必须与封底混凝土表面保持 2～3m 的安全距离，以防止水下混凝土面发生涡流，而影响封底混凝土的浇筑质量。

3）混凝土配合比的合理设计，是封底成功的重要因素之一，除采用双掺技术提高混凝土的和易性、流动性及稳定性外，还对封底混凝土其他性能指标进行了规定。在封底混凝土浇筑过程中，根据具体情况，对混凝土配合比不断地进行调整，严格控制混凝土的性能，使得混凝土强度、坍落度、初凝时间等各项指标均满足封底混凝土的质量要求。

4）混凝土浇筑临近结束时，全面测出混凝土面标高，根据测量结果，对混凝土面标高偏低的测点附近的导管增加灌注量，直至所测结果满足要求。当所有测点的标高满足控制要求后，结束封底混凝土灌注（图 24-3）。

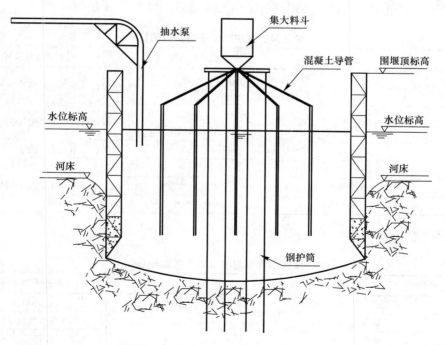

图 24-3　封底混凝土浇筑示意图

24.4 质量控制

24.4.1 材料与机具质量控制

（1）所有材料试验与检验必须按国家有关工程试验规范和规定实施，做好本工程的材料试验与检验。

（2）施工所使用的各种计量检测仪器、设备定期进行检查和鉴定，确保计量、试验、检测等器具的精度和准确度。

24.4.2 施工质量控制

1. 焊接质量要求

（1）在施工过程中对其首次采用的钢材、焊接材料、焊接方法、焊后处理等，应进行焊接工艺评定，并应根据评定报告确定焊接工艺。

（2）焊接时，不得使用药皮脱落或焊芯生锈的焊条和受潮的焊剂及已熔烧过的渣壳；施焊前，焊工应复查焊件接头质量和焊区的处理情况，当不符合要求时，应修整合格后方可施焊；焊接时，焊工应遵守焊接工艺，不得自由施焊及在焊道外的母材上引弧。

（3）多层焊接宜连续施焊，每一层焊道完成后应及时清理检查，清除缺陷后再焊。焊缝同一部位的返修次数，不宜超过两次，当超过两次时，应按返修工艺进行。焊接完毕，焊工应清理焊缝表面的熔渣及两侧的飞溅物，检查焊缝外观质量。

（4）焊缝外形尺寸应符合现行国家标准的规定，焊缝质量等级及缺陷分级应符合《钢结构工程施工质量验收规范》GB50205 的规定。

2. 组装质量要求

钢围堰底节组拼完成后，必须进行结构尺寸检验，见表 24-1 所列。

双壁钢围堰的制作拼装实测项目　　　　　　　　　　　　　　　　表 24-1

项　次	检查项目		规定值或允许偏差	检查方法和频率
1	顶面中心偏差（mm）	顺桥向	20	全站仪或经纬仪：纵横各检查 2 点
		横桥向	20	
2	围堰平面尺寸（mm）		直径/500 及 30，互相垂直的直径差＜20	尺量：每节检查 4 处
3	高度（mm）		±10	尺量：每节检查 2 处
4	节间错台（mm）		2	尺量：每节检查 4 处
5	焊缝质量		符合设计要求	超声：抽检水平、垂直焊缝各 50%
6	水密试验		不允许渗水	加水检查：每节

3. 封底混凝土质量要求见表 24-2 所列。

双壁钢围堰封底混凝土实测项目　　　　　　　　　　　　　　　　表 24-2

项　次	检查项目	规定值或允许偏差	检查方法和频率
1	混凝土强度（MPa）	在合格标准内	压试块
2	基底高程（mm）	0，－200	测绳和水准仪：5～9 处
3	顶面标高（mm）	±50	水准仪：5 处

24.5　施工记录

（1）原材料（水泥、砂、石、钢筋、型钢、外加剂等）进场复验报告；

（2）钢围堰现场拼装质量验收记录；

（3）钢围堰下沉施工记录；

（4）钢围堰平面位置测量及标高记录；

（5）钢围堰焊缝质量施工记录；

（6）钢围堰封底混凝土浇筑施工记录。

24.6　成品保护

（1）钢吊箱运输过程中，必须采用垫木及胎架运输，防止出现钢吊箱单元件发现变形。

（2）现场钢吊箱单元件堆放时，不宜叠加堆放两层以上，以免钢吊箱单元件发生变形，影响拼装质量。

（3）拆除吊箱围堰过程中，严禁重撬、硬砸，以免损伤吊箱模板。

24.7　安全与环保措施

24.7.1　安全保护措施

（1）施工过程的安全应符合现行行业标准《建筑施工安全检查标准》JGJ59—2011 的有关规定，施工机械应符合现行行业标准《建筑机械使用安全技术规程》JGJ33—2012 的有关规定，施工临时用电应符合现行行业标准《施工现场临时用电安全技术规范》JGJ46 的有关规定。

（2）施工中，要挂好安全网，按高空作业要求实施；施工人员必须穿好救生衣、戴好安全帽。

（3）起重机必须按规定的性能使用，安全保护装置必须齐全完整、灵敏可靠，严禁任意调整和拆除。严禁超限吊装、斜拉、斜吊以及吊装不明重量的物体。

（4）吊装作业操作平台必须搭设稳固，并设防护栏。吊装时，非工作人员严禁进入施工现场。吊装物体时，不得有人在下面停留，严禁工作人员利用吊钩上下人。

（5）起吊用的钢丝绳必须符合安全系数，并经常检查，凡发现有扭结、变形、断丝、磨损、腐蚀或滑轮有裂纹、缺口等现象必须及时更新。

（6）钢围堰下沉前，应对锚锭系统、起吊系统及船舶的安全性进行全面的检查。

24.7.2　环保措施

（1）施工过程的环境保护应符合现行行业标准《建设工程施工现场环境与卫生标准》JGJ146—2013 的有关规定。在施工期间严格控制噪声，应符合现行国家标准《建筑施工场界环境噪声排放标准》GB12523—2011 的有关规定。

（2）施工过程中，必须做好河道环境的保护工作，不能将施工垃圾随意抛弃在河道中。

（3）施工垃圾要集中堆放，并定期运至指定地点。施工废水、废油、生活污水按有关要求进行处理后排放。禁止在施工现场熔沥青或焚烧油毡、油漆、塑料制品及其他会产生有害气体的物质。

第 25 章　沉井基础施工工艺

25.1　适用范围及特点

25.1.1　沉井适用范围

沉井主要是由刃脚、井壁、隔墙、井孔、凹槽、封底及顶板组成的井筒状结构物，它是以井内挖土，依靠自重及辅助措施克服沉井井壁与土之间的摩阻力，下沉至设计标高，然后再进行混凝土封底并填塞井孔，使其成为桥墩墩台基础、取水构筑物、无水泵站、地下工业厂房、大型设备基础、地下仓库、人防隐蔽工程、盾构拼装井、船坞、矿用竖井以及地下车道、车站等大型深埋基础和地下构筑物的围壁。

25.1.2　沉井特点

沉井基础具有埋置深度大，整体性强、稳定性好，有较大的承载面积，能承受较大的竖向荷载和水平荷载。沉井既是基础，又是施工时的挡土和挡水围护结构物，施工工艺较为简单。同时，沉井施工时对邻近建筑物影响较小且内部空间可充分利用。

沉井施工工期较长；对粉细砂类土在井内抽水易发生流砂现象，造成沉井倾斜；沉井下沉过程中遇到的大孤石、树干或井底岩层表面倾斜过大，均会给施工带来一定困难。

25.2　施工准备

25.2.1　技术准备

（1）认真审核设计图纸，根据工程特点、设备条件、地勘质量、水文、土的力学性能等编制切实可行的施工方案，以指导现场施工。

（2）按施工总平面图布置，修建临时设施，修筑道路、排水沟等，并保证"三通一平"。

（3）在沉井周围土的破坏棱体范围内有永久性建筑物时，应会同有关单位采取确实可行的安全、质量的措施。

（4）按设计图纸和沉井平面布置要求设置测量控制网和水准基点，进行定位放线。

（5）沉井施工前向施工作业人员进行安全技术交底，并留有交底记录。

25.2.2　材料准备

（1）混凝土：混凝土强度及抗渗性能等必须满足设计及规范要求，混凝土性能必须通过试验进行确定。

（2）钢材：有出厂合格证和复验报告，符合设计要求方可使用。

（3）外加剂：根据沉井抗渗要求及混凝土浇筑要求选用，并通过试验确定后应用。

25.2.3　机具准备

（1）沉井制作机具设备：钢筋加工机具、模板加工机具、混凝土输送机械、混凝土振捣机具、自卸汽车等。

（2）沉井下沉机具设备：履带式或汽车吊等起重设备、出土吊斗、水力机械等。

（3）排水机具设备：离心式水泵或潜水泵。

25.2.4　作业条件准备

（1）按施工总平面图布置，修建临时设施，修筑道路、排水沟、截水沟，安装临时水、电线路，安设施工设备，并试水、试电、试运转。

（2）按照设计总图和沉井平面布置要求，已设置测量控制网和水准基点，进行定位放线，定出沉井中心轴线，作为沉井制作和下沉的定位依据。

25.3　施工工艺

25.3.1　工艺流程

沉井基础施工工艺流程如图 25-1 所示。

25.3.2　操作要点

1. 测量放线

根据制作沉井的平面尺寸，定出基坑的平面和放坡开挖坡线，场地平整后，再测量定出沉井的中心线和各方向的控制线，作为砂垫层制作、沉井制作和沉井下沉施工的控制线桩。

2. 基坑开挖或筑岛

（1）根据水文、地质条件和第一节沉井浇筑的高度确定基坑开挖的深度，基坑开挖平面尺寸，应能保证沉井刃脚外侧面至基坑底周边预留 1.0～1.5m 的操作空间；基坑开挖时，应对基坑边坡进行稳定性验收，必要时采用安全支护措施。

若基坑底部有暗浜、软弱的土质，则应予以清除，在井壁中心线两侧各 1m 范围内，回填中粗砂整平夯实，以免在沉井制作时，发生不均匀沉降。开挖基坑应分层按顺序实施，底面浮泥清除干净，并保持平整和疏干状态；在基坑底部四周设置排水设施，防止基坑内积水。

（2）若采用在筑岛上制作沉井，应先挖除原有场地的松软土，换填好土，并将场地夯实平整，以防止在浇筑混凝土过程中或撤除沉井刃脚下部垫木时发生不均匀沉陷。岛

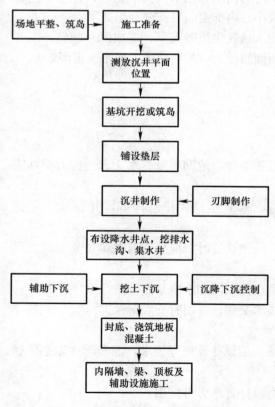

图 25-1　沉井基础施工工艺流程图

面的标高应比施工期间最高水位高出 0.5m 以上，岛顶面的围堰高度，还应考虑到风浪的高度，不应发生岛面被水淹没影响施工。

3. 垫层施工

沉井刃脚下的垫层通常有砂垫层上铺设承垫木或加混凝土垫层。

（1）砂垫层技术要求

1）砂垫层厚度确定

砂垫层厚度应根据第一节沉井重量和垫层底部地基土的承载力进行计算，可参考下列公式进行确定：

$$h = (G_k/F_d - L)/2\tan\varphi$$

式中　h——砂垫层厚度（m）；

G_k——第一节沉井沿井壁单位长度的重量标准值（kN/m）；

L——垫木长度（m）；

F_d——地基强度（kPa）；

φ——砂垫层扩散角（°），不大于 45°，一般取 22.5°。

2）砂垫层施工要求

铺筑砂垫层前在基坑底部应设置盲沟和集水井，集水井的深度宜低于基底 300～500mm。在清除浮土后，方可进行砂垫层的填筑，施工期间严禁砂垫层浸泡在水中。

软土地区砂垫层的铺设厚度不宜小于 600mm，每层铺设厚度，不宜超过 300mm，应逐层浇水控制最佳含水量。砂垫层的材料宜采用颗粒级配良好的中砂、粗砂或砾砂。

沉井垫层的布置宜采用满堂铺筑形式，平面尺寸较大时，可采用环边铺筑形式。砂垫层的压实度采用环刀法或贯入度仪等方式测定，压实度应符合沉井首节段制作允许的承载力的要求。

（2）承垫木的技术要求

承垫木的数量应根据沉井第一节浇筑混凝土（含模板）的重量及地基承载力而定，承垫木的数量可参考下式进行确定：

$$n = G_k/A[f]$$

式中　n——承垫木的根数（根）；

G_k——沉井第一节混凝土结构重量标准值（kN）；

A——单根承垫木与地基（或砂垫层）的接触面积（m²）；

$[f]$——地基土（或砂垫层）的容许承载力（kPa）。

承垫木的间距一般为 0.5～1.0m。当沉井分节制作一次下沉时，在允许产生沉降时，砂垫层的承载力可以提高，但不得超过木材轻度。承垫木与刃脚踏面接触面可按下式进行计算：

$$A_0 = G_k/R$$

式中　A_0——刃脚踏面与承垫木的接触面积（m²）；

G_k——抽出垫木时，沉井的重量标准值（kN）；

R——木材横纹局部挤压强度，一般可取 3000kPa。

所需承垫木的横截面面积，按木材横截面的允许受剪强度计算：

$$A_1 > G_k/2\tau_0$$

式中　A_1——承垫木的横断面面积（m²）；

　　　τ_0——木材横截面允许受剪强度，可取 2000kPa。

（3）混凝土垫层技术要求

混凝土垫层厚度可按下列公式进行计算：

$$h = (G_k/R - b)/2$$

式中　h——混凝土垫层的厚度（m）；

　　　G_k——沉井第一节浇筑重量的单位长度标准值（kN/m）；

　　　R——砂垫层的允许承载力，一般取 100kPa；

　　　b——刃脚踏面的宽度（m）。

混凝土垫层的厚度不宜过高，以免影响沉井下沉；因此，应控制沉井第一节段结构的重量。

4. 刃脚支设

（1）沉井下部刃脚的支设，可视沉井的重量、施工载荷和地基承载力情况而定，一般采用土模、砖胎模、枕木垫架法（图 25-2）。其作用是：使地基均匀承受沉井重量，避免刃脚在混凝土浇灌过程中突然下沉而破坏；保持沉井位置不倾斜，便于下沉调整。刃脚的支设刚度，要根据沉井一次浇筑高度和地基承载力，经验算而定。

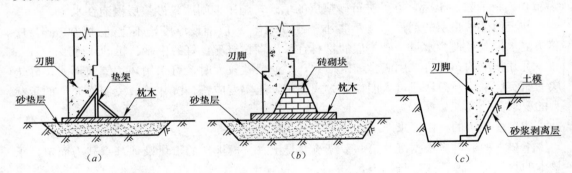

图 25-2　刃脚支设施工方法示意图

(a) 枕木垫架法；(b) 砖胎模法；(c) 木模法

（2）铺设垫木时，应使其顶面保持在同一水平面上，用水准仪找平，使高差在 10mm 以内，并在垫木间用砂填实，垫木埋深为厚度一半，在垫架内外设置排水沟。

（3）刃脚井壁与地板连接的凹槽深度宜为 150～200mm，连接点处不应漏水；刃脚施工结束后，其强度达到设计强度的 100% 以后，方可进行后续施工；沉井下沉之前应对凹槽进行打毛处理。

5. 沉井井壁制作

按沉井施工流程工艺，沉井制作分一次制作一次下沉；分节制作，一次下沉；或分次制作交替下沉。通常沉井高度大于 10m 时，宜分节制作；在沉井下沉过程各阶段间隔时间交替加高井壁。

（1）井壁模板支设

1）井壁模板采用组合式定型钢模板或木模板，模板表面应平整光滑且具有足够的强度、刚度、整体稳定性，缝隙不应漏浆。第一节立模制作高度宜控制在 3～5m，其余节段制作高度宜控制在 6～8m。模板设计、安装及预埋件和预留孔洞的设置偏差，应符合《混凝土结构工程施工质量验收规范》GB50204 的相关要求。

2）内外脚手架与模板系统要分离，各自成系统，以免由于下沉造成破坏。模板加固采用对拉螺栓加焊止水片。混凝土壁施工缝埋设钢板止水带，井壁模板在支设过程中要注意收口，以免上大下小。当沉井高度较高时，也可考虑采用滑模施工。

（2）井壁钢筋绑扎

井壁钢筋可用吊车垂直吊装就位，人工绑扎，或在沉井附近预先绑扎钢筋骨架或网片，用吊车进行大片安装。竖向钢筋可一次绑扎到位，水平钢筋可分段绑扎，与前一节井壁连接处伸出的插筋宜采用焊接或机械连接；水平钢筋的搭接长度应按《混凝土结构设计规范》GB50010—2010 相关要求执行；钢筋连接接头按设计或规范要求错开，内外钢筋要设钢筋支撑，每 1.5m 不少于一个。沉井井壁预留插筋要有加固措施。

（3）井壁混凝土浇筑

1）沉井刃脚及井壁混凝土的浇筑应对称均匀、连续浇筑，以免造成地基不均匀下沉而导致沉井倾斜、裂缝。

2）混凝土每次浇筑采取分层平铺、振捣密实，每层混凝土的浇筑厚度宜为 300～500mm。

3）当混凝土强度达到设计强度的 70% 以上时，方可拆除刃脚斜面的支撑及井壁模板。

（4）沉井接高

1）沉井接高前应进行纠偏，偏差量应满足终沉时的偏差允许值，接高水平施工缝宜做成凸形或凹形，应将接缝处的混凝土凿毛，清洗干净，充分湿润，并在浇筑上层混凝土前用同强度等级无石子混凝土水泥砂浆接浆（图 25-3）。

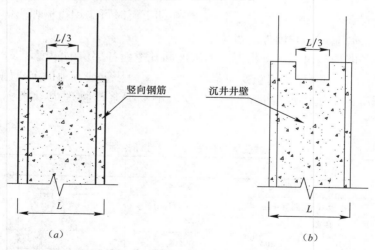

图 25-3　沉井井壁施工缝留设示意图（图中 L 为沉井井壁厚度）

(a) 凸形施工缝；(b) 凹形施工缝

2）沉井接高施工时，已施工井壁混凝土应高出地面一定高度，该高度为接高时引起的下沉量加上 500mm。

6. 沉井下沉

（1）沉井下沉前应进行结构外观、混凝土强度及抗渗的检查，根据工程地质、水文地质、周边环境情况等选择排水下沉法或补排水下沉法施工。采用排水法下沉时，应认真分析水文地质资料，宜采用降水措施，进行现场抽水试验，制定降水方案；不排水下沉法适用于液化地层和渗透系数大的砂层。

（2）下沉前应分区分组依次对称、同步的抽除（拆除）刃脚下的承垫木、砖垫，每抽出一根垫木后，在刃脚下立即用砂、卵石或砾砂填实；凿除混凝土垫层时，应先内后外，分区域对称按顺序凿除，凿断线应与刃脚底边平齐，混凝土的定位支点处，应最后凿除。

（3）沉井下沉挖土时应符合下列规定：

1）挖土下沉时，应分层、均匀、对称进行。

2）下沉系数较大时应先挖中间部分，保留刃脚周围土体，使其挤土下沉；下沉系数较小时应采取助沉措施。

3）下沉应按勤测勤纠的原则进行。

（4）在沉井外壁应沿竖向标出刻度尺，对沉井下沉深度和倾斜状态进行连续测量，以指导下沉施工。

（5）沉井在下沉至设计高程以上 2m 时，应控制出土量、出土位置及下沉速度，下沉深度距设计标高应预留 50～200mm 的余量。

（6）排水下沉时，根据现场情况可选择机械挖土或高压泵冲泥等下沉方法，当下沉至距设计标高 2m 时，应控制下沉与挖土量，并加强观测。

（7）不排水下沉时，根据现场条件可选择空气吸泥与潜水员配合或水下机械抓土与潜水员配合等下沉方法，施工时井内水位不宜低于井外水位。

（8）采用空气吸泥下沉施工应符合下列要求：

1）在软土中下沉时，应在高压射水冲碎土体后方可进行吸泥。

2）吸泥装置在水下的深度宜大于 5m，在初期下沉时可采用机械抓土等方式。

3）吸泥施工时应保持井内外的水位平衡。

4）吸泥施工时应随时了解排出泥水的浓度和开挖面各部位的深度，及时移动吸泥机。

（9）沉井下沉困难时可采用触变泥浆套、空气幕、压重或其他助沉措施。

（10）根据沉井下沉时所通过的不同土层，触变泥浆的物理力学指标可参考表 25-1 选用。

触变泥浆的物理力学性能指标　　　　　　　　　　表 25-1

序　号	指　标		砂	粉质黏土	黏　土
1	密度（g/cm³）		1.20～1.25	1.10～1.20	1.10～1.15
2	失水量（mL/30min）		12～15	15～20	12～15
3	泥皮厚（mm）		2～4	2～3	2～5
4	静切力（mg/cm²）	1min	30～60	30～50	20～40
		2min	60～80	50～80	40～80
5	黏度（s）		25～35	22～30	20～25
6	胶体率（%）		97～99	98～100	97～98
7	稳定性（g/cm³）		0.01～0.02	0.00～0.03	0.02～0.03
8	pH 值		≥8	≥8	≥8
9	含砂率（%）		<4	≤4	≤4

（11）采用触变泥浆套进行减阻及纠偏施工时，应符合下列要求：

1）沉井刃脚踏面宽度不宜大于 100mm。

2）井外壁应做成台阶形，台阶宽度宜为 50～100mm。

3）在沉井下沉到设计标高后，泥浆套应按设计要求处理，宜采用水泥浆、水泥砂浆或其他材料来置换触变泥浆。

（12）采用空气幕减阻及纠偏施工时。在沉井外壁安装水平和竖向管路，横向管路上布置出气孔（$\phi3$～$\phi5$）间距为 100～150mm。通过竖管向横管输送压缩空气，在井壁外侧形成空气幕，可以减少土体和井壁的摩擦力。沉井下沉施工时，如果某一面发生偏高时，即此面的摩阻力较大，此时可以在此面接通压缩空气，外井壁形成空气幕，减少此处的摩阻力，以利沉井下沉纠偏。

（13）沉井下沉应及时测量及时纠偏，每 8h 至少测量 2 次或每下沉 1m 至少检查 1 次。沉井在下沉过程中发生倾斜偏转时，可选用井内挖土纠偏，采用降低局部侧壁摩阻力纠偏，增加堆载或偏心压重纠偏，触变泥浆减阻纠偏，空气幕减阻纠偏等一种或几种方法进行纠偏。

（14）沉井下沉过程中的允许偏差宜符合表 25-2 的要求。

沉井下沉阶段允许偏差　　　　　　　　　　　　　　　表 25-2

序　号	项　目	允许偏差及允许值	检查数量		检验方法
1	沉井四角高差	≤1.5%～2.0%L_2，且≤500mm	下沉阶段	≥2 次/8h	全站仪
			终沉阶段	1 次/h	
2	中心位移	≤1.5%H_2，且≤300mm	下沉阶段	≥1 次/8h	全站仪
			终沉阶段	≥2 次/8h	

注：L_2 为矩形沉井两角的距离，圆形沉井为互相垂直的两条直径；H_2 为下沉深度（mm）；下沉速度较快时适当增加测量频率。

7. 测量控制点观测

沉井平面位置与标高的控制通过在沉井四周的地面上设置纵横十字中心控制线和水准点进行。沉井的垂直度是在沉井井筒内按 4 或 8 等分标出垂直轴线，以吊线锤对准下部标板进行控制，如图 25-4 所示。

在挖土时，随时观测垂直度，当线锤距离墨线达到 50mm，或四面标高不一致时，应及时纠正。沉井下沉的控制，通过在井外壁上的两侧油漆画出标尺，可用水平尺或水准仪进行观测沉降。在沉井下沉中，应加强平面位置、垂直度和标高（沉降值）的观测，每班至少测量两次，并做好记录。如有倾斜、位移或扭转，应及时通知现场负责人，指挥操作人员进行纠偏，使偏差控制在允许范围以内。

8. 沉井封底

沉井下沉至设计标高，经观测在 8h 内累计下沉量不大于 10mm 或沉降率在允许范围内，沉井下沉已经稳定时，即可进行沉井封底。沉井封底混凝土厚度应根据基底的水压力和地基土的向上反力经计算确定，且封底混凝土的顶面高度应高出刃脚根部 0.5m 及以上。封底混凝土的强度等级不低于 C25。

（1）排水封底

在沉井底面平整的情况下，刃脚四周经过处理后无渗漏水现象，然后将新老混凝土接

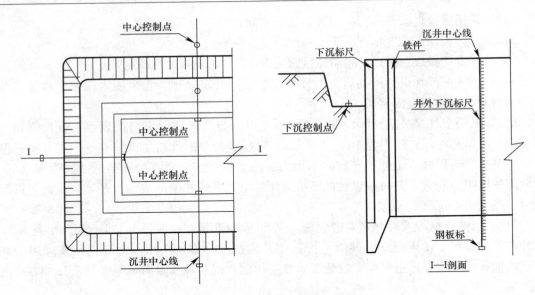

图 25-4　沉井下沉测量控制示意图

触面冲刷干净并凿毛，对井底进行修整，使之成为锅底形。如果有少量渗水现象时，可采用排水沟或排水盲沟，把水集中到井底中央集水坑内抽除。一般将排水沟或排水盲沟挖成由刃脚向中心的放射形，沟内填碎石或卵石作为滤水盲沟，在中部做成 2～3 个集水井，深 1～1.5m，井间用盲沟互相连通，插入 $\phi400～\phi600$ 四周带有孔眼的钢管或混凝土管，管周填碎石或卵石，使井底的水汇集在井中，用泵排出，并保持地下水位低于井内基底面 0.3m。

1）清理基底要求：将基底土层做成锅底形，要便于封底，各处清底深度均应满足设计要求。

2）清理基底土层的方法：在不扰动刃脚下面土层的前提下，可人工清理，射水清理，吸泥或抓土清理。

3）清理基底风化岩方法：可用高压射水、风动凿岩工具等方法。

封底一般浇筑一层厚为 0.5～1.5m 的素混凝土垫层，强度达到 50% 以上（如果垫层以下存在承压水，应做好引流措施），绑扎地板钢筋，两端伸入刃脚或凹槽内，浇筑底板钢筋混凝土。底板混凝土浇筑时，应由沉井内四周向中央推进分层浇筑，每层厚度控制在 300～500mm，并采用振动器振捣密实。当井内有隔墙时，应前后左右对称逐孔浇筑。混凝土采用自然养护，养护期间应继续抽水。待底板混凝土强度达到设计强度的 70% 以上，方可对集水井逐个停止抽水，逐个封堵。

封堵方法是将滤水井中的水抽干，在套管内迅速用干硬性高强度等级混凝土进行堵塞并振实，然后上法兰盘，用螺栓拧紧或焊牢，上部用混凝土捣实抹平。

（2）不排水封底

不排水封底即在水下进行封底，要求将井底浮泥清理干净，新老混凝土接触面用水冲刷干净，并铺碎石垫层，若沉井锅底较深，为了减少混凝土的用量，可以抛入块石，再在上面铺碎石垫层。封底混凝土用导管法灌注，在使用多根导管浇筑时，应根据导管作用半径及封底面积确定导管数量及分布，对其灌注的顺序应进行专门设计，并应采取有效措施防止发生混凝土夹层；若同时灌注，当基底不平时，应逐步使混凝土保持大致相同的高程。

水下混凝土面的最终灌注高度应比设计值高出 150mm 以上；待水下封底混凝土达到设计强度的 70％并满足设计要求后方可抽除沉井内的水，再凿除表面松弱层。

25.4 质量控制

25.4.1 质量控制要求

（1）沉井分节段制作时，每节制作高度应满足设计及规范的要求。

（2）沉井施工前应对钢筋、电焊条及焊接成型的钢筋半成品进行检验。

（3）混凝土浇筑前，应对模板尺寸、预埋件位置、模板的密封性进行检验，拆模后应检查浇筑质量（外观及强度），符合要求后方可下沉。

（4）沉井封底结束后，应对底板的结构（有无裂缝）及渗漏进行检查。有关渗漏验收标准应符合《地下防水工程质量验收规范》GB50208—2011 的相关要求。

（5）沉井尺寸允许偏差应满足表 25-3 的规定。

沉井尺寸允许偏差　　　　表 25-3

序　号	检查项目		允许偏差或允许值	检查数量		检验方法
				范围	点数	
1	平面尺寸	长度（mm）	±0.5％L_1 且≤100	每边	1	尺量
2		宽度（mm）	±0.5％B 且≤50	每边	1	尺量
3		高度（mm）	±30	每边	1	尺量
				圆形沉井 4 点		
4		直径（mm）	±0.5％D_1 且≤100	2		尺量（相互垂直）
5		对角线（mm）	±0.5％线长且≤100	2		尺量（两端中间各取一点）
6	壁厚（mm）		±15	每边	3	尺量
				圆形沉井 4 点		
7	隔墙垂直度（mm）		≤1％H_1	每边	3	经纬仪或线锤
				圆形沉井 4 点		
8	预埋件中心线位置（mm）		±20	每件	1	尺量
9	预留孔（洞）位移（mm）		±20	每件	1	尺量
				每孔（洞）	1	

注：L_1 为设计沉井长度（mm）；B 为设计沉井宽度（mm）；H_1 为设计沉井高度（mm）；D_1 为设计圆形沉井直径（mm）；检查中心位置时，应沿纵、横两个方向测量，并取其中较大值。

（6）沉井终沉后的允许偏差应满足表 25-4 的规定。

沉井终沉后的允许偏差　　　　表 25-4

序　号	检查项目		允许偏差或允许值	检查数量		检验方法
				范围	点数	
1	刃脚平均标高（mm）		±100	每个	4	全站仪
2	刃脚中心位移（mm）	H_3≥10m	<1％H_3	每边	1	全站仪
		H_3<10m	100	每边	1	全站仪

续表

序　号	检查项目		允许偏差或允许值	检查数量		检验方法
				范围	点数	
3	四角中任何两角高差（mm）	$L_2 \geq 10m$	$<1\%L_2$ 且≤ 300	每角	2	全站仪
		$L_2 < 10m$	100	每角	2	全站仪

注：H_3 为下沉总深度，系指下沉前后刃脚之高差。

25.4.2　施工中的问题及处理措施

沉井下沉施工中常见问题、原因分析、预防措施及处理方法见表 25-5 所列。

沉井下沉施工中常见问题、原因分析、预防措施及处理方法　　　　　表 25-5

序号	常见问题	原因分析	预防措施及处理方法
1	沉井倾斜	（1）沉井刃脚下的土软硬不均； （2）没有对称地抽除垫木或没有及时回填夯实，并且四周的回填土夯实不均匀； （3）没有均匀挖土使井内上面高差悬殊； （4）刃脚下掏空过多，沉井突然下沉，易于产生倾斜； （5）刃脚一侧被障碍物搁住，未及时发现和处理； （6）排水开挖时，井内涌砂； （7）井外弃土或堆物，井上附加荷重分布不均匀造成对井壁的偏压	（1）加强沉井下沉过程中的观测和资料分析，发现倾斜及时纠正； （2）隔开、平均、对称地抽除垫木，及时用砂或砂砾回填夯实； （3）在刃脚高的一侧加强取土，低的一侧少挖或不挖土，待正位后再均匀分层取土； （4）在刃脚较低的一侧适当回填砂石或石块，延缓下沉速度； （5）不排水下沉，在靠近刃脚低的一侧适当回填砂石；在井内射水或开挖、增加偏心压载以及施加水平外力
2	沉井偏移	（1）当发生倾斜和纠正倾斜时，井身常向倾斜一侧下部产生一个较大的力，因而伴随产生一定位移，位移大小随土质情况及向一边倾斜的次数而定； （2）测量定位发生差错	（1）控制沉井不再向偏移方向倾斜； （2）有意使沉井向偏位的相反方向倾斜，当几次倾斜纠正后，即可恢复到正确位置或有意使沉井向偏位的一方倾斜，然后沿倾斜方向下沉，直至刃脚处中心线与设计中线位置相吻合或接近时，再纠正倾斜； （3）加强测量的检查复核工作
3	沉井下沉极慢或停沉	（1）井壁与土壁之间的摩阻力过大； （2）沉井自重不够，下沉系数过小； （3）遇到障碍物	（1）继续浇筑混凝土增加自重或在井顶加荷载； （2）挖除刃脚下的土或在井内壁继续进行第二层"锅底"状破土。用小型药包爆破振动，但刃脚下挖空宜小，药量不宜大于 0.1kg。刃脚应用草垫等防护； （3）不排水下沉改为排水下沉，以减少浮力。根据土质情况可在井壁埋设射水管或高压喷气管； （4）在井壁与土壁之间灌入触变泥浆，降低摩阻力，泥浆槽距刃脚高度不宜小于 3m； （5）消除障碍物
4	沉井下沉过快	（1）遇软弱土层，土的耐压强度小，使下沉速度超过挖土速度； （2）长期抽水或因砂的流动，使井壁与土之间摩阻力减小； （3）井壁外部土液化	（1）用木垛在定位垫架处给予支承，并重新调整挖土。在刃脚下不挖或部分不挖土； （2）将排水法下沉改为不排水法下沉； （3）在沉井外壁与土壁之间填粗糙材料，或将井筒外的土夯实，增加摩阻力。如沉井外部的土液化发生虚坑时，填碎石进行处理； （4）减少每一节沉井高度，减轻井身自重

续表

序号	常见问题	原因分析	预防措施及处理方法
5	沉井下沉遇到障碍物	沉井下沉局部遇到孤石、大块卵石、地下沟道、管线、钢筋、树根等造成沉井搁置、悬挂	（1）遇较小孤石，可将四周土掏空后取出。遇到较大孤石或大块石、地下沟道等，可用风动工具或松动爆破方法破碎成小块取出，炮孔距刃脚不小于 500mm，其方向须与刃脚斜面平行，药量不得超过 0.2kg，并设钢板防护，不得裸露爆破。钢管、钢筋、树根等可用氧气乙炔焰烧断后，再取土； （2）不排水下沉，爆破孤石，除打眼爆破外，也可用射水管在孤石下掏洞，装药破碎吊出
6	发生流砂	（1）井内"锅底"状开挖过深，井外松散土涌入井内； （2）井内排水后，井外地下水动水压力将土压入井内； （3）爆破处理障碍物，井外土受振动进入井内	（1）采用排水法下沉，水头宜控制在 1.5～2.0m； （2）挖土避免在刃脚下掏挖，以防流砂大量涌入，中间挖土也不宜挖成"锅底"状； （3）穿过流砂层应快速，最好加荷载，使沉井刃脚切入土层； （4）采用井点降低地下水位，应防止井内流淤； （5）采用不排水法下沉，应保持井内水位高于井外水位，以避免涌入流砂
7	沉井超沉或欠沉	（1）封底时沉井下沉尚未稳定； （2）测量存在差错	（1）当沉井下沉至距设计标高以上 1.5～2.0m 的终沉阶段时，应加强下沉监测，待 8h 的累计下沉量不大于 10mm 时，沉井趋于稳定，方可进行封底； （2）注意测量工作，对测量标志应加固、校核，对测量结果应复核
8	沉井下沉遇硬质土	遇到厚薄不均的黄砂胶结层，质地坚硬，开挖困难	（1）排水下沉时，可用人力将铁钎打入土中向上撬动、取出，或用铁镐、锄开挖，必要时打炮孔爆破成碎块； （2）不排水下沉时，用重型抓斗、射水管和水中爆破联合作业。先在井内用抓斗挖 2m 深"锅底"坑，由潜水员用射水管在坑底向四角方向距刃脚边 2m 冲 4 个炮孔，各放 0.2kg 炸药进行爆破，余留部分用射水管冲掉，再用抓斗抓出
9	沉井下沉至设计深度后，遇倾斜岩层造成封底困难	地质构造不均，沉井刃脚部分落在岩层上，部分落在较软土层上，封底后造成沉井下沉不均，产生倾斜	应使沉井大部分落在岩层上，其余未到岩层部分，若土层稳定不向内崩塌，可进行封底；若井外土易向内塌，则可不排水，由潜水员一边挖土一边用装有水泥砂浆或混凝土的麻袋堵塞缺口，堵完后，再清除浮渣，进行封底。井底岩层的倾斜面，应适当做成台阶状

25.5　施工记录

（1）测量放线记录；

（2）沉井制作验收记录；

（3）沉井下沉记录；

（4）沉井沉降观察记录；

（5）水泥出厂质量证明书及进场复试报告；

（6）石子、砂试验报告；

（7）混凝土施工配合比报告及现场浇筑记录；

（8）外加剂出厂质量证明及进场试验报告、产品说明书；

（9）混凝土试块强度试压报告、商品混凝土应有出厂合格证；

（10）隐蔽工程质量验收记录。

25.6　成品保护

（1）沉井下沉刃脚混凝土应达到设计强度的100％，其上各节达到70％以后方可开始下沉。

（2）对沉井沉降观测点，下沉前做好上移工作，对水准控制点、坐标控制点做好保护工作。

（3）沉井垫架拆除、下沉系数、封底厚度和封底后的抗浮稳定性，均应通过施工验算，满足设计要求，避免使沉井出现裂缝、不能下沉或上浮。

25.7　安全与环保措施

25.7.1　安全保护措施

（1）施工过程的安全应符合现行行业标准《建筑施工安全检查标准》JGJ59—2011的有关规定。

（2）施工机械的使用应符合现行行业标准《建筑机械使用安全技术规程》JGJ33—2012的有关规定。

（3）施工临时用电应符合现行行业标准《施工现场临时用电安全技术规范》JGJ46的规定。

（4）操作人员进场，应经过安全教育。施工过程中，定期召开安全工作会议，定期开展现场安全检查工作。机电设备应有专人操作，操作时应遵守操作规程。特殊工种（电工、焊工、机操工等）及小型机械工应持证上岗。

（5）施工期间，施工现场周围应设置防护栏，防止非作业人员进入施工场地。

（6）沉井施工时外排脚手架应与模板脱开。

（7）施工现场各作业场地均应设置必要的消防器材，应根据火灾的预想性质及周围的环境合理选择。

25.7.2　环保措施

（1）施工过程的环境保护应符合现行行业标准《建设工程施工现场环境与卫生标准》JGJ146—2013的有关规定。在施工期间严格控制噪声应符合现行国家标准《建筑施工场界环境噪声排放标准》GB12523—2011的规定。

（2）对施工场地内的临时道路要按要求硬化或铺于炉渣、砂石，并经常洒水压尘；现场应设置排水系统，排水系统严禁与泥浆系统串联，严禁向排水系统排放泥浆。

（3）施工现场出入口处应设置冲洗设施、污水池和排水沟，由专人对进出车辆进行清洗保洁。

（4）施工过程中产生的废土、渣土应集中堆放，及时清理。堆放处应选择在不影响施工安全和操作条件的场地，底面应硬化处理，周边应有围挡，上有遮挡措施。

（5）施工期间产生的废土、渣土等由于场地限制而需要外运，外运车辆应密封车或有遮盖自卸车，车辆及车胎应保持干净，不沾带泥块等杂物，防止污染道路。

（6）施工期间产生的废弃泥浆应经过沉淀、过滤等措施处理达标后，方可进行排放。在施工现场所产生的施工废水应经过沉淀过滤达到国家标准后，方可排入公用市政排水管网。

主要参考文献

[1] 中交第一公路工程局有限公司. JTG/T F50—2011 公路桥涵施工技术规范. 北京：人民交通出版社，2011.

[2] 交通部公路科学研究所. JTGF80/1—2004 公路工程质量检验评定标准. 北京：人民交通出版社，2004.

[3] 中华人民共和国住房和城乡建设部. JGJ94—2008 建筑桩基技术规范. 北京：中国建筑工业出版社，2008.

[4] 上海现代建筑设计（集团）有限公司. JGJ/T 199—2010 型钢水泥土搅拌墙技术规程. 北京：中国建筑工业出版社，2010.

[5] 北京中阔地基基础技术有限公司. JGJ171—2009 三岔双向挤扩灌注桩设计规程. 北京：中国建筑工业出版社，2009.

[6] 合肥工业大学. JGJ225T—2010 大直径扩底灌注桩技术规程. 北京：中国建筑工业出版社，2010.

[7] 北京波森特岩土工程有限公司. JGJ/T135—2001 复合载体夯扩桩设计规程. 北京：中国建筑工业出版社，2001.

[8] 冶金工业部建筑研究总院. GB50755—2012 钢结构工程施工质量验收规范. 北京：中国计划出版社，2002.

[9] 中国铁路工程总公司. TZ213—2005 客运专线铁路桥涵工程施工技术指南. 北京：中国铁道出版社，2005.

[10] 中华人民共和国住房和城乡建设部. CJJ2—2008 城市桥梁工程施工与质量验收规范. 北京：中国建筑工业出版社，2009.

[11] 上海市政工程设计研究院. CECS137：2002 给水排水工程钢筋混凝土沉井结构设计规程. 北京：中国建筑工业出版社，2002.

[12] 北京交通大学. CECS192—2005 挤扩支盘灌注桩技术规程. 北京：中国建筑工业出版社，2005.

[13] 浙江大学建筑工程学院. DB33/1044—2007 大直径现浇混凝土薄壁筒桩技术规程. 北京：中国计划出版社，2007.

[14] 广东省建设设计研究院. DBJ/T15-22—2008 锤击式预应力混凝土管桩基础技术规程. 北京：中国建筑工业出版社，2009.

[15] 华南理工大学. DBJ/T15-13—95 地下连续墙设计规程. 北京：中国建筑工业出版社，1995.

[16] 中国土木工程学会. DB11/489—2007 建筑基坑支护技术规程. 北京：中国建筑工业出版社，2008.

[17] 天津市地质工程勘察院. DB29-103—2004 钢筋混凝土地下连续墙施工技术规程. 北京：中国建筑工业出版社，2004.

[18] 山东省地矿工程勘察院. DBJ/T14-067—2010 旋挖成孔灌注桩施工技术规程. 济南：黄河出版社，2010.

[19] 威海建设集团有限公司. DBJ14-091—2012 螺旋挤土灌注桩技术规程.

[20] 贵州建筑技术发展研究中心. DB22/11—2000 人工挖孔灌注桩施工技术规程.

[21] 河北省交通规划设计院. DB13/T99—2008 公路桥涵多节三岔（DX）挤扩灌注桩技术规程.

[22] 上海市政基础工程有限公司. DG/TJ08-2084—2011 沉井与气压沉箱施工技术规程.

[23] 上海建工（集团）总公司. DG/TJ08-2073—2010 地下连续墙施工规程.

［24］　吉林省阳光建设工程咨询有限公司．DB22/T432—2006 静压预应力混凝土管桩基础技术规程．

［25］　湖北省勘察设计协会咨询服务部．BD42/489—2008 预应力混凝土管桩基础技术规程．

［26］　交通部第一公路工程总公司．公路施工手册．桥涵（上册）．北京：人民交通出版社，2000．

［27］　段良策，殷奇．沉井设计与施工．上海：同济大学出版社，2006．

［28］　周申一，张立荣等．沉井沉箱施工技术．北京：人民交通出版社，2005．

［29］　徐维钧．桩基施工手册．北京：人民交通出版社，2007．

［30］　杨家丽．建筑工程地基处理技术——夯扩桩的设计与施工．北京：北京科学技术出版社，1997．

［31］　沈保汉．挤土及部分挤土灌注桩的施工，桩基工程手册．北京：中国建筑工业出版社，1995．

［32］　苏宏阳，郦锁林．基础工程施工手册（第二版）．北京：中国计划出版社，2013．

［33］　欧领特．钢板桩施工手册．北京：人民交通出版社，2013．

［34］　沈保汉．钻头钻成孔灌注桩．施工技术，2000-06-29（06）．

［35］　沈保汉．多节挤扩灌注桩．施工技术，2001-01-30（01）．

［36］　沈保汉．大直径钻孔扩底灌注桩．施工技术，2001-02-30（02）．

［37］　沈保汉．夯扩桩．施工技术，2001-03-30（03）．

［38］　沈保汉．拧入式灌注桩．施工技术，2001-04-30（04）．

［39］　沈保汉．大直径沉管灌注桩．施工技术，2001-06-30（06）．

［40］　沈保汉．静压桩．施工技术，2001-10-30（10）．

［41］　沈保汉．液压锤沉桩．施工技术，2002-01-31（01）．

［42］　沈保汉．振动法桩．施工技术，2001-11-30（11）．

［43］　孟金强，催俊青，韩跃国．曹妃甸特大桥钢吊箱围堰施工技术．铁道标准设计，2009-06．